财务管理与风险控制

刘福同　邹建军　洪康隆　著

中国商业出版社

图书在版编目（CIP）数据

财务管理与风险控制 / 刘福同, 邹建军, 洪康隆著. -- 北京：中国商业出版社, 2021.7
ISBN 978-7-5208-1697-7

Ⅰ. ①财… Ⅱ. ①刘… ②邹… ③洪… Ⅲ. ①财务管理—风险管理 Ⅳ. ① F275

中国版本图书馆 CIP 数据核字 (2021) 第 142650 号

责任编辑：于子豹　袁　娜

中国商业出版社出版发行
010-63180647　www.c-cbook.com
（100053　北京广安门内报国寺 1 号）
新华书店经销
福建省天一屏山印务有限公司印刷

*

787 毫米 ×1092 毫米　16 开　13.5 印张　200 千字
2021 年 7 月第 1 版　2021 年 7 月第 1 次印刷
定价：45.00 元

****

（如有印装质量问题可更换）

前　言

财务管理是一门主要对资金筹集、投资决策、资本营运和收益分配进行研究的一门经济学科。财务管理为企业平稳发展运行保驾护航，同时它也是企业管理的核心内容，对财务管理内容科学合理地规划可以让企业在激烈的竞争中保持优势。与此同时，财务管理的优化配置需要根据企业的实际状况来实施，这样才可以让财务资源的使用效率最大化，让财务资源在一定的经济环境中达到与现实状况的平衡，最终使企业在市场经济的竞争中屹立不倒。

做好财务管理与风险控制工作，进一步厘清财务管理工作中各个岗位的职责，加强对各种财务信息进行收集、整合、处理、传递与核算，能够有效防范财务风险的发生。一方面，从风险控制的角度开展财务管理工作，能够进一步提升会计信息质量，确保单位管理者能够通过财务报表以及其他凭证来了解本单位的财务情况，为单位管理者提供更优质的决策依据以及决策参考。另一方面，从风险控制的角度开展财务管理工作，可以更好地合理使用资金，避免资金配置效益不高等问题的发生，弥补资金使用中存在的漏洞，更好地降低和控制成本。

在我国社会经济快速发展的环境下，企业想要实现稳步发展的目标，就必须重视财务管理工作的有效开展，只有科学规范的财务管理体系，才能更好地控制企业的风险问题，让企业在当前竞争激烈的市场环境下站稳脚跟，从而为企业的长足发展奠定坚实基础。

鉴于此，笔者撰写了《财务管理与风险控制》一书。本书共有七章。第一章阐述了财务管理的基础认知，第二章论述了财务管理的基本内容，第三章阐述了公司财务管理实务，第四章对财务管理的信息化进行了探究，第五章论述了财务共享的基础理论，第六章探究了云计算背景下财务共享中心的建设，第七章对财务共享智能化的理论与实务进行了研究。

笔者在撰写本书的过程中参阅了大量有关财务管理以及风险控制的文献与资料，同时为保证论述的准确与全面，本书引用了许多专家与学者的相关研究成果与观点，在此表示诚挚的谢意。因写作水平有限，书中难免有疏漏之处，恳请广大读者批评指正。

目　录

第一章　财务管理的基础认知 ……………………………………………… 1
第一节　财务管理的内涵 …………………………………………… 1
第二节　财务管理的理论依托 ……………………………………… 6
第三节　财务管理的环节 …………………………………………… 11
第四节　财务管理的环境 …………………………………………… 14

第二章　财务管理的基本内容 ……………………………………………… 25
第一节　筹资管理 …………………………………………………… 25
第二节　投资管理 …………………………………………………… 33
第三节　营运资金管理 ……………………………………………… 40
第四节　利润分配管理 ……………………………………………… 45

第三章　公司财务管理实务 ………………………………………………… 50
第一节　公司财务管理的目标 ……………………………………… 50
第二节　公司预算管理 ……………………………………………… 55
第三节　公司应收账款管理 ………………………………………… 64
第四节　公司股利政策选择 ………………………………………… 67

第四章　财务管理信息化的路径 …………………………………………… 69
第一节　财务管理信息化的内涵 …………………………………… 69
第二节　财务管理信息化的发展 …………………………………… 74
第三节　财务管理信息化的相关理论 ……………………………… 78
第四节　财务管理信息化的技术支撑 ……………………………… 80
第五节　事业单位财务管理信息化建设 …………………………… 83

第六节 高校财务管理信息化建设 ………………………………… 94

第五章 财务共享的基础理论 …………………………………… 104
第一节 财务共享的发展历程 ……………………………………… 104
第二节 财务共享的技术支撑 ……………………………………… 107
第三节 财务共享的基本内容 ……………………………………… 117
第四节 财务共享的服务实施流程 ………………………………… 127

第六章 云计算背景下的财务共享中心建设 …………………… 131
第一节 云计算的基础理论 ………………………………………… 131
第二节 云计算背景下财务共享中心建设的战略定位 …………… 135
第三节 云计算背景下财务共享中心业务流程的优化 …………… 145

第七章 财务共享智能化的理论与实务 ………………………… 157
第一节 智能化的内涵 ……………………………………………… 157
第二节 智能化的机制探究 ………………………………………… 166
第三节 从共享中心到数据中心 …………………………………… 169
第四节 作业派工机制以及众包模式 ……………………………… 173
第五节 基于新技术的档案管理 …………………………………… 182
第六节 财务共享与全面预算管理的升级 ………………………… 192
第七节 财务共享支持管理会计报告落地 ………………………… 195

参考文献 …………………………………………………………… 201

第一章　财务管理的基础认知

第一节　财务管理的内涵

"财务"一词的英文为"finance",是指政府、企业和个人对货币这一资源的获取和管理。① 因此,国家财政、企业财务和个人理财均属"finance"的范畴。本书讲述的财务管理是研究企业货币资源的获得和管理,具体地说就是研究企业对资金的筹集、计划、使用和分配,以及与以上财务活动有关的企业财务关系。

企业的经营活动脱离不了资产,如非流动资产(建筑物、设备和各种设施)、流动资产(存货、现金和应收账款),而购置这些资产需要资金。企业既可以从自身经营所得中提取资金用于再投资,也可以在金融市场上以一定的价格发行股票、债券或向金融机构借贷获取资金。企业的财务管理人员在筹集资金的过程中要研究和设计最优的筹资方案,使企业筹资的成本最小,所筹集的资本能发挥最大的效益,从而使企业的价值达到最大。

企业资本和资产的有效运用与所投资的项目,包括实物资产、技术和人力资源的投入和产出是否经济、合理,投资收益是否高于成本,风险如何补偿等。企业的投资决策正确与否,直接影响其未来的净现金流量,亦影响其资产的增值。投资决策也是财务管理中研究的重要问题。

企业的一切财务活动与其外部环境息息相关。国家的经济发展周期、政府财政政策的宽松和紧缩对企业的财务管理策略有很大的影响。与企业筹资直接有关的金融市场及利率是企业财务人员必须熟悉和重点研究的领域。财务管理在企业和资本市场之间、企业和国家宏观财税政策之间的桥梁和资金转换的作用是显而易见的。

财务管理就是寻求在一定的外部环境下,使企业资金运用尽可能有效的方法,这就需要在企业的需求与收益、成本及风险之间作衡量,做出最终能使股东财富达

---

① 刘慧英.商业银行财务管理改革与探索[J].中国乡镇企业会计,2019(0、9):120-121.

到最大化的决策。①

总之，企业财务是指企业在生产经营过程中客观存在的资金运动及其所体现的经济利益关系。前者称为财务活动，后者称为财务关系。财务管理是企业组织财务活动、处理财务关系的综合性的管理工作。

一、财务管理学科的发展

早期财务管理学科是作为微观经济学的一个分支诞生的，它是微观经济理论的一个应用学科。从1897年美国人格林（Thomas L.Greene）的《公司理财》一书起，到1920年斯通（Arthor Stone）出版《公司财务策略》止，财务管理学科的研究主要集中于企业如何在外部资本市场上筹集资金。由于这一时期西方资本市场发育日趋完善，各种金融机构的出现和金融工具的使用，加上企业规模扩大的需要，促使财务管理学研究企业如何利用普通股票、债券和其他证券来筹集资金，以及金融中介，如投资银行、保险公司、商业银行和信托投资公司在企业筹资中的作用等。当时的财务管理学是对金融市场、金融机构和金融工具的描述和讨论。

20世纪30年代，西方经济大萧条，企业的破产、清偿和合并成为财务管理研究的主要问题。这为企业财务状况的系统分析及对资产流动性的分析打下了基础。

20世纪50年代，投资项目选择和评价方法的出现使财务管理中的投资决策理论得到发展。现金流折现方法被用于资本预算分析及金融资产的定价。资本成本、股息策略和资本结构理论也开始发展。这一时期财务管理的研究从外部筹资转向了内部资产的管理，更加注重企业内部的管理决策。

20世纪60—70年代，统计学和运筹学优化理论等数学方法被引入财务理论研究中。这一时期形成的"资产组合理论""资本资产定价模型""期权定价理论"为评价企业的价值、研究证券投资的风险和收益奠定了基础，形成了近代财务管理学的主要理论构架，并使财务管理中的投资决策、筹资决策、资本结构和股息策略决策均建立在可靠的实证理论基础之上。

20世纪80—90年代，财务管理学进一步研究了不确定条件下的企业价值评估以及通货膨胀对企业价值的影响。这一阶段主要对已有的理论进行完善，并在实践验证的基础上对理论做出修正，使之更好地应用到企业的实际管理中。

---

① 谭维庆. 如何提升财务管理在企业管理中的作用 [J]. 当代经济（下半月），2008（11）：63-64.

20世纪90年代后，随着行为财务的崛起，人们开始关注 MM 理论[①]的最后一个没有被放松过的假设条件：资本市场的有效性。在这些前提下研究公司财务问题，就产生了行为公司财务的研究范式。行为公司财务是公司财务理念与行为财务理论相结合的产物，其实质是在行为财务的研究范式下来研究外部市场的无效性和内部管理层的非理性对公司的融资、投资、资本结构、股利政策和兼并收购的影响。

二、财务管理的环节

财务管理环节是根据财务管理工作的程序及各部分之间的内在关系划分的，分为财务预测、财务决策、财务预算、财务控制、财务分析和业绩评价。

（一）财务预测

财务预测是根据财务活动的历史资料，考虑现实的要求和条件，对企业未来的财务活动和财务成果做出科学的预计和测算。它既是两个管理循环的联结点，又是财务计划环节的必要前提。

（二）财务决策

财务决策是对财务方案、财务政策进行选择和决定的过程，又称为短期财务决策。财务决策的目的在于确定最为令人满意的财务方案，只有确定了效果好且切实可行的方案，财务活动才能取得好的效益，完成企业价值最大化的财务管理目标。财务决策是整个财务管理的核心。

（三）财务预算

财务预算是运用科学的技术手段和数学方法，对目标进行综合平衡，制订主要计划指标，拟定增产节约措施，协调各项计划指标。它是落实企业奋斗目标和保证

[①] 最初的 MM 理论，是由美国的 Modigliani 和 Miller（简称 MM）教授于 1958 年 6 月发表于《美国经济评论》的《资本结构、公司财务与资本》一文中所阐述的基本思想。该理论认为，在不考虑公司所得税，且企业经营风险相同而只有资本结构不同时，公司的资本结构与公司的市场价值无关。或者说，当公司的债务比率由零增加到 100% 时，企业的资本总成本及总价值不会发生任何变动，即企业价值与企业是否负债无关，不存在最佳资本结构问题。修正的 MM 理论（含税条件下的资本结构理论），是 MM 于 1963 年共同发表的另一篇与资本结构有关的论文中的基本思想。他们发现，在考虑公司所得税的情况下，由于负债的利息是免税支出，可以降低综合资本成本，增加企业的价值。公司只要通过财务杠杆利益的不断增加，而不断降低其资本成本，负债越多，杠杆作用越明显，公司价值越大。当债务资本在资本结构中趋近 100% 时，才是最佳的资本结构，此时企业价值达到最大，最初的 MM 理论和修正的 MM 理论是资本结构理论中关于债务配置的两个极端看法。

措施实现的必要环节。

(四) 财务控制

财务控制是在生产经营活动的过程中，以计划任务和各项定额为依据，对资金的收入、支出、占用、耗费进行日常的计算和审核，以实现计划指标，提高经济效益。它是落实计划任务、保证计划实现的有效手段。

(五) 财务分析

财务分析是以核算资料为主要依据，对企业财务活动的过程和结果进行调查研究，评价计划完成情况，分析影响计划执行的因素，挖掘企业潜力，提出改进措施。

(六) 业绩评价

业绩评价是指运用数理统计和运筹学的方法，通过建立综合评价指标体系，对照相应的评价标准，定量分析与定性分析相结合，对企业一段经营期间的获利能力、资产质量、债务风险以及经营增长等经营业绩和努力程度进行的综合评判。以上这些管理环节，互相配合，紧密联系，形成周而复始的财务管理循环过程，从而构成完整的财务管理工作体系。

三、财务管理的延伸

随着经济的发展，企业财务活动的范围和类型不断扩大，企业财务管理的内容也随之不断丰富和延伸。例如，创业的价值评估，频繁发生的并购、重组、破产事件，公司治理以及高管行为对公司财务的影响等问题，迫切需要财务管理人员开阔视野，创新方法，完善和扩充现有的财务管理理论体系。

(一) 企业价值评估

企业价值评估是将企业作为一个有机整体，依据其拥有或占有的全部资产状况和整体获利能力，充分考虑影响企业获利能力的各种因素，结合企业所处的宏观经济环境及行业背景，对企业整体公允市场价值进行的综合性评估。价值评估可以用于帮助投资者进行投资分析，帮助企业管理者进行财务决策、战略分析等。

(二) 企业并购

企业并购包括兼并和收购两层含义、两种方式。国际上习惯将兼并和收购合在一起使用，统称企业并购，在我国称作并购。即企业之间的兼并与收购行为，是企业法人在平等自愿、等价有偿的基础上，以一定的经济方式取得其他法人产权的行为，是企业进行资本运作和经营的一种主要形式。企业并购主要包括公司合并、资产收购、股权收购三种形式。

企业作为一个资本组织，必然谋求资本的最大增值。企业并购作为一种重要的投资活动，产生的动力主要来源于追求资本最大增值的动机，以及竞争压力等因素，但是就单个企业的并购行为而言，又会有不同的动机和在现实生活中不同的具体表现形式。不同的企业根据自己的发展战略确定并购的动因。

（三）企业破产

企业破产是指企业在生产经营中由于经营管理不善，其负债达到或超过所占有的全部资产，不能清偿到期债务，资不抵债的企业行为。破产案件是指通过司法程序处理的无力偿债事件，这里所说的司法程序包括三种：和解、重整和破产清算。不能把破产案件简单地归结为清算倒闭事件，破产清算是公平清理债务的一种方法，但不是唯一方法。《中华人民共和国企业破产法》鼓励当事人积极寻求以避免企业倒闭清算的方式来公平清理债务。

（四）公司治理

公司治理是指诸多利益相关者的关系，主要包括股东、董事会、经理层的关系，这些利益关系决定企业的发展方向和业绩。公司治理讨论的基本问题，就是如何使企业的管理者在利用资本供给者提供的资产发挥资产用途的同时，承担起对资本供给者的责任。利用公司治理的结构和机制，明确不同公司利益相关者的权力、责任和影响，建立委托代理人之间激励兼容的制度安排，这是提高企业战略决策能力、为投资者创造价值管理的大前提。公司治理如同企业战略一样，是中国企业经营管理者普遍忽略的两个重要方面。

（五）行为财务

行为财务的核心是财务主体的价值观念，这必然对财务信息的处理流程管理产生影响，包括对人们的动机形成、生产水平、决策行为、利益分配的影响。需要指出的是，行为财务不同于财务行为。财务行为是指"财务主体在其内部动因驱动和外在环境刺激下，按照财务目标的要求，遵循一定的行为规则，利用特有的理论和方法，对经济活动中的经济信息进行生产、加工并适时传递的一种实践活动"[1]。行

---

[1] 罗福凯，张少萍，宋苗. 悄然兴起的企业行为财务学[J]. 中国资产评估，2005（7）：37-40+4.

为财务涉及的范围比财务行为更为宽广，行为财务还要说明通过何种途径使财务行为或经济信息对客体产生的种种影响。在行为科学的影响下，行为财务不仅要对过去的财务行为进行适时控制，还要对未来的财务行为进行预测和决策，从而实现全过程控制。

第二节　财务管理的理论依托

一、委托代理理论

（一）委托代理理论的内涵

在信息不完全的社会里，一方如若想知道另一方的消息，就必须通过一种沟通渠道来获取信息。但是在经济社会，信息的不对称，也可以成为某些市场主体获得资源与利润的优势所在。出于人的自利性的本能，拥有信息的一方是不可能主动将信息与不知晓此信息的一方进行共享的，从而造成"企业黑箱"现象。为了解决这一现象，威尔逊（Wilson）、史宾斯（Spence）、泽克毫森（Zeke Mawson）和罗斯（Ross）等经济学家深入研究企业内部信息不对称和激励问题，提出委托代理理论。委托代理理论的核心任务就是在信息不对称的情况下，委托人如何选择值得信赖的合作伙伴——代理人，同时如何设计最佳契约来约束和激励代理人能够为自己创造最大的效用与价值。

本书所论述的委托代理关系，与契约关系有点类似，即在某种契约关系下，委托人聘用代理人全权负责代替委托人行使相关的权利或者履行服务。这样的契约协议可以通过法律形式建立，当然也能通过社会的某些习俗或者习惯去建立。只要二者之间构成了委托代理关系，那就说明已经分离其控制权与所有权，代理人与委托人具有不同的任务目标，其中委托人的目标就是利用自身的资本尽量让利润最大化；而代理人对利润并不关心，他只会关心自己的利益可否实现，比方说，约定的报酬、地位以及生活质量等。所以，总的来看，委托双方所追求的都是怎样让其关心的利益能够达到最大化。[①] 因为代理人在行动的时候，其遵循的原则是自身的期望效用，当委托人在进行最大利润的追求过程中，他就需要制定某种激励机制，让代理人与委托人的后果分配达到最优，并将风险分摊到二者身上，这样就使委托人与代理人

---

① 赵建军. 高职院校财务管理的形势、问题与建议[J]. 教育财会研究，2014(6)：32-35.

达成了一致的最大化目标,二者相互激励,相互兼容,促使代理人除了要对自身利益进行追求以外,还应该要去选择与委托人目标相符的行为。[①]

(二)委托代理理论在财务管理中的具体运用

1. 代理理论在筹资决策中的应用

筹资决策是财务管理中最重要的内容之一。公司能否筹集到必需的资金,是关系公司成败的关键。企业的资本构成有两个部分,即长期债务资本和权益资本。公司的资本结构对资金成本和筹资风险有决定性的影响。最佳资本结构就是使公司总价值最高,同时使公司的资本成本最低的资本结构。修正的 MM 理论认为企业的价值随着负债比率的增加而增加。这是因为债务的利息费用在税前列支,而股利则用税后利润分配,负债给企业带来了税额庇护利益。随着负债比率的继续增加,企业破产的可能性明显增加,破产成本也会增加。由于筹集活动自身和外部环境的复杂性,目前还难以准确地显示出资本成本和公司价值之间的关系,但资本结构理论为企业筹资提供了有价值的参考,可以指导决策行为。

2. 代理理论在股利决策中的应用

股利决策的核心问题是股利发放率的确定,即公司把盈利的多少用来派发股利,多少作为留存收益留在企业内部。现实生活中,公司的股利分配是在种种制约因素下进行的,公司不能摆脱这些因素的影响,股利决策往往对公司的股票价格产生重大影响。

股利决策的理论基础就是权益代理成本。权益代理成本是代理人与股东出现利益冲突所致。对绝大多数股份公司来讲,发放股利,并不意味着公司不再需要这笔资金,相反,公司在发放现金股利后,往往要发行新的证券以筹措资金。而公司又不能不发放股利。

股利发放率受到两个基本因素的制约:

(1)外部筹资引起的付现交易成本;

(2)管理者和股东的利益冲突引起的内在成本,即代理成本。

股利的发放率越高,则公司必须运用更多的外部筹资,支付大量的付现交易成本。然而股利发放率的提高又降低了代理成本。理想的股利发放率是付现交易成本和代理成本之和最低时的股利发放率。除了上述两个因素外,财务杠杆和经营杠杆也是股利决策需要考虑的重要因素。

[①] 劳富顺.新形势下高职院校财务信息化改造的探讨[J].中国管理信息化,2017(6):67-68.

3. 代理理论在财务计划中的应用

财务计划是指预先拟定有关资金筹集和使用的方法和步骤,这个过程分为利润规划和预算编制。在实际操作中,一般把代理人的报酬建立在预算能否完成上。代理理论提出这样一个问题,能否以完成预算为基础而支付报酬属于"帕雷托最优"。按照代理理论,在预算制定过程实行参与制是"帕雷托最优"的条件。这项工作一般与代理人和委托人之间的信息交流有关,即代理人和委托人要互通音信,保持信息联系,代理人要用一种使委托人预期效用最大化的姿态参与预算的编制工作。委托人对代理人的努力不能直接地进行观察和监督,只能依靠会计信息系统的资料对他的业绩进行评价。代理人在考虑自身利益的情况下,可能导致"预算松弛",即预算编制标准较松,代理人不尽力就可完成。减少委托人和代理人之间的信息不对称性是避免"预算松弛"的有效办法。

4. 代理理论对财务控制的应用

代理理论运用于财务控制比较成熟的两个领域是差异的分析调查以及业绩评价。这两者是财务管理的重要环节。差异的分析和调查,是对预算执行结果同预算之间的差异进行分析,如果差异大就要进行具体的调查,找出产生差异的因素。在决定差异是否进行调查时要引入信息成本概念。代理理论提供了管理人员对差异调查行为反应的机会,说明管理者在什么情况下才进行差异调查。

对代理人的业绩评价问题,也是财务管理中的一个重要问题。委托人即使能对代理人的努力直接进行观察和监督,但如果只根据代理人的可控因素进行业绩评价,那么代理人就会同他决策中的风险脱离开,这种决策结果必然不能使委托人的效用最大化。因此"帕雷托最优"要求代理人要分担一些与未来结果有关的风险,风险分担可通过代理人部分或全部报酬同实际成果挂钩来实现。

代理理论虽然运用于财务管理更多的是进行定性化的分析,但是对我们理解财务管理问题的焦点、做出正确的财务决策都有现实意义。

二、内部控制理论

(一)内部控制的概念

1929年,美国联邦储备委员会和美国注册会计师协会联合颁布了最早的内部控制相关文献——《汇集报表的验证》。

1934年的《证券交易法》首次使用了"内部会计控制"这个专业术语。美国注册会计师协会于1972年定义了会计控制——会计控制是组织中会计工作的计划和相关方法、程序。这些方法与程序即:①保护资产,就是在进行资产处理、处置和业务处理的过程中，为了使资产不会产生过失错误、故意致错或舞弊这样的损失而予以保护；②确保对外披露报告的相关财务信息和资料的可靠性。

COSO委员会在1995年的《内部控制——整体框架》报告中指出，内部控制是企业董事会、高级管理层及其员工通过合理的机制和措施，保证企业制定真实、科学的财务报告，执行有效的经营活动，遵守行业的相关政策、法规。

我国研究内部控制的理论相对国外要晚一些，所以我国只是依据国外规定好的概念来定义内部控制，我国对内部控制进行的最早定义内容是：内部控制是一种管理手段和方法，它是在企业内部这样的环境中运用、实施的。定义并没有对内部控制进行进一步深挖并说明。笔者是这样理解我国对内部控制概念的定义的：内部控制的执行主体是组织内部职能机构、部门和工作人员，内部控制的主要任务是在组织经济业务过程中的一种联系并制约的管理方法。

内部控制包括三个基本方面：第一，内部控制要确认组织内部行政管理人员和各职能部门的权责，在这基础上确定其在处理经济业务过程中所具有的价值和作用；第二，内部控制要确定每项经济业务的手续和规范流程，即每项经济业务必须通过哪些手续，明确负责办理的人员，他们之间交流联系的方法，了解其所要采用的具体处理办法等；第三，内部控制需要制定出处理每项经济业务的处理者之间的相互制约的机制，即办理业务的人员在办理之前需要经过相关规定者的批准，并明确对这些办理业务人员的监督办法，相互之间形成制约的关系。

（二）内部控制理论的发展

内部控制理论是企业管理人员在生产经营管理过程中不断完善和建立起来的，在不断完善和发展的过程中，经历了初创期、完善期和稳定期三个阶段。

1. 初创期——内部牵制

内部牵制的提出是在20世纪初期，内部牵制则是企业内部控制的初始状态。最早的内部牵制对象是组织中财资管理部门的经济管理流程各个环节，实施内部牵制的前提是职务分离，会计对象是包括钱、财、物等的会计事项，内部牵制的方法是建立科学合理的管理机制，对组织中所有经营活动过程进行控制，并且对相关工作人员在其业务中的活动进行监控，防止他们可能出现的错误、违法、违规行为。

内部牵制的目标有以下两点：首先，对公司经济业务进行全面管控；其次，对财产管理部门的物资和财产进行管控，并且实施管控机制复核企业实际管理情况和经济情况。然而，内部牵制一般是针对某一个流程环节或者一个部门进行管控的，不能从宏观层面上对整个组织业务过程和程序的所有方面的经济业务进行系统的战略性控制，换句话说，内部牵制是以公司经济业务的"业务控制点"为基础进行控制管理的,控制面较窄,而且往往会忽视"点"与"点"之间的关联,缺乏对公司整体业务的控制。在当代,企业管理其经济活动应属于系统管理,只针对单一的业务点进行管控的模式已不适应当代企业。

2. 完善时期——内部控制(内部会计控制与内部管控)

内部控制的主要特点:必须对控制的业务进行内部牵制,加强企业在某一经济业务程序或某一方面的管控。换句话说,内部控制是通过内部控制的方法对公司的某些程序或某些机构的工作内容进行管控,它的突出特点是体现了"线"和"面"的控制。内部控制是由内部牵制发展而来的,它主要是针对业务点的管控,在这个前提下进行流程、程序的控制,从管理范围的角度来看,内部控制比内部牵制范围更广,控制区域更大,控制方法也更科学、系统。

3. 成熟时期——内部控制框架

20世纪80年代,美国审计总署、IMA等机构共同建立舞弊性财报委员会,在建立委员会后两年,该委员会就提出了很多有意义的建议、方案。美国舞弊性财务报告委员会并未最后对内部控制下结论,但是它所指定的报告还是引起了很多组织的兴趣并做出回应。在该委员会的提议之下,一个专门研究内部控制问题的组织成立了,这个组织就是COSO委员会。这个委员会也制定了《内部控制——整体框架》的报告,1994年进行增补。该报告中指出:内部控制工作实施的主体是企业董事会、经理层和所有员工;内部控制的效果体现在其能够保证公司良好运营,确保公司财报真实、合法、合规。

(三)内部控制要素

内部控制要素共有八个:内部环境、目标设定、事项识别、风险评估、风险应对、控制活动、信息沟通、监控。其具体含义如下。

(1)内部环境是组织看待风险的基础。企业的内部环境会影响战略和目标的制定、组织业务的活动方式以及在经营过程中对风险的识别、反应,还会影响企业控制活动、信息和沟通系统以及监控活动的设计和执行。

(2)目标设定是企业管理者必须先设定企业的目标,然后才能预测在目标实现过程中有潜在影响的事项。而企业风险管理就是提供给企业管理者一个适当的平台,既能够帮助管理者制定企业的目标,又能够将目标与企业的任务或预期联系在一起,同时保证已制定的目标在合理预期内,与风险偏好相一致。

(3)事项识别是指在企业的运营管理中必须识别影响组织目标实现的大小事件,分清哪些是风险哪些是机会。管理层制定战略目标时应考虑到机会。任何事情都具有不确定性,潜在的不确定事项可能是机会,也可能是风险或者两者都有。因此管理者有必要对其进行评估和判断。

（4）风险评估是指企业通过分析风险，判断风险发生的概率以及可能会产生的影响，在此基础上制定应对风险的措施。

（5）风险应对包括规避风险、减少风险、共担风险和接受风险四类。规避风险是指退出会给企业带来风险的活动；减少风险是指减少风险发生的可能的概率和风险的影响或两者同时减少；共担风险是指通过转嫁风险或与其他人共担风险，降低风险发生的可能性或降低风险影响；接受风险则是指不采取任何行动而接受可能发生的风险及其影响。对于每一个大的风险，企业都应全面考虑风险方案。管理者应选择能使风险发生的概率和影响都在风险容忍度内的风险反应方案，选定某一风险反应方案后，管理者应在残存风险的基础上重新评估风险，采取一定的措施对该风险进行复合式评估，最终选择最佳的风险反应方案。

（6）控制活动是指保证风险反应方案得到正确执行的相关政策和程序。控制活动存在于企业的各个部分、各个层面。

（7）信息沟通主要针对来自企业内、外部的相关信息，必须在一定的时间，以一定的格式进行确认、捕捉和传递，以保证企业的每个员工执行好各自的职责。有效的沟通，包括企业内自下而上、自上而下以及横向的沟通，同时将相关信息与企业外部相关各方进行的有效沟通和交换。

（8）监控是对企业风险管理的监控，是指评估风险管理要素的内容和运行以及一段时期执行质量的一个过程。企业可以通过持续监控和个别评估这两种方式对风险管理进行监控。持续监控和个别评估都是用来保证企业的风险管理在企业内各管理层面和各部门持续得到执行。

第三节　财务管理的环节

财务管理环节是根据财务管理工作的程序及各部分之间的内在关系划分的，可分为计划与预算、决策与控制、分析与考核三大部分，财务预测、财务计划、财务预算、财务决策、财务控制、财务分析和财务考核七大环节。财务管理的各个环节相互连接，形成财务管理工作的完整过程，被称为财务管理循环。[①]

---

① 陈芳，张建军.财务管理 ERP 沙盘模拟实践教学改革探讨[J].商业会计，2011（36）：64-66.

一、计划与预算

（一）财务预测

财务预测是根据企业财务活动的历史资料，考虑现实的要求和条件，对企业未来的财务活动做出较为具体的预计和测算的过程。财务预测的方法主要有定性预测和定量预测两种。作为整个现代企业财务管理过程的首要环节，财务预测是进行财务决策的基础、编制财务计划的前提、实施财务控制的标准、开展财务分析的根据。财务预测可视为一个系统，包括输入、处理、输出、反馈等环节。其工作程序为：①明确预测对象和目的；②收集和整理资料；③确定预测方法，利用预测模型进行测算；④确定最优值，提出最佳预测方案。

（二）财务计划

财务计划是根据企业整体战略目标和规划，结合财务预测的结果，对财务活动进行规划，并以指标形式落实到每一个计划期间的过程。确定财务计划指标的方法主要有平衡法、因素法、比例法和定额法等。

财务计划为各项财务活动确立目标和任务，既为财务控制提供依据，又为财务分析和业绩评价提供尺度。财务计划在现代企业财务管理全过程中起着承上启下的作用，使现代企业财务管理更有秩序。它以财务预测和财务决策为前提，是财务控制和财务分析的基础。编制财务计划的程序为：①分析主客观条件，全面安排计划指标；②协调人力、物力、财力，落实增产节约措施；③编制计划表格，协调各项计划指标。

（三）财务预算

财务预算是根据财务战略、财务计划和各种预测信息，确定预算期内各种预算指标的过程。财务预算的方法主要包括固定预算与弹性预算、增量预算与零基预算、定期预算和滚动预算等。

财务预算是指反映企业未来一定预算期内的预计现金收支、经营成果和财务状况的各种预算，具体包括现金预算、预计损益表、预计资产负债表和预计现金流量表。财务预算是计划工作的成果，在企业经营管理和实现目标利润中发挥着重大作用，既是决策的具体化，又是控制生产经营活动的依据。

二、决策与控制

(一)财务决策

财务决策是按照财务战略目标的总体要求,利用专门的方法对各种备选方案进行比较和分析,从中选出最佳方案的过程。财务决策的方法主要有以下两种:①经验判断法,如淘汰法、排队法、归类法等;②定量分析方法,如优选对比法、数学微分法、线性规划法、概率决策法等。

财务决策以资源的优化配置为目标,本着成本效益原则,主要研究现代企业经营决策中的资金筹集、投放、营运、分配的时间以及方向、数量等问题,是各项经营决策的核心和综合反映。其科学性直接决定着财务预算的合理性、财务控制的有效性和财务分析的有用性。没有财务决策,其他环节的工作就失去了意义。财务决策的程序为:①确定决策目标;②提出备选方案;③选择最优的方案。

(二)财务控制

财务控制是利用有关信息和特定手段,对企业的财务活动施加影响或调节,以便实现计划所规定的财务目标的过程。财务控制的方法主要有前馈控制、过程控制、反馈控制三种。它是落实计划任务、保证计划实现的有效措施,是实现现代企业财务管理目标的基本手段。

财务控制的工作程序包括以下几步。

(1)制定标准。制定资金和成本费用的定额、限额和预算,并按照责、权、利相结合的原则,将计划任务以财务指标或标准的形式分解落实到车间、科室、班组以至个人。

(2)执行标准。企业各级部门和各级单位按照事先制定的标准对照执行。

(3)确定差异。将实际与标准进行对比,确定差异的程度和性质。

(4)消除差异。深入分析差异形成的原因,确认造成差异的责任归属,采取切实有效的措施消除差异,以便顺利实现计划指标。

(5)考核奖惩。考核各项财务指标的执行结果,把财务指标的考核纳入各级岗位责任制,运用激励机制,实行奖惩。

三、分析与考核

(一) 财务分析

财务分析是根据企业财务报表等信息资料,采用专门方法,系统地分析和评价企业财务状况、经营成果以及未来趋势的过程。财务分析的方法主要有比较分析、比率分析、综合分析等。

财务分析作为现代企业财务管理全过程的最后一个环节,标志着上一个财务管理循环的完成,也意味着下一个财务管理循环的开始,是两个循环交替的转换点。财务分析的工作步骤为:①收集资料,掌握信息;②指标对比,查找问题;③分析原因,明确责任;④提出措施,改进工作。

(二) 财务考核

财务考核是将报告期实际完成数与规定的考核指标进行对比,确定有关责任单位和个人是否完成任务的过程。财务考核的形式是多种多样的,可以用绝对指标、相对指标、完成百分比考核,也可用多种财务指标进行综合评价考核。

第四节 财务管理的环境

任何事物都是在一定的环境条件下存在和发展的,是一个与其环境相互作用、相互依存的系统,作为人类重要实践活动之一的财务管理活动也不例外。在财务管理活动中,财务管理环境是指对财务主体的财务机制运行有直接影响的内外各种条件和因素。

一、财务管理环境的含义

环境是一个相对的概念,它是相对于对象、主体、客体而言,是指除对象、主体、客体以外,对所研究的主体、客体、对象可能会产生影响的各种因素和条件的总和。对财务管理而言,可能会影响财务管理的各种条件和因素就构成了财务管理的环境。[1] 从这个定义可以看出,财务环境会影响财务管理,但财务管理的运行机

---

[1] 龚伍荣.现代信息技术环境下会计模式的发展趋势[J].中国教育技术装备,2010(29):115-116.

制也会对财务管理产生一定的影响。由于影响财务管理的各种因素、各种条件较多，且影响财务管理的各类因素和条件还在不断地发生变化，因此财务管理环境的变化也就变得变幻莫测和错综复杂。

财务管理环境，或称理财环境，是对影响财务管理活动和财务活动的各种因素、条件的统称。它由影响财务环境的各种各样的因素及条件构成。环境构成了财务环境财务活动的客观条件。财务活动是在一定的环境下进行的，必然受到环境的影响。企业单位、事业单位以及政府资金的取得、运用和收益的分配也不会例外，必然会受到财务管理环境的影响。与此同时，社会经济发展和建设也受到一定的影响。在一定程度上来说，财务管理的环境已经影响到了社会经济发展的方方面面，各项工作都离不开与财务的联系，要促进社会经济的科学发展，就必须深刻认识财务管理环境对财务管理的影响，并认真加以研究。

二、财务管理环境的分类

财务管理主体需要不断地对财务管理环境进行审视和评估，并根据其所处的具体财务管理环境的特点，采取与之相适应的财务管理手段和管理方法，以实现财务管理的目标。财务管理环境包括技术环境、经济环境、金融环境、法律环境等。

（一）技术环境

财务管理的技术环境是财务管理得以实现的技术手段和技术条件，它决定着财务管理的效率和效果。目前，我国进行财务管理所依据的会计信息是由会计系统所提供的，占企业经济信息总量的60%~70%。在企业内部，会计信息主要提供给管理层决策使用，在企业外部，会计信息则主要为企业的投资者、债权人等提供服务。

目前，我国正全面推进会计信息化工作，力争通过5~10年的努力，建立健全的会计信息化法规体系和会计信息化标准体系[包括可扩展商业报告语言（XBRL）分类标准]，全力打造会计信息化人才队伍，基本实现大型企事业单位会计信息化与经营管理信息化的融合，进一步提升企事业单位的管理水平和风险防范能力，做到数出一门、资源共享，便于不同信息使用者获取、分析和利用，进行投资和相关决策；基本实现大型会计师事务所采用信息化手段对客户的财务报告和内部控制进行审计，进一步提升社会审计质量和效率；基本实现政府会计管理和会计监督的信息化，进一步提升会计管理水平和监管效能。通过全面推进会计信息化工作，使我国的会计信息化达到或接近世界先进水平。我国企业会计信息化的全面推进，必将促使企业财务管理的技术环境进一步完善和优化。

(二) 经济环境

经济环境包括经济体制、经济周期、经济发展水平、宏观经济政策、通货膨胀水平等。

1. 经济体制

在不同经济体制下，企业财务管理有显著区别。经济体制是制约企业财务管理的重要环境因素之一。经济体制是指在一定区域内（通常为一个国家）制定并执行经济决策的各种机制的总和。通常是一国国民经济的管理制度及运行方式，是一定经济制度下国家组织生产、流通和分配的具体形式，或者说就是一个国家经济制度的具体形式。社会的经济关系，即参与经济活动的各个方面、各个单位、各个个人的地位和他们之间的利益关系，就是通过这样的体系表现出来的。

经过40多年改革开放的实践和探索，我国逐步建立和完善有中国特色的社会主义经济制度，即社会主义市场经济体制。社会主义市场经济体制是指在社会主义国家宏观调控下，使市场在资源配置中起基础性作用的经济体制，是社会主义生产关系借以实现的具体形式。社会主义市场经济是以公有制为主体、多种所有制并存的所有制结构相结合的市场经济，而不是建立在私有制基础上的市场经济。

我国对社会主义市场经济体制的基本框架作了如下规定。

（1）坚持以公有制为主体，多种经济成分共同发展的方针，进一步转换国有企业经营机制，建立适应市场经济要求，产权清晰、权责明确、政企分开、管理科学的现代企业制度。这是建立社会主义市场经济体制的基础和中心环节。

（2）建立全国统一开放的市场体系，实现城乡市场紧密结合，国内市场与国际市场相互衔接，促进资源的优化配置。

（3）转变政府管理经济的职能，建立以间接手段为主的完善的宏观调控体系，保证国民经济的健康运行。

（4）建立以按劳分配为主体，多种分配方式并存，体现效率优先、兼顾公平的个人收入分配制度，坚持让一部分地区一部分人先富起来，走共同富裕道路。

（5）建立多层次的社会保障制度，为城乡居民提供同我国国情相适应的社会保障，促进经济发展和保持社会稳定。

以上五个主要环节是相互联系和相互制约的有机整体，构成社会主义市场经济体制的基本框架，企业既有了财务管理的自主权，又有了承担风险的责任。企业要根据经济发展的要求，独立自主地融资、投资、运用资金、分配资金，在激烈的市场竞争中，自主经营，自我约束，与社会共同进步，和谐发展。

2. 经济周期

在市场经济条件下，经济发展与运行带有一定的波动性。经济运行大体上会经历复苏、繁荣、衰退和萧条几个阶段的循环，这种循环叫作经济周期。在不同的经济周期，企业应采用不同的财务管理战略。

经济发展总是呈现周期性兴衰更替变化，复苏、繁荣、衰退、萧条四个阶段循环。经济发展的这种规律性变化对企业理财活动有重要影响。在经济发展处于衰退、萧条阶段时，由于整个宏观经济不景气，产销量下跌，资金周转困难，投资机会减少，紧缩便会成为企业的明智之举。在经济发展处于复苏、繁荣阶段时，市场需求旺盛，预期销量上升，前景乐观，企业投资急剧膨胀。正因为经济发展的不规律性是客观存在的，所以财务人员对这种波动应事先做好准备，筹措并分配足量的资金，用以调整企业的生产经营活动。

3. 经济发展水平

财务管理的发展水平是和经济发展水平密切相关的，经济发展水平越高，财务管理水平也越高。财务管理水平的提高，也有利于经济发展水平的进一步提高。

经济发展水平是一个相对的概念，发展程度不同的国家，对财务管理的影响也不一样。发达国家经济发展水平高，资本高度集中垄断，财务管理水平也比较高。这是因为：①随着经济发展水平的提高，必然创造出越来越多先进的理财方法；②经济生活中出现了许多新内容，更复杂的经济关系和更完善的生产方式决定了发达国家的财务管理内容不断创新；③计算、通信设备的不断更新，为财务管理创新创造了条件。

发展中国家的特征：基础较薄弱、发展速度较快、政策变更频繁、国际交往增多。这些因素决定了发展中国家财务管理的特征是财务管理的总体水平在世界上处于中间地位，但发展速度较快；政策变更频繁，给企业理财造成困难；存在财务管理目标不明、方法简单等问题。不发达国家经济发展水平很低，企业规模小，组织结构简单，财务管理水平很低。

4. 宏观经济政策

宏观经济政策是指政府行使其管理职能而制定的影响经济运行的一系列方针和策略。企业作为市场的经济主体，必然受经济政策的影响和调控，进而使企业内部的筹资、投资和分配政策受到影响。政府对鼓励的行业将有较优惠的融资政策和税收政策，而对不扶持的行业将限制其投资规模和税收调节政策，这样必然影响企业的现金流入或流出量。企业的财务管理人员应对国家的经济政策进行认真研究，按照经济政策导向组织财务活动、处理财务关系，做到趋利避害。

不同的宏观经济政策对企业财务管理影响不同。金融政策中的货币发行量、信贷规模会影响企业投资的资金来源和投资的预期收益；财税政策会影响企业的资金结构和投资项目的选择等；价格政策会影响资金的投向和投资的回收期及预期收益；会计制度的改革会影响会计要素的确认和计量，进而对企业财务活动的事前预测、决策及事后的评价产生影响等。

5. 通货膨胀水平

通货膨胀是指一般物价水平持续上涨，引起货币的购买力下降。通货膨胀不仅使企业的购买力下降，而且给企业财务管理活动造成很大的困难。由于通货膨胀只能由政府通过宏观调控手段才能治理，企业自身对通货膨胀无能为力。企业只能采取一定的理财手段调整其筹资、投资和分配政策，使企业的预期收益得以实现。同时，财务管理人员还要充分利用金融市场的期货、期权等交易，降低通货膨胀给企业带来的损失。

通货膨胀对企业财务活动的影响是多方面的。企业应当采取措施予以防范。在通货膨胀初期，货币面临着贬值的风险，这时企业进行投资可以避免风险，实现资本保值；与客户应签订长期购货合同，以减少物价上涨造成的损失；取得长期负债，保持资本成本的稳定。在通货膨胀持续期，企业可以采用比较严格的信用条件，减少企业债权；调整财务政策，防止和减少企业资本流失等。

(三) 金融环境

企业从事生产经营活动都需要资金参与运作。而企业的资金来源除了投资者投入外，主要从金融市场筹措取得。金融市场环境的变化必然会影响企业资金的筹集、投放、营运和收回。从某种意义上来讲，金融市场环境是企业财务管理最重要的外部环境。

1. 金融机构、金融工具与金融市场

(1) 金融机构

金融机构主要是银行和非银行金融机构。银行业金融机构有商业银行，即中国工商银行、中国银行、中国农业银行、中国建设银行、中国邮政银行、交通银行、招商银行、民生银行、中信银行等；政策性银行，即中国进出口银行、国家开发银行等。非银行金融机构有金融资产管理公司、信托投资公司、财务公司和金融租赁公司等。

(2) 金融工具

金融工具是融通资金的双方在金融市场上进行资金交易、转让的工具，具体分为基本金融工具和金融衍生工具两大类。

基本金融工具是指形成一个企业的金融资产，并形成其他单位的金融负债或权益工具的合同。金融衍生工具也叫衍生金融资产，是以货币、债券、股票等基本金融工具为基础而创新出来的金融工具，它以另一些金融工具的存在为前提，以这些金融工具为买卖对象，价格也由这些金融工具决定。具体而言，衍生金融工具包括远期、期货、互换或期权合约，或具有相似特征的其他金融工具。

（3）金融市场

金融市场是指资金供应者和资金需求者双方通过一定的金融工具进行交易而融通资金的场所。金融市场是指市场资金流动的场所，包括实物资金和货币资金的流动。广义金融市场交易的对象包括货币借贷、票据承兑和贴现、有价证券的买卖、黄金和外汇买卖、办理国内外保险、生产资料的交换等。狭义的金融市场一般是指有价证券市场，即股票和债券的发行和买卖市场。金融市场交易的是特殊的金融商品，其交易的最终结果都是资金使用权的转移，因此金融市场中取得货币资金使用权要付出一定的代价，或出让资金使用权应取得一定的报酬，这是通过利率或收益率来计算的，这里的利率和收益率就是金融市场的价格。利率是利息与本金的百分比。资金作为一种特殊的商品，以利率为价格标准的资金融通行为实质上是资源通过利率实行再分配。金融市场利率的高低在企业资金分配以及财务决策中起着决定性作用。

对企业的财务管理人员来讲，要尽可能地预测出未来市场利率的发展趋势，在利率持续上升时使用长期资金；在利率持续下降时使用短期资金，以达到合理使用和搭配资金的目的。

2. 金融市场的分类

金融市场可以按照不同的标准进行分类，如按期限、功能、融资对象、交易金融工具的属性或地理范围等标准分类。按期限可分为短期金融市场和长期金融市场，即货币市场和资本市场；按证券交易的模式可分为初级市场和次级市场，即发行市场和流通市场；按交易金融工具的属性可分为股票市场、债券市场、货币市场、外汇市场、期货市场、期权市场，前四者又称为有价证券市场，后两者又称为保值市场；按组织方式的不同，可分为场内交易市场和场外交易市场。

3. 货币市场

货币市场是交易期限在一年以内的金融市场，其主要功能是调节短期资金融通。货币市场的特征是融资期限短，信用工具流动性强，其功能在于满足交易者的资金流动性需求。货币市场主要有短期存贷市场、银行同业拆借市场、商业票据贴现市场、大额定期存单市场和短期债券市场等。

4. 资本市场

资本市场是交易期限在一年以上的金融市场，其主要功能是实现企业长期资本融通和政府弥补赤字的资金需求，它是实现长期资本融通的场所。资本市场包括长期存贷市场和股票、长期债券等有价证券市场。

5.利率

利率是利息占本金的百分比指标，从资金的借贷关系来看，利率是一定时期运用资金资源的交易价格。利率通常由纯利率、通货膨胀补偿率和风险收益率三部分组成。

（四）法律环境

1.法律环境的范畴

市场经济是法制经济，企业的经济活动总是在一定法律规范内进行的。法律既约束企业的非法经济行为，也为企业从事各种合法经济活动提供保护。

2.法律环境对企业财务管理的影响

法律环境对企业的影响是多方面的，影响范围包括企业组织形式、企业治理结构、投融资活动、日常经营、收益分配等。不同种类的法律，分别从不同方面约束企业的经济行为，对企业财务管理产生影响。

市场经济的主要特征在于它是一种以法律规范和市场规则为特征的经济制度。法律为企业经营活动规定了活动空间，也为企业在相应空间内自主经营提供了法律上的保护。财务管理的法律环境是指企业和外部发生经济关系时所应遵守的各种法律、法规和规章制度。企业要顺利从事生产经营和处理好各种经济关系，必须遵守相关法律规范。影响企业财务管理活动的法律规范主要有企业组织法律规范、税收法律规范和财务会计法律规范。

（1）企业组织法律规范

企业是市场经济的主体，企业组织必须依法成立。组建不同的企业，要依据不同的法律规范，这些法律规范既是企业的组织法又是企业的行为法。企业组织依据的主要法律有公司法、企业法、个人独资企业法、合伙企业法和外资企业法。例如，公司法对公司制企业的设立条件、设立程序、组织机构、组织变更及终止的条件和程序等都做了相应的规定，包括股东人数、法定资本的最低限额、资本筹集方式等。只有按法律规定的条件和程序建立的企业，才能称为公司。公司法还对公司生产经营的主要方面做出了规定，包括股票的发行和交易、债券的发行和转让、利润的分配等。公司组建后的各项生产经营活动都要按照公司法的有关规定来进行。公司法是公司制企业财务管理最重要的强制性法律规范。

（2）税收法律规范

国家财政收入的主要来源是企业所缴纳的各种税金，任何企业都有义务上缴税金。而国家的财政状况和财政政策对于企业筹集资金和税收负担有着重要的影响。有关税收法律规范主要有三类,即所得税的法律规范、流转税的法律规范、其他税的法律规范。无论缴纳哪一种税,对企业来说都是企业的资金流出,加大企业对现金管理的压力,对财务管理有重要影响。企业财务管理人员要熟悉国家税收法规,自觉按照税收政策导向进行生产经营活动,精心安排和规划筹资、投资和利润分配。

(3) 财务会计法律规范

财务会计法律规范主要有《企业财务通则》《企业财务制度》《企业会计制度》以及具体的会计准则。它们是企业从事财务活动、实施财务管理的基本规范。

除了上述条例规范,与企业财务管理有关的其他经济法律规范还有很多,包括证券法、支付结算法、合同法等。财务管理人员要在知法守法的前提下,进行财务管理活动,实现财务管理的目标。

三、财务管理环境与财务管理的关系

财务管理环境泛指能直接和间接作用于财务管理活动,并为财务管理活动反作用所影响的条件和因素的总和。

财务管理环境是客观存在的,是财务管理活动的空间、对象和条件,它规定着或影响着财务管理工作的内容和工作重点,影响着财务管理活动的规范性、科学性和合理性。

总而言之,财务管理环境在一定程度上制约、影响着财务管理活动,财务管理活动必须适应财务管理环境的要求和变化。同时,财务管理活动与财务管理环境又会相互影响、相互作用,主要表现为财务管理的相关人员可以通过自身的实践工作来改造财务管理环境,并使财务管理工作者能够不断适应新的财务管理的发展形势,以推动财务管理工作的科学发展。

研究财务管理环境,一方面说明影响财务管理活动的外在因素是非常重要的;另一方面又要发挥从事财务管理活动主体的能动性,把握好财务管理环境变化的特征和趋势。在管理活动中要充分考虑财务管理活动和财务管理环境的相互关系,确保财务管理活动与财务管理环境间的和谐和动态平衡。

在对财务决策、财务管理环境和财务主体的深度分析中,就不难看出,财务主体的各个财务机制其实质都是在处理与其他财务主体的财务关系。同时,与农村财务环境治理和农村财务环境治理结构相联系,来研究农村财务环境及财务管理的重要性,财务管理环境归根结底都具有微观性的这一观点便可得以印证。

虽然每个具体的财务主体是需要考虑的几种财务关系,但这些关系的重要性是不一样的。每个财务主体在进行财务决策时,不必平衡各种财务关系,通常只针对

那些重要的财务决策的具体问题,着重考虑那些重要的财务关系。对于不同的决策问题而言,在不同的时期,每种财务关系是不同的。每个财务实体之间的财务关系都会影响财务决策或改变其与其他金融机构的关系,对每个特定财务主体来说,其他财务主体对财务关系进行的再调整则属于财务管理环境的改变,这种改变又可能引起该特定财务主体对其他财务主体的财务关系进行再调整。

财务管理环境和财务关系的变化,是改变管理利益相关者的利益和利益相关者相互之间的利益管理的本质。由于各种财务关系涉及至少两个或更多的金融机构,各金融主体都具有自己独特的经济利益,本着"效率与公平"原则的精神,需要财务管理机构不断协调和优化彼此之间的财务关系。

四、市场经济条件下企业财务管理环境的发展趋势

财务管理环境构成的因素众多。随着经济环境的演变,财务管理环境自身也发生着一定的改变,根据对财务管理环境构成因素的分析,现代企业财务管理的环境呈现以下明显的发展趋势。

(1)财务管理的目标向企业价值最大化转换。企业内部财务管理的目标在发生着转变,利润只是衡量企业发展水平的一个方面,企业的价值最大化成为财务管理目标转变的方向。

企业的价值最大化更加全面地衡量了企业各方面的经营管理水平,无论是企业的软硬件条件,还是企业的品牌价值,抑或是企业的创新能力,都被包含于企业的价值中,更好地衡量企业经营状态,为企业的长远发展做出合理的分析,从而制定企业的发展目标,使企业在激烈的市场竞争中成为佼佼者。

(2)网络财务管理成为财务管理的新手段。经济的迅速发展带动了计算机网络技术的突飞猛进,计算机网络技术无疑成为这个时代经济竞争的重要手段。先进的计算机网络技术给人们信息的沟通和交流带来了便利,为企业的生产经营也提供了更多的决策依据。

财务管理逐渐向网络财务管理转变已经成为这个时代不可逆转的趋势,基于ERP环境下的财务管理成为各大企业管理技术更新的主要方向。便利的操作,快捷的信息传递都是传统企业财务所不具备的。网络财务管理成为财务管理的新手段,受到了一致追捧,企业的发展逐步向信息化演变,以网络技术为载体的信息化经济竞争成为21世纪经济竞争的主导趋势。

(3)财务管理制度呈现多样化。财务管理随着环境的改变,要想跟上市场经济发展的速度就要发生一定的转变,多样化的财务管理制度正在逐渐被人们所接受。多样化的财务管理制度能够有效地降低企业的成本,增加企业管理的灵活度,根据

企业发展的阶段和发展的特点随时地转换财务管理制度。由于多种有效机制相结合，为企业的经营减少了一定的负担，同时使企业财务管理制度的建立更加完善。

五、企业财务管理环境优化的建议

（一）提升企业财务管理层的重视度

提升财务管理层对企业财务管理的重视程度，是完善我国企业财务管理环境的重要举措。

第一，企业管理层应认清当前的社会发展形势，结合企业自身发展形势，思考财务管理事宜，并提高财务管理工作的重视程度。企业管理层应具备战略意识、大局意识，在现实业务开展中寻找方向感。通过提升财务管理的地位，强化基础工作的合理性。

第二，企业管理层应提高管理知识水平，促使战略性财务管理进程。企业管理层只有具备更多的知识储备，才能满足企业发展需求，与企业财务管理工作目标，更好地契合。企业管理层还需要及时转变财务管理观念，与时俱进，只有这样，才能不断提升管理能力。

第三，企业管理层应努力将财务管理人员打造成知识型队伍，积极鼓励财务工作人员自学。通过对专业知识的学习，完成财务管理工作的科学化与合理化，进而完成高效化管理目标。

（二）强化企业的财务管理职能

作为企业管理的重要内容，财务管理人员要正确分析形势，做出正确的财务预测，努力减少投资风险，实现企业财务资源的有效配置，优化组合。按照企业发展的不同阶段，财务应该提出合理的收益分配方案。财务管理人员应全面考虑企业发展的需要和发展意愿等多方面因素，充分行使财务计划和财务控制的职能。

（三）突出财务管理微观环境的建设

在努力适应宏观财务管理环境的前提下，企业应在微观财务管理的环境建设上下大功夫。适者生存、优胜劣汰是商品经济竞争中的铁的规律。这一规律要求企业财务管理必须主动面对纷繁复杂的财务管理环境，研究财务管理环境变化的规律性，通过制定和选择富有弹性的财务管理战略和政策，抓住环境因素的突变可能出现的各种有利机会，抵御环境变化可能对财务活动造成的不利影响。同时，还要求财务管理要尊重客观环境的存在，发挥主观能动性，扎扎实实做好财务管理工作。

(四)保证财务信息的真实性,提高财务人员职业操守

企业财务管理必须拥有战略性,才能保障企业各项工作顺利开展。企业财务管理的首要任务是保证财务信息的真实、可靠。具体而言,企业管理层应从财务管理工作人员的职业操守方面入手,保证财务信息真实。企业管理者应促使财务工作人员增强自身意识,为企业财务信息的真实性提供一定保证。通过强化企业财务管理人员的职业道德,有效遏制违法违纪犯罪活动,确保企业财务管理具备更加合理规范的环境。

(五)建立完善的财务管理制度,改善财务会计管理工作

完善的财务管理制度是企业财务管理活动的重要保障。企业应建立完善的财务管理制度,不断改善财务会计管理工作,确保企业生产经营活动的有序进行。

具体而言,在企业财务管理制度的构建过程中,应有效结合企业自身经营基础、各项监管业务状况、发展目标等因素,充分彰显财务管理的合理性。

企业应根据其他业务的财务管理信息,展示企业运营特色,促使企业各项工作可以在财务管理支撑下顺利完成。财务管理措施必须以财务科学管理为中心,落实财务管理制度,不断健全财务会计管理工作,促使企业财务管理与财务管理环境相适应。

(六)创建智能化财务管理体系,提高企业财务管理效率

随着大数据时代的到来,智能化、网络化的财务管理体系应运而生。我国企业应抓住网络时代的契机,充分利用网络信息平台,开展网上报账与拨付,提高财务管理效率。并且,企业可以借助网络技术,全程在线监督资金流向与运用状况,提升会计核算的精准性,完成企业财务内部监督由事后转向事前与事中。在网络化背景下,企业应建立适应网络高速发展的智能财务管理体系。

基于计算机与互联网,构建将远程控制、实时财务动态监管、家庭式财务办公与财务业务协同为一体的财务监管体系,促使企业财务管理工作有效运行。

第二章 财务管理的基本内容

第一节 筹资管理

一、筹资的内涵

（一）筹资的概念

筹资是指企业为了满足投资和用资的需要，筹集和集中所需资金的过程。企业的经营活动必须以一定的资金为前提，从这个意义上讲，筹资管理是企业财务管理的首要环节。企业从各种渠道以各种形式筹集资金是资金运动的起点。事实上，筹资以及筹资管理贯穿于企业发展的始终。无论是在企业创立之时，还是在企业扩张规模之际，乃至在日常经营之中，都需要筹措资金。[①]

企业常用的筹资途径有两种。一是权益资金。它是企业通过向投资者吸收直接投资、发行股票、企业内部留存收益等方式取得，其投资者可以是国家、企业和个人等。二是债务资金。它是企业通过向银行借款、发行债券、利用商业信用等方式取得。企业筹集资金，表现为企业资金的流入，而企业偿还借款、支付利息、支付股利以及付出各种筹资费用等，则表现为企业资金的流出。

（二）筹资的分类

企业筹资可以按不同的标准进行分类。

1. 股权筹资、债务筹资及其他筹资

股权筹资形成股权资本，是企业依法长期拥有、能够自主调配运用的资本。股权资本在企业持续经营期间，投资者不得抽回，因而也称为企业的自有资本、主权资本或股东权益资本。股权资本是企业从事生产经营活动和偿还债务的本钱，是代表企业基本资信状况的一个主要指标。企业的股权资本通过吸收直接投资、发行股票、内部积累等方式取得。由于股权资本一般不用还本，并且形成了企业的永久性

[①] 钱怀安. 浅析中小企业财务管理 [J]. 经贸实践，2017(8)：221-222.

资本，因而财务风险小，但付出的资本成本相对较高。①

股权筹资项目包括实收资本（股本）、资本公积金、盈余公积金和未分配利润等。其中，实收资本（股本）和实收资本溢价部分形成的资本公积金是投资者的原始投入部分；盈余公积金、未分配利润和部分资本公积金是原始投入资本在企业持续经营中形成的经营积累。通常，盈余公积金、未分配利润共称为留存收益。股权筹资在经济意义上形成企业的所有者权益，其金额等于企业资产总额减去负债总额后的余额。

债务筹资是企业通过借款、发行债券、融资租赁以及赊销商品或服务等方式取得的资金形成在规定期限内需要清偿的债务。由于债务筹资到期要归还本金和支付利息，并且对企业的经营状况不承担责任，因而具有较大的财务风险，但付出的资本成本相对较低。从经济意义上来说，债务筹资也是债权人对企业的一种投资，也要依法享有企业使用债务所取得的经济利益，因而也可以称为债权人权益。

衍生工具筹资包括兼具股权与债务特性的混合融资和其他衍生工具融资。我国上市公司目前最常见的混合融资是可转换债券融资，最常见的其他衍生工具融资是认股权证融资。

2. 直接筹资与间接筹资

按其是否以金融机构为媒介，企业筹资分为直接筹资和间接筹资两种类型。直接筹资是企业直接与资金供应者协商融通资本的一种筹资活动。直接筹资方式主要有吸收直接投资、发行股票、发行债券等。通过直接筹资既可以筹集股权资金，也可以筹集债务资金。按法律规定，公司股票、公司债券等有价证券的发行需要通过证券公司等中介机构进行，但证券公司所起到的只是承销的作用，资金拥有者并未向证券公司让渡资金使用权，因此发行股票、债券属于直接向社会筹资。

间接筹资是企业借助银行等金融机构融通资本的筹资活动。在间接筹资方式下，银行等金融机构发挥了中介的作用，预先集聚资金，资金拥有者首先向银行等金融机构让渡资金的使用权，然后由银行等金融机构将资金提供给企业。间接筹资的基本方式是向银行借款，此外还有融资租赁等筹资方式。间接筹资形成的主要是债务资金，主要用于满足企业资金周转的需要。

3. 内部筹资与外部筹资

按资金来源范围的不同，企业筹资分为内部筹资和外部筹资两种类型。内部筹资是指企业通过利润留存而形成的筹资来源。内部筹资数额的大小主要取决于企业可分配利润的多少和利润分配政策（股利政策），一般无须花费筹资费用，从而降低

---

① 张蔚林. 筹资方式的比较与选择 [J]. 现代营销（经营版），2020(1)：165.

了资本成本。

外部筹资是指企业向外部筹措资金而形成的筹资来源。处于初创期的企业，内部筹资的可能性是有限的；处于成长期的企业，内部筹资往往难以满足需要。这就需要企业广泛地开展外部筹资，如发行股票、债券、取得商业信用、向银行借款等。企业向外部筹资大多需要花费一定的筹资费用，从而提高了筹资成本。企业筹资时首先应利用内部筹资，然后再考虑外部筹资。

4. 长期筹资与短期筹资

按所筹集资金使用期限的不同，企业筹资分为长期筹资和短期筹资两种类型。长期筹资是指企业筹集使用期限在一年以上的资金筹集活动。长期筹资的目的主要在于形成和更新企业的生产和经营能力，或扩大企业的生产经营规模，或为对外投资筹集资金。[①] 长期筹资通常采取吸收直接投资、发行股票、发行债券、取得长期借款、融资租赁等方式，所形成的长期资金主要用于购建固定资产、形成无形资产、进行对外长期投资、垫支流动资金、产品和技术研发等。从资金权益性质来看，长期资金可以是股权资金，也可以是债务资金。

短期筹资是指企业筹集使用期限在一年以内的资金筹集活动。短期资金主要用于企业的流动资产和日常资金周转，一般在短期内需要偿还。短期筹资经常利用商业信用、短期借款、保理业务等方式来筹集。

二、筹资管理的内涵

（一）筹资管理的定义

筹资管理就是根据企业自身经营的特点以及实际的资金需求，通过分析筹资的渠道、成本、风险等方面的内容，为企业筹到成本最低、速度最快、效率最高的资金的手段。[②] 筹资手段最主要就是通过股权和债券进行资金的筹措。

根据筹资管理的定义，其主要的目的就是满足企业日常经营对于资金的需求，有效地降低资金的使用成本，加强风险控制。企业筹资的动机如表2-1所示。

---

① 纪宪雪. 筹资风险的防范控制 [J]. 黑龙江科技信息, 2010(28): 138+45.
② 刘西红. 探讨企业投融资管理存在问题及相关改善建议 [J]. 行政事业资产与财务, 2014(27): 81-82.

表2-1　企业筹资的动机

主要需求	主要内容
建设性筹资动机	主要是企业在开设初期,为了满足建设期日常经营对于资金需求而形成的筹资需求
买卖性筹资动机	主要包括企业为了开展日常的生产和销售过程中形成的买卖的筹资需求
成长性筹资动机	主要包括企业在成长期所需要增加的固定资产方面的投入产生的筹资需求
过渡性筹资动机	主要包括企业在经营过程中,可能对业务进行调整而形成的过渡性筹资需求

筹资的方式主要有筹措股权资金和筹措债务资金。筹资管理最主要的任务就是解决企业日常经营对于资金的需求,并且通过有效的手段,降低成本,增加效率,保障利益。[①]

(二)筹资管理的原则

企业筹资管理的基本要求,是在严格遵守国家法律、法规的基础上,分析影响筹资的各种因素,权衡资金的性质、数量、成本和风险,合理选择筹资方式,提高筹集效果。

1.遵循国家法律、法规,合法筹措资金

不论是直接筹资还是间接筹资,企业最终都通过筹资行为向社会获取资金。企业的筹资活动不仅为自身的生产经营提供资金来源,而且也会影响投资者的经济利益,影响社会经济秩序。企业的筹资行为和筹资活动必须遵循国家的相关法律、法规,依法履行法律、法规和投资合同约定的责任,合法合规筹资,依法信息披露,维护各方的合法权益。

2.分析生产经营情况,正确预测资金需要量

企业筹集资金,首先要合理预测资金的需要量。筹资规模与资金需要量应当匹配一致,既要避免因筹资不足,影响生产经营的正常进行,又要防止筹资过多,造成资金闲置。

3.合理安排筹资时间,适时取得资金

企业筹集资金,还需要合理预测并确定资金需要的时间。要根据资金需求的具体情况,合理安排资金的筹集时间,适时获取所需资金,使筹资与用资在时间上相衔接,既避免过早筹集资金形成的资金投放前闲置,又防止取得资金的时间滞后,

---

① 朱林.企业筹资管理的问题及对策[J].现代商贸工业,2018,39(18):133-134.

错过资金投放的最佳时间。

4. 了解各种筹资渠道，选择资金来源

企业所筹集的资金都要付出资本成本的代价，不同的筹资渠道和筹资方式所取得的资金，其资本成本各有差异。[①] 企业应当在考虑筹资难易程度的基础上，针对不同来源资金的成本进行分析，尽可能选择经济、可行的筹资渠道与方式，力求降低筹资成本。

5. 研究各种筹资方式，优化资本结构

企业筹资要综合考虑股权资金与债务资金的关系、长期资金与短期资金的关系、内部筹资与外部筹资的关系，合理安排资本结构，保持适当偿债能力，防范企业财务危机，提高筹资效益。

三、筹资管理的作用

企业资金注入的流程从筹资开始，筹资管理最重要的作用就是为企业解决资金方面的需求，并通过有效的手段，实现在筹资成本最低、筹资渠道确定、筹资规模预测、筹资风险管控等各方面对筹措的资金进行全生命周期的管控。

（一）对资金需求量进行有效预测

资金是保障企业日常经营的核心资源，对资产的投入、购买原材料和服务、销售产品等各个环节都起到了至关重要的作用。不管是什么类型的企业，为了形成生产力、销售能力、售后服务能力等，都必须有资金的保障。但是有效的预测对筹资更为重要，筹资往往需要一定的时间和合理的规模区间，企业只有科学地预测所需要资金的数量，才能保障资金的及时供给。在大多数情形下，企业主要通过资金来满足两方面的需求：一方面是满足日常经营的需要，另一方面是满足未来发展的需要。企业要根据所处的不同生命周期，对于资金的需求不同，需要筹资的规模也就不同。在企业初创和成长期，对于资金的需求是最多的，一方面需要满足技术的投入和市场的开发，另一方面还要为未来的发展存续一些资金；在企业平稳发展的时期，对于资金的需求有所下降，只要满足日常经营和维持市场地位就足够。

（二）合理安排筹资渠道、选择筹资方式

在通常情况下，企业通过直接以及间接两种不同的方式进行资金的筹措。直接筹资，是企业直接从外部的金融机构或是其他组织筹集资金；间接筹资，是企业通

[①] 尹萍. 贸易企业财务经营风险防控 [J]. 财会学习，2017(16)：52-53.

过相关金融机构,与间接的机构进行对接筹集资金,满足资金需求。内部筹资主要依靠企业的利润留存积累。外部筹资主要有两种方式:股权筹资和债权筹资。

(三)有效的筹资成本规避财务风险

企业只要进行筹资,都会产生或多或少的资金成本,这主要是指企业为筹集资金而需付出的代价,主要就是财务利息费用以及金融机构收取的服务费等。[①] 针对上文提到的股权和债券两种不同的筹资方式,就成本而言,债券筹资方式成本较低。主要是由于借款偿还的周期、性质和方式不同。但是股权筹资在筹资速度等方面有自身的优势。企业在筹资过程中,要协调好速度和成本的关系,合理地进行筹资的分配,从而找到成本低、速度快的筹资方式。并且还要考虑到筹资过程中的风险,成本风险和速度风险,有效地进行规避,保证筹资效率。

四、云会计背景下的筹资管理

云会计是利用云计算技术和理念,构建于互联网上,向企业提供财务核算、财务管理和财务决策服务的虚拟化会计信息系统,其以成本低、易维护、及时性强、能够实现外部协同等优势受到企业的关注。筹资管理作为企业财务管理的首要环节,对企业后续的投资管理、生产经营、利润分配起着至关重要的作用。云会计的发展恰好为企业筹资管理提供了良好的技术支持。那么,如何利用云会计平台获取与筹资管理相关的数据,并运用这些数据构建企业筹资管理的模型以提高企业筹资决策的效率,成为企业云会计应用中亟须解决的重要问题。

(一)云会计对企业筹资管理的影响分析

1. 云会计使筹资规模的预测更精准

预测企业的资金需要量是筹资管理必要的基础环节。常用的筹资规模预测方法主要有销售百分比法和线性回归分析法这两种定量预测法,必要时辅以专家会议法、德尔菲法等定性预测法。过去,由于数据采集、处理、分析等技术的限制,企业对未来销售额的预测不够准确,对敏感项目的划分不够合理,故通过销售百分比法预测的资金规模也就不够精准。同时,企业对历年的资金需求量和营业业务量之间的线性关系的假定往往不符合实际需要,导致运用线性回归分析法预测出的资金需求量存在较大误差。而在运用云会计平台的情况下,企业则可以直接获取与筹资相关的结构化、半结构化、非结构化等数据,并运用大数据技术进行数据的筛选、转换

---

① 孙小会. 怎样解决我国中小企业筹资难问题 [J]. 商场现代化, 2007(23): 78-80.

和分析,为资金规模预测提供较为准确的销售、采购、盈利等信息,从而使筹资规模的预测更加精准。

2. 云会计使筹资方式的选择更合理

目前,企业筹集资金的方式主要有吸收直接投资、发行股票、利用留存收益等权益筹资方式,银行借款、发行债券、融资租赁、利用商业信用等债务筹资方式以及发行可转换债券和认股权证等混合筹资方式。其中选择哪些方式既能满足企业对资金的需求又能达到优化资本结构、降低资本成本的目标,成为企业筹资管理中关注的重点。基于云会计平台,企业不再仅对财务数据进行分析,而是通过移动互联网、物联网等渠道收集大量数据,并进行深度挖掘、综合分析,进而充分了解到投资者的投资意向以及交易所的证券数据、银行的信贷条件、租赁公司的融资租赁条件等与筹资决策相关的信息,使筹资方式的选择更合理。

3. 云会计使筹资成本的控制更有效

(1) 云会计使资本成本更低廉。企业的资本成本包括资金筹集过程中发生的筹资费和资金使用过程中发生的用资费,计算模式包括不考虑资金时间价值的一般模型和考虑资金时间价值的折现模型两种。折现模型下需要估算债务未来还本付息或股权未来现金流量,由于受到数据分析技术的限制,这些数据的确定在很大程度上依赖财务人员的主观判断,细微的差异将会影响资本成本计算结果的准确性。基于云会计平台,企业则能够收集国家的财税政策、行业因素、资本市场信息、企业自身财务状况等大量数据,并通过大数据处理技术进行数据挖掘和分析,准确预测计算资本成本需用的未来现金流量,通过调整不同筹资方式所占的权重,有效控制企业的资本成本,从而使综合资本成本更低廉。

(2) 云会计使资本结构更优化。最优资本结构是指在适度负债的情况下,同时满足企业价值最大和综合资本成本最低的资本结构。当前衡量企业最佳资本结构的方法主要有每股收益无差别点法和企业价值分析法。每股收益无差别点法需要预测不同方案下的每股收益指标,并计算出均衡点的息税前利润,这些指标的计算离不开对企业未来盈利状况的准确预测。在企业价值分析法下,无论是权益资本价值,还是债务资本价值的测算,都需要选择合适的折现率。基于云会计平台,企业可以获取完整的市场信息、企业信息、风险信息,通过大数据技术的处理,保证对每股收益和息税前利润预测的有效性以及风险调整后的折现率获取的准确性,从而使资本结构更优化。

(3) 云会计使筹资风险更可控。企业的筹资风险包括经营风险和财务风险。由于固定性经营成本的存在产生了经营杠杆效应,企业可通过调节企业的销量、价格、单位变动成本和固定成本来控制经营风险的大小;由于固定性资本成本的存在产生了财务杠杆效应，企业可通过调整利息和息税前利润来控制财务风险的大小。而通过云会计平台，企业可收集历年的成本信息、利润指标和市场销售信息，并运用大数据技术对其进行处理和分析，根据成本习性对成本进行合理分类，准确预测企业的销量、价格、利润、成本等指标，保证经营杠杆和财务杠杆两个指标计算的精准性，并对可能存在的风险原因和后果进行分析和估算，从而使筹资风险更可控。

（二）基于云会计的筹资管理模型的构建

根据云会计提供的服务功能，笔者提出了基于云会计的筹资管理模型，其具体结构分为数据层、基础设施层、平台层、应用层和硬件虚拟化层，每一层都由对应的服务构成。

1. 数据层——基于数据即服务（DaaS）的数据获取

利用DaaS获取的与企业筹资决策相关的数据资源较为广泛，既包括企业内部ERP系统产生的财务状况、经营状况、成本习性、决策者的态度等结构化数据，又包括企业外部的财税政策、资本市场、行业因素、中介机构等半结构化、非结构化数据。数据获取模块可借助物联网技术，通过图像扫描、条码识别、传感器收集等方式获取与筹资决策相关的大量数据，并通过数据传输模块传递到数据处理平台。

2. 基础设施层——基于基础设施即服务（IaaS）的数据处理

利用IaaS构建云会计的数据处理平台，该平台将数据层获取的数据运用ETL工具抽取、转载、加载到多个数据仓库中，并借助Hadoop、HPCC、Storm、Apache Drill、Rapid Miner、PentahoBI等大数据处理技术对各类结构化、半结构化、非结构化数据进行分析处理，最终存储于企业的DBMS、File、HDFS、NoSQL等数据中心。

3. 平台层——基于平台即服务（PaaS）的数据分析

利用PaaS来构建云会计的数据分析平台。该平台借助层次分析、TOPSIS法、贝叶斯分析等数据分析方法和关联规则挖掘、决策树、人工神经网络、粗集方法等数据挖掘方法，将经过处理后的标准数据进行筛选、转换，从而分析出与预测筹资规模、选择筹资方式、控制筹资成本相关的信息。

4. 应用层——基于软件即服务（SaaS）的筹资决策

利用SaaS来构建云会计的各类应用系统，具体包括筹资规模预测系统、筹资方式选择系统、筹资成本控制系统。

（1）预测筹资规模。企业预测筹资规模时需先测算留存收益、自然融资等企业内部融资需求量，再预测企业外部融资需求量。首先，依据数据分析平台分析出企业未来的销量、价格、销售净利率、留存收益率等指标，计算出企业新增留存收益金额。其次，按照分析出的企业未来的采购量、价格、付款方式、敏感负债占销售额的百分比，测算出新增的自然性融资金额。最后，根据测算的企业资金总需求量减去留存收益和自然融资提供的资金需求量，得出企业外部的融资需求量。

（2）选择筹资方式。企业的筹资方式包括权益筹资、债务筹资和混合性筹资三种方式。企业在选择具体筹资方式时需综合考虑各方面因素，其中包括依据数据分析平台提供的信息，判断投资者的投资意向和投入资产的估价信息，为能否选择吸收直接投资提供参考；根据股票、债券等证券数据和企业的盈利指标、股利分配方案，判断能否发行普通股、优先股、企业债券；对不同银行的信贷条件进行对比分析，为银行借款方式的选择提供依据；对不同公司的融资租赁条件进行比较分析，为融资租赁方式的选择提供依据。

（3）控制筹资成本。企业对筹资成本的控制需做到资本成本最低化、资本结构最优化、筹资风险最小化。在筹资成本控制系统中，企业可根据筹资费、用资费、现金流量等信息，分别计算个别资本成本来比较不同筹资方式的优劣，计算加权平均资本成本来衡量资本结构是否合理，计算边际资本成本来判断是否需要追加筹资；根据每股收益、折现率、企业价值等信息，运用每股收益无差别点法和企业价值分析法来选择不同的筹资方式，以确保企业达到最佳资本结构状态；通过对经营杠杆和财务杠杆的分析计算，判断企业的经营风险和财务风险大小，适时调整销量、价格、成本、利息等指标，力求降低企业的筹资风险。

5. 硬件虚拟化层——基于硬件即服务（HaaS）的服务器集群

利用 HaaS 来构建具备有效弹性计算能力的服务器集群，为基于云会计的企业筹资管理系统提供硬件保障。该服务器集群包括数据层的数据获取模块和数据传输模块，基础设施层的数据处理模块和数据存储模块，平台层的数据分析模块和数据挖掘模块，应用层的筹资规模预测模块、筹资方式选择模块和筹资成本控制模块。

第二节 投资管理

一、投资

投资是指投资主体为取得未来收益而将资金投放于某一特定对象的行为。投资管理是企业财务管理的又一重要环节，投资决策的成败对企业经营的成败具有根本性的影响。

投资按回收期的长短不同可以分为短期投资和长期投资。短期投资是指回收期在一年以内的投资，主要是指对货币资金、应收账款、存货、短期有价证券等的投资。长期投资是指投资回收期在一年以上的投资，主要是指固定资产投资、无形资产投资、对外长期投资等。投资按对象不同可以分为对内投资和对外投资。对内投资是指把资金投放于企业范围内的投资。对外投资是指把资金投放于本企业以外的其他单位的投资。

（一）投资的概念和种类

投资是指特定经济主体（包括国家、企业和个人）为了在未来可预见的时期内获得收益或使资金增值，在一定时机向一定领域的标的物投放足够数额的资金或实物等货币等价物的经济行为。

投资活动非常复杂，可以从不同的角度进行分类，大体有以下几种分类。

1. 短期投资和长期投资

按投资期限或投资回收期长短，可将投资分为短期投资和长期投资。预期在短期（通常是一年内）能收回的各种投资活动，属于短期投资。长期投资是指投资期在一年以上的各类投资项目。一般来说，短期投资资金周转快，流动性好，风险相对较小，但收益率也较低。长期投资回收期长，短期变现能力较差，风险较高，但盈利能力强。在一定条件下，短期投资和长期投资之间是可以转化的，如购买股票是一种长期投资，无偿还期限。但股票持有者可以在二级市场进行短线操作，卖出股票，这又是短期投资。选择短期投资还是长期投资，主要由投资者的投资偏好决定。

2. 直接投资和间接投资

按投资人能否直接控制其投资资金，可将投资分为直接投资和间接投资。直接投资是指投资人直接将资本用于开办企业、购置设备、收购和兼并其他企业等，通过一定的经营组织形式进行生产、管理、销售活动以实现预期收益。直接投资的特点是资金所有者和资金使用者为同一个人。这样，投资人能有效地控制资金的使用，并能实施全过程的管理。间接投资主要是指投资人以购买外国或本国股票、债券等金融资产的方式所进行的投资。投资人按规定获取红利或股息，但一般不能直接干预和有效控制其投放资金的运用状况。其主要特点是资金所有者和资金使用者为不同的两个人，在资产的经营管理上不体现投资人的意志。

3. 金融投资和实物投资

按投资对象存在形式的不同，可将投资分为金融投资和实物投资。金融投资是投资者为获取预期收益，预先垫付货币以形成金融资产，并以此获取投资或投机收益的经济行为。在现实经济生活中，金融投资不仅有资本市场的股票、债券、基金、期货、信托、保险等投资形式，还有货币市场的存款、票据、外汇等投资形式，还可以包括风险投资、彩票投资等。实物投资是投资者为获取预期收益或经营某项事业,预先垫付货币或其他资源(有形资产或无形资产),以形成实物资产的经济行为。实物投资大致可分为固定资产投资、流动资产投资、稀有资产投资等。金融投资与实物投资的主要区别在于前者以最终获得金融资产为目的,后者通过投资直接实现社会积累。

4. 生产性投资和非生产性投资

按投资的经济用途,可将投资分为生产性投资和非生产性投资。生产性投资是指投入生产、建筑等物质生产领域,形成各种类型的生产性企业资产的投资。它一般又分为固定资产投资和流动资产投资。生产性投资通过循环和周转,不仅能收回投资,而且能实现投资的增值和积累。非生产性投资是指投入非物质生产领域,形成各种类型的非生产性资产的投资。其中,对学校、办公楼、国防工程、社会福利设施等的投资不能收回,是纯消费投资,其再投资依靠社会积累。对电视台、影剧院、信息中心等的投资可转化为无形资产的经营,可以收回投资,甚至实现投资的增值和积累。

(二)项目投资的特点

所谓项目投资是指以特定建设项目为投资对象的一种长期投资行为。与其他形式的投资相比,项目投资具有以下几项特点。

1. 投资内容独特

项目投资是指以扩大生产能力和改善生产条件为目的的资本性支出。每个项目都至少涉及一项形成固定资产的投资。每项投资的内容都会存在差异,有其独有的特点。

2. 投资数额大

项目投资是以特定建设项目为投资对象,其所需的资金常常涉及几百万元、几千万元甚至数亿元人民币。例如,房地产开发投资或置业投资,对资金的需求是巨大的,即使投资者只需支付30%的资本金用作前期投资或首期付款,也大大超过了许多投资者的能力。项目投资往往都会需要巨额信贷支持。

3. 影响时间长

建设项目的开发经营周期所需的时间都比较长,一个建设项目的建设期往往需要两年的时间,如果计算其经营期甚至会超过十年。每个项目投资一旦确定,会在相当长的时间里改变企业的未来现金流量和财务状况。

4. 发生频率低

项目投资的投资数额大,导致企业大量的自有资本被占用,在面临新的投资机会时,企业会因缺乏自有资金而被迫放弃,导致项目投资发生频率低。

5. 变现能力差

项目投资的投资周期比较长，投资内容一般为固定资产，导致项目投资变现能力差。同时，在项目变现时一般伴随着较高的交易税费，高费用进一步降低了项目投资的变现能力。

6. 投资风险高

项目投资的前五项特点的综合作用，导致项目投资的高风险。一般项目投资在前期都会谨慎决策，在众多可行性方案中选择风险不敏感性方案，或者多元化投资以降低投资风险。

二、投资管理的内涵

（一）投资管理的基本概念

投资是使用资本的过程，是为了将来获得更多的现金流入而提前付出现金的经济行为。投资管理就是在企业的投放资金资产的过程中所产生的各项问题的解决流程和制度，主要是为了企业以后有更强的竞争力，可以在企业的运营中得到更高的投资收益，而对投资的各项环节采取措施进行控制的过程管理。

（二）投资管理相关要素

1. 投资对象

投资对象作为投资活动中不可缺少的要素，对于控制投资规模，调整投资结构，提高投资效益，促进生产的发展起着重要的作用，投资对象的选择，应当根据自然、社会、经济技术、现有的生产能力和市场的需要，建立在科学的决策基础之上。[①]

2. 投资管理工具

企业往往借助投资管理工具来帮助企业开展投资管理工作，如项目投资可行性研究、项目后评价等投资管理工具。

（1）项目投资可行性研究。可行性研究是企业投资管理的重要工具，可以说是先决条件。只有经历过科学的决策体系论证过，才能尽可能地规避投资决策风险，防范非系统性风险。相同投资额，选取投资回报率高、内含报酬率高的项目，可以提高资金使用效率，创造更大效益，从而实现投资管理的最终目标。可行性研究包括但不限于风险管理、合法合规性、税务筹划、财务指标等。其中有些指标是刚性指标，只要没达标，无论其他指标如何优秀，也不能投资。项目只有各方面都均衡

---

① 宋宇阳. 探析企业投资管理现存问题及应对 [J]. 大众标准化，2019(12)：143-144.

发展，各项优秀才能算得上是好项目，为企业创造价值。

可行性研究要寻找合适的投资标的物。投资标的物的寻找往往是因企业而异，结合企业自身战略规划进行抉择。选定的投资标的既可以是企业准备兼并的企业，也可以是预计投资的公司。可以横向并购来扩大公司的规模，实现横向一体化发展；也可以纵向并购以打通产业上下游链条。简而言之，没有统一、明确的标准，满足企业特定需求及战略发展即可。而后要进行多角度可行性分析。对要计划投资企业进行多维度全方面的审查，包括但不限于财务报表及附注、被投资企业近三年经营状况、税收和法律等方面。

可行性研究也可以从市场分析、技术分析、生产分析等几个角度入手。涉及对价问题，往往需要聘请中介机构，对目标企业价值进行评估，对企业并购后的协同效应也要一并进行评估。

（2）项目后评价。项目后评价是指投资完成后由专门设立的工作小组对投资项目的各项指标进行持续评价的过程。投资管理作为全过程管理，项目后评价作为其全过程管理中的最后一环其实尤为重要，它也是投资人对投资管理进行监管评价的重要手段之一。项目后评价有助于找出可行性分析与实际执行中指标的差异和变化，有的放矢地分析出差异原因，总结成功可复制经验予以推广，汲取失败教训避免今后再次发生，为以后投资活动少走冤枉路提供保障。

企业应设有专门的部门和专职人员对投资项目进行跟踪管理，时刻关注其财务状况、现金流量情况及其他重大事项，一旦发现特殊情况，及时报告并且要妥善处理。对于投资失败的项目要立即止血，避免无底洞现象，强化投资回收环节的控制力度；对投资盈利的企业，要从其经营过程中总结可复制可推广的优秀管理模式，并予以推广。

3. 投资管理模式

投资管理模式主要是集权管理、分权管理和矩阵式管理。集权管理有利于集团整体投资活动统一指挥、集中领导、果断决策；有效地拟定和贯彻企业的经营战略；可以充分利用企业的经营资源，发挥规模效应；有利于提高企业的整体效益。但是会降低决策质量，影响决策的正确性和及时性，降低组织的适应能力，过度集权使各个部门失去自我适应和自我调整的能力，削弱了组织整体的应变能力；不利于调动下属的积极性，下属单位或公司市区决策权、发言权和自主权，磨灭积极性。实达集团作为中国十大IT企业之一，形成了以电脑硬件产业群、电脑软件产业群和房地产开发产业群等多业务多领域的大型集团，在对子公司投资活动的管控中，实行集权式管理，集团办公室和财务审计部对子公司的投资管理部门进行直接监督和领导，监控子公司投资资金使用，确保核心业务发展。

分权管理可使子公司拥有财务自由，工作模式充分发挥下级企业的主观能动性，不易产生独断专行等现象；对子公司经营管理成本低，使母公司将精力放在资本经营和宏观控制上，建成特大型集团。但是难以统一指挥与协调，部分子公司因追求自身利益而忽视集团整体利益；财务管理职能弱化，容易使财务信息失真；难以形成一致管控标准，各自为政，造成分散主义、本位主义。

矩阵式管理则是为了克服极端集权制和极端分权制的不足，应运而生的管理模式。企业将投资管理的部分决策适度下放，可以全面调动企业各层级参与人员的积极性，提升决策的正确性；避免集权制度下的决策迟滞，也解决了分权下各自为政的问题，最大化集团整体利益；在统一管理标准和口径下，结合各单位或分／子公司行业特点自行安排组织架构，发挥行业优势。

三、投资管理理论

投资管理理论主要就是在战略层次下提出的，在管理学中的"战略"词汇，最初只是出现在军事中。管理学中战略就是相关组织在结合自身资源条件下，制订的未来发展规划，企业战略主要就是企业对自身的经营活动进行的长期的总体性规划，进而保证自身的长远健康发展，其是企业进行生产经营的核心诉求，也是企业进行各种经营方案的原则和导向。

就企业投资管理理论等相关研究，在国内外，部门企业已经开始具体实践和分析，相应的学者也纷纷进行各方面的探索。

（一）系统科学管理理论与投资管理

1. 系统科学管理

系统主要就是具有某种功能且具有相互联系的多个要素按照某种规律共同构成的一个有机整体。一个企业也可以视为一个系统，在实施投资管理活动中，应该从系统整体性的角度进行。系统科学管理主要内容为以下几个方面。

（1）集合性。集合性就是将具有相同属性的不同对象视为一个有机整体，进而组成集合。集合中的所有对象则是构成集合的要素。

（2）相关性。相关性在一个系统中影响因素较多，这些因素又不是孤立的，并且它们之间是存在一定关系的，因此需要对各因素的关联度进行分析。

（3）阶层性。不同的因素构成了一个统一的整体，但是这些因素又可以细分，并可以划分为不同的子系统，各个子系统之间又存在一定的阶层性，这就组成了系统的结构。

（4）整体性。系统的组成包含至少两个可以区分的构成要素，进而以系统整体性所构成。系统整体性主要就是在系统中包含了多个具有独立功能的要素，各个要素之间根据某种逻辑关系相互协调，并组成了系统的整体性。

（5）目的性。系统的存在是具有一定目的的，因此要想完成系统目的，就要对系统进行适当的控制和调节，对系统管理实际上就是将无序的系统变得有序化，进而使其与目的相适应。

（6）环境适应性。系统存在于外部环境中，并与环境进行各种信息、能力、物质的交换，因此外界环境的动态性波动也必然对系统内部要素产生影响，因此系统应该具有环境适应性，如对于投资机构来说，要及时掌握市场经济动态变化和市场需求变化，进而来确定企业的投资对象。

2. 系统科学管理应用到投资管理

投资管理系统中包含了不同的投资要素，在不同投资要素中又存在着一定的联系，相互作用，相互影响，这就促成了企业投资管理系统。

（二）归核化理论与投资管理

1. 归核化

"归核化"概念在最近几年才得到学术界的认可，并开始推广使用的，但是就其含义阐述仍具有不同的观点。作为名词解释，"归核化"主要就是企业通过分析自身的资产规模和竞争力等，对自身的经营模式、企业规模、产品结构等进行相应的调整。作为动词解释，归核化主要就是企业战略运行方向以及战略变化过程。企业要分析自身所在的市场环境，并利用各种理论对自身竞争力和资产进行精确判断，进而明确自身的核心优势和能力。此外，企业对自身进行组织重构，并利用"主业重构"和"回归主业"模式，对资产进行外包、剥离、集中和分立，进而实现企业经营战略的转变。之后企业要将核心业务作为企业的中心，逐步向外扩展，并使用该方法使企业不同业务之间保持着较高的联系，通过这种措施，以确保企业的竞争力得到提升。此外，还要及时针对外部环境实施相应的调整，提高企业环境的适应能力。

2. 归核化应用到投资管理中

要吸取"归核化"思想，充分理解归核化管理相关概念，进而在企业投资管理中充分利用归核化思想和理论。归核化思想理论的应用，首先就是要对企业的"核"进行明确定位，进而制定企业投资管理制度，提高整个企业的核心价值。归核化投资管理体系的建立，首先就是要分析在投资管理中出现的各种影响因素，并对所有的投资关系、投资阶段内部结构等，根据"归核"相关理论思想，对企业发展战略目标、组织结构和功能定位等进行判定。企业实施投资管理的原则就是核心管理。在实施"归核化"模式的投资管理中，其主要要素有：投资战略、实施人员、技术水平、产品、企业竞争力、盈利能力、产业结构等。在管理中的"核"主要有：核心产品、效益、技术、竞争力、战略、人员等。企业实施"归核化"投资管理主要就是集中企业对资源和优势进行企业核心投资的管理；核心投资在企业整个经营中占有绝对优势，并能创造出更多价值，进而实现企业经营的战略目标，最终提高竞争力，促进企业可持续发展。

第三节　营运资金管理

一、营运资金管理的内涵

(一) 营运资金管理的概念

营运资金是指为满足企业日常经营活动所需要的资金，由流动资产和流动负债构成。营运资金管理的基本任务是短期资金的筹措和短期资金周转效率的提高。其基本目标是通过有效地进行资金的日常调度和调剂，合理地配置资金，以提高资金的使用效率，增强短期资金的流动性。

营运资金管理是对企业流动资产和流动负债的管理。由于企业需要大量的营运资金来推动生产经营活动的进行，而对于营运资金指标的计算可以在一定程度上反映企业的资金周转效率和营运风险，营运资金管理是资金流管理的重要环节。营运资金，是企业在生产经营过程中用于日常运营与周转所需要的资金。传统的营运资金包括广义、狭义两个概念。广义营运资金是指企业投放于流动资产上的资金。狭义营运资金是企业流动资产与流动负债的差额。

营运资金管理的主要内容是：①合理安排流动资金与流动负债的比例关系，确保企业具有较强的短期偿债能力；②加强流动资产管理，提高流动资产的周转效率，改善企业财务状况；③优化流动资产以及流动负债的内部结构，以使企业短期资金周转得以顺利进行和短期信用能力得以维持。

企业开展生产经营活动需要一定量的营运资金作为基础。由于流动资产具有较强的流动性，因此企业可将流动资产作为一种资金储备的形式，在进行资金周转时，使其变为货币形态，形成企业的现金流入，来补充营运资金；而企业通过支付等行为，形成现金流出，来进行债务清偿或清算。总体来说，企业持有的流动资产越多，短期偿债能力就越强。此外，由于企业现金流入量与流出量具有一定的不确定性和非同步性，这就要求企业保持一定数量的营运资金。例如，企业往往先行支付采购货款,而后取得销售收入,资金的流入与流出不具有时间上的同步性,金额也往往不对等,加之企业未来经营活动的不确定性,使预测现金流量的难度加大。在实际操作中,企业的现金收付具有极大的不对称性,因此无法保持二者时间上的同步。为了保证企业具有一定的资金支付能力,来支付各项经营费用,偿还到期债务,企业的日常经营需要储备一定金额的营运资金。①

(二)营运资金管理的特征

为了加强企业营运资金管理的有效性,探究营运资金的资金特点尤为关键。根据营运资金管理在企业管理中的实务操作,总结出企业营运资金通常具有灵活性、复杂性、及时性三个特点。

(1)灵活性特征。营运资金来源的多样性使其管理具有灵活性的特征。因为企业营运资金的筹集方式多种多样,银行借款、应付债券、应付职工薪酬、应交税费、预收货款等都为常用的多种企业融资方式。这就要求企业根据自身情况,审时度势,灵活安排筹资,为企业争取资金成本最低、最安全的营运资金。

(2)复杂性特征。营运资金需求的变化性导致企业营运资金管理具有复杂性的特征。由于企业外部经济环境和自身发展阶段的变化,企业流动资产的数量和金额处于不断变动的状态,波动性较大。特别是有些具有经营周期的企业更是如此,经营旺季营运资金需求量大,淡季需求量少,并且随着企业流动资产的变动,流动负债也会随之发生变化,企业资金运动的复杂性决定了其管理也具有复杂性的特征。

(3)及时性特征。营运资金周转的短期性使其管理具有及时性的特征。由于营运资金表示企业流动资产上占用资金的数量,而流动资产代表企业流动性相对较强的资产,流动性强、周转速度快,这就要求企业在资金管理问题上必须及时做出决策,不得拖延或滞后。这一时效性要求决定了企业营运资金管理具有及时性特征。

(三)营运资金管理的内容

营运资金的管理内容应围绕资金运用及资金筹措两个方面展开:第一,企业应在流动资产上投放多少数量的资金;第二,企业应如何进行融资。资金运用的管理内容具体包括企业日常支付采购原料价款、支付费用、工人工资等内容;而资金筹措管理则涵盖企业商业信用借款、发行债券筹资、银行借款等内容。

---

① 刘松.浅析营运资金管理中的问题及对策[J].农村经济与科技,2019,30(22):65-66.

二、营运资金管理的目标

企业营运资金管理的目标应符合企业价值的目标要求，此时需要重视企业对平衡流动性和收益性的举措，保持合理的资本结构。为了使企业利润长期最大化，不允许企业拥有过多的闲置资金，并降低企业的风险。

（一）资金需求的合理化保证

企业必须站在一个较高的层面来管控全局，才能更加深入地了解企业营运资金的需求数量。如何做到这一步，或者说企业如何做好这一块的工作，需要不断根据市场变化情况及时做出调整，以及加强在融资方面的能力，扩大融资渠道，在保持企业正常生产经营的情况下，拥有富余资金。

（二）资金使用效率提高保证

为了使企业获取更大的经济收益，企业可以调整资金运转的周期，使资金变现速度加快。企业应尽量加快流动资产周转率，提高资金使用效率。

（三）资金使用成本的保证

企业如果想降低资金使用成本，不仅仅是单纯地减少，还必须充分找出这个资金所拥有的潜力，即企业是否可以用较低的成本获取比以前更高的效益。有时候对企业来说，平衡收益和成本两者之间的关系也是非常重要的一步。当企业站在一个长远的角度上来看发展，资金的使用就更加趋于科学性和合理性，就会更加合理配置资源，积极拓宽融资渠道，尽可能多地筹措低成本资金。

三、营运资金管理的重要性

营运资金管理是对企业流动资产及流动负债的管理。一个企业要维持正常的运转就必须拥有适量的营运资金，营运资金管理是企业财务管理的重要组成部分。[1] 据调查，公司财务经理有60%的时间都用于营运资金管理。要搞好营运资金管理，就必须解决好流动资产和流动负债两个方面的问题，换句话说，就是要解决好下面两个问题：

第一，企业应该投资多少资金在流动资产上，这主要包括现金管理、应收账款管理和存货管理。

---

[1] 王俊. 如何防范建筑施工企业税务风险 [J]. 纳税, 2018, 12(36): 8+10.

第二,企业应该怎样来进行流动资产的融资,即资金筹措的管理,包括银行短期借款的管理和商业信用的管理。可见,营运资金管理的核心内容就是对资金运用和资金筹措的管理。

四、提高营运资金管理效率的方法

加强营运资金管理就是加强对流动资产和流动负债的管理;就是加快现金、存货和应收账款的周转速度,尽量减少资金的过分占用,降低资金的占用成本;就是利用商业信用,解决资金短期周转困难的问题,同时在适当的时候向银行借款,利用财务杠杆,提高权益资本报酬率。

(一)规避风险

许多企业为了实现利润、销售更多产品,经常采用赊销形式。片面追求销售业绩,可能会忽视对应收账款的管理,造成管理效率低下。例如,对赊销的现金流动情况及信用状况缺乏控制,未能及时催收货款,容易出现货款被拖欠从而造成账面利润高于实际资金的现象。对此,财务部门应加强对赊销和预购业务的控制,制定相应的应收账款、预付货款控制制度,加强对应收账款的管理,及时收回应收账款,减少风险,从而提高企业资金使用效率。

(二)增加价值

会计利润是当期收入和费用成本配比的结果。在任何收入水平下,企业都要做好对内部成本、费用的控制,并做好预算,加强管理力度,减少不必要的支出,这样才能够提高利润,增加企业价值。

(三)提高效率

财务管理应站在企业全局的角度,构建科学的预测体系,进行科学预算。预算包括销售预算、采购预算、投资预算、人工预算、费用预算等,这些预算使企业能预测风险,及时得到资金的各种信息,及时采取措施,防范风险,提高效益。同时,这些预算可以协调企业各部门的工作,提高内部协作的效率,而且,销售部门在销售、费用等预算的指导下,还可事先对市场有一定的了解,把握市场变化,减少存货的市场风险。

(四)完善制度

(1)明确内部管理责任制。很多企业认为催收货款是财务部门的事,与销售部门无关，其实这是一种错误的观点。事实上，销售人员应对催收应收账款负主要责任。如果销售人员在提供赊销商品时，还要承担收回应收账款的责任，那么他就会谨慎对待每一项应收账款。

（2）建立客户信用档案。企业应在财务部门中设置风险控制员，通过风险控制员对供应商、客户的信用情况进行深入调查和建档，并进行信用等级设置，对处于不同等级的客户实行不同的信用政策，以减少购货和赊销风险。风险管理员对客户可从以下方面进行信用等级评定：考察企业的注册资本，偿还账款的信用情况，有没有拖欠税款而被罚款的记录，有没有拖欠供货企业货款的情况，其他企业的综合评价。

风险管理员根据考察结果向总经理汇报情况，再由风险管理员、财务部门经理、销售部门经理、总经理讨论后确定给予各供应商及客户的货款信用数量。如果提供超过核定的信用数量时，销售人员必须取得财务经理、风险管理员及总经理的特别批准。如果无法取得批准，销售人员只能降低信用规模或者放弃此项业务，这样就能控制销售中出现的大量坏账现象，减少风险。

（3）严格控制信用期。应规定应收账款的收款时间，并将这些信用条款写进合同，以合同形式约束对方。如果对方未能在规定时间内归还应收账款，企业可依据合同，对拖欠货款企业采取法律措施，以便及时收回货款。

（4）通过信用折扣鼓励欠款企业在规定时间内偿还账款。很多企业之所以不能及时归还欠款，是因为它们即使归还也得不到什么好处，拖欠也不会有什么影响。这种状况导致企业应收账款回收效率低下。为了改变这种局面，企业可以采取相应的鼓励措施，对积极回款的企业给予一定的信用折扣。

（5）实施审批制度。对不同信用规模、信用对象实施不同的审批级别。一般可设置三级审批制度。由销售经理、财务经理和风险管理员、总经理三级审核。销售部门如采用赊销方式时，应先由财务部门根据赊销带来的经济利益与产生的成本风险进行衡量，可行时再交总经理审核。这样可以提高决策的效率，降低企业经营的风险。

（6）加强补救措施。一旦发生货款拖欠现象，财务部门应要求销售人员加紧催收货款，同时风险管理员要降低该企业的信用等级；对于拖欠严重的，销售部门应责令销售人员与该企业取消购销业务。

（7）建立企业内部控制制度。主要包括存货、应收账款、现金、固定资产、管理费用等一系列的控制制度。对违反控制制度的，要给予相关责任人以惩罚。

（8）严格控制开支。对各种开支采用计划成本核算，对各种容易产生浪费的开支要采取严格的控制措施。例如，很多企业业务招待费在管理费用中占据很大比例，导致部分招待费在计征所得税时无法全额税前扣除。对此，企业应该要求销售人员控制招待费支出，并由财务部门按月销售收入核定适当的招待费标准。

总之，营运资金管理在企业销售及采购业务中处于重要地位，对企业利润目标的实现会产生重大影响。营运资金管理应是对销售工作的控制而不是限制，它的宗旨是促进销售部门减少销售风险，提高利润水平。所以，企业领导人应重视企业的资金营运管理工作。

第四节 利润分配管理

一、利润分配

企业通过投资或资金营运活动应当获得收入。投资成果表现为取得的所有收入扣除各种成本费用后的利润，利润分配就是对投资成果的分派过程。企业的收入首先要弥补经营中的各种耗费，形成的利润必须按照规定的程序进行分配。企业利润首先要依法缴纳所得税，税后利润还要弥补以前年度的亏损，并提取公积金和公益金，剩余的利润可以分配给投资者或者留存企业。

（一）利润分配的基本原则

1. 依法分配原则

为规范企业的利润分配行为，国家制定和颁布了若干法规，这些法规规定了企业利润分配的基本要求、一般程序和重大比例。企业的利润分配必须依法进行，这是正确处理企业各项财务关系的关键。

2. 分配与积累并重原则

企业的利润分配，要正确处理长期利益和近期利益的关系，坚持分配与积累并重。企业除按规定提取法定盈余公积金以外，还可以适当留存一部分利润作为积累，这部分未分配利润仍归企业所有者所有。这部分积累的净利润不仅可以为企业扩大生产筹措资金，增强企业发展能力和抵抗风险的能力，而且可以供未来年度进行分配，起到以丰补歉、平抑利润分配数额波动、稳定投资报酬率的作用。

3. 兼顾职工利益原则

企业的净利润归投资者所有，是企业的基本制度。但企业职工不一定是企业的投资者，净利润就不一定归他们所有，而企业的利润是由全体职工的劳动创造的，他们除了获得工资和奖金等劳动报酬以外，还应该以适当的方式参与净利润的分配，如在净利润中提取公益金，用于企业职工的集体福利设施支出。公益金是所有者权益的一部分，职工对这些福利设施具有使用权并负有保管之责，但没有所有权。

4. 投资与收益对等原则

企业利润分配应当体现"谁投资谁收益"、收益大小与投资比例相适应，即投资与收益对等原则，这是正确处理企业与投资者利益关系的立足点。投资者因投资行为，以出资额依法享有利润分配权，这就要求企业在向投资者分配利润时，要遵守公开、公平、公正的"三公"原则，不搞幕后交易，不帮助大股东侵蚀小股东利益，一视同仁地对待所有投资者，任何人不得以在企业中的其他特殊地位谋取私利，这样才能从根本上保护投资者的利益。

（二）利润分配的一般程序

利润分配程序是指公司制企业根据适用法律、法规或规定，对企业一定期间内实现的净利润进行分派必须经过的先后步骤。本书以非股份制企业为例，阐述利润分配的程序。

根据我国公司法等有关规定，非股份制企业当年实现的利润总额应按国家有关税法的规定做相应的调整，然后依法缴纳所得税。缴纳所得税后的净利润按下列顺序进行分配。

（1）弥补以前年度的亏损。按我国财务和税务制度的规定，企业的年度亏损，可以由下一年度的税前利润弥补，下一年度税前利润尚不足以弥补的，可以由以后年度的利润继续弥补，但用税前利润弥补以前年度亏损的连续期限不超过5年。5年内弥补不足的，用本年税后利润弥补。"本年净利润＋年初未分配利润"为企业可供分配的利润，只有可供分配的利润大于零时，企业才能进行后续分配。

（2）提取法定盈余公积金。可供分配的利润大于零是计提法定盈余公积金的必要条件。法定盈余公积金以净利润扣除以前年度亏损为基数，按10%提取。即企业年初未分配利润为借方余额时，法定盈余公积金计提基数为：本年净利润－年初未分配利润（借方）余额。若企业年初未分配利润为贷方余额时，法定盈余公积金计提基数为本年净利润，未分配利润贷方余额在计算可供投资者分配的净利润时计入。当企业法定盈余公积金达到注册资本的50%时，可不再提取。法定盈余公积金主要用于弥补企业亏损和按规定转增资本金，但转增资本金后的法定盈余公积金一般不低于注册资本的25%。

（3）提取法定公益金。法定公益金是以法定盈余公积金相同基数的5%~10%计提的职工公共利益资金，主要用于企业职工的福利设施支出。

（4）向投资者分配利润。企业本年净利润扣除弥补以前年度亏损、提取法定盈余公积金和公益金后的余额,加上年初未分配利润贷方余额,即为企业本年可供投资者分配的利润,按照分配与积累并重原则,确定应向投资者分配的利润数额。

二、利润分配管理

(一)利润分配管理的概念和内容

利润分配管理主要研究企业实现的税后净利润如何进行分配,即多少用于发放给投资者,多少用于企业留存。利润分配决策的关键是如何在股东的近期利益和长远利益中进行权衡。股利发放过少,会使股东的近期利益得不到满足,而股利发放过多,又会使企业留存过少,不利于企业的长期发展。

具体来说,利润分配管理要解决的问题包括:①股东对股利分配的要求;②企业发展对保留盈余的要求;③影响股利政策的各种因素;④股利政策的选择和企业的连续性。以上财务管理的四个方面,不是互相割裂,而是互相依存、有机地联系在一起的。上述既互相联系又有一定区别的四个方面构成了企业财务管理的基本内容。财务管理人员必须将这四个方面加以综合分析、考虑,统筹安排,才能取得财务管理的良好效果。

(二)企业经济利润分配管理的作用

企业进行利润分配管理是现阶段企业管理中必不可少的部分,是企业管理的重要内容;反之,利润分配管理对企业也有着重要的作用。笔者在此将企业进行利润分配管理的作用以及意义分为了以下几点。

(1)利润分配管理工作能够调动员工的积极性。从实际上来看,员工辛劳地进行工作就是为了获得相应的回报,如果员工付出的劳动与回报是成正比的,员工将更加积极地工作,为企业创造更多的价值;反之,将不利于企业的发展。科学合理地进行利润分配的管理能够最大限度地调动员工的积极性,对企业的发展有着积极的作用。

(2)利润分配能够促进企业的发展,对于企业形成和谐的企业文化有着巨大的促进作用。政府呼吁建设和谐社会,和谐的企业也是和谐社会的一部分,建立和谐的企业是对国家政策的支持,与建立和谐社会的意义是一样的。企业的和谐体现在员工之间相处和谐、互相帮助,企业健康发展等方面,这些和谐的现象都可以通过利润分配管理得以实现。企业拥有和谐的文化,势必朝着更加健康的方向发展。

(三)企业经济利润分配管理的策略

利润分配管理对企业如此重要,如何做好企业的利润分配,也成为企业发展的重点问题之一。笔者在此按照企业发展的不同阶段、经济发展的不同类型提出了不同的利润分配管理方法,具体如下。

1. 企业起步阶段应该采用适量股利分配的政策

企业发展的起步阶段面临着较多的问题,对于市场风险的掌握能力较低,无法准确地防御风险。例如,企业无法预测市场需求量,产生了产品销路出现问题的现象等,这就是企业不能实现预算收益造成的。这个阶段的企业就应该采用适量股利分配的政策,运用这种政策进行利润分配管理能够帮助企业渡过这个难关。例如,起步阶段企业获得的利润较少,可以将大部分的利润进行分红,而剩下的小部分利润可以进行投资,寻求发展的机会。这种利润分配方法强调的是小部分利润的投资,最适合起步阶段的企业,这既能够保证员工的福利,又能够适当地促进企业的发展,相对来说是比较完善的利润分配管理方法。

2. 企业发展阶段应稍微加大员工的利润分配力度

企业发展阶段应该在适量股利分配政策的基础上,稍微加大员工的利润分配力度。企业在发展阶段面临着扩大规模、扩大经营范围的问题,相对来说需要大量的资金来支撑这些经济活动,这样企业才能迅速、健康地成长。另外,企业在发展阶段经营能力得到了提升,利润会有所增加,这也是企业发展阶段的表现。这一阶段企业财务部门应该将利润进行集中管理,帮助企业收集资金,做到"低成本高收入"。一般来说,发展阶段的企业股票价格相对较高,很多人认为这种现象不利于企业进行利润分配管理,但实际上却不是这样的。这个阶段的企业在高速发展的过程中,股利与股价之间是一种相对和谐的关系,因为国家实行了"重发展,兼顾股利"的政策,企业的发展成为重点,发展与股利之间的关系相对和谐了许多。前面提到了发展阶段企业能够获得更多的利润,企业必须提高保留利润的比例,这样才能阻止利润流失的现象。发展阶段的企业实现大部分利润保留的政策能够加大资金对外投资的力度,随之就能优化资本结构。发展阶段的利润分配政策虽然是剩余股利政策,但是这样的低股息不会影响股票价格,不会造成股价较大的变动。但是这并不意味着股息对于股价完全没有影响,而是股息不能直接影响股利,影响的力度相对减小了。在企业的高速发展阶段,许多因素会导致利润分配政策的改变,比如,企业之间的竞争、货币汇率的改变等,这些因素都会导致企业不能采用适量股利分配政策,这时候,采用其他的政策也应该考虑股利的分配,因为股利是企业的固有资产,任何时候都关系着企业的发展。

3. 平稳发展阶段的企业应该采用稳定的股利分配政策

平稳发展阶段的企业相对来说比较成熟，拥有了相对成熟的经营技术，有能力把握股利的发放额度。[①] 除此之外，平稳发展阶段的企业更多的是注重现有产品的推广服务，在此基础上会一定程度地研发新产品，以此来改善经营结构，所以平稳发展阶段的企业必须保证有一笔资金来支撑各项产品研究工作。这一阶段的企业不仅要有充裕的资金来满足股利政策的需求，还要有充裕的资金来支持科学研究。所以，这一阶段的利润分配政策相对比较稳定，利润分配相对均匀，企业领导者应该清晰地了解利润分配的策略，实现平稳的股利分配政策。

4. 企业发展滞后阶段应该采用高现金的股利分配政策

企业发展滞后时期的特点主要表现在实现了财务收缩政策。这是因为企业失去了竞争中的各项优势，利润大幅降低，企业处于举步维艰的状态，面临着随时退出的危险。这一时期企业的利润迅速降低，各项利润越来越少，风险逐步增加，面对这些问题企业不得不采取高现金的分配政策。这一时期，企业资金流通比较困难，股票价格持续走低，只有现金较多，采用高现金的分配方法才是唯一的选择。同时，也只有通过这种方法才能挽救企业的发展。

企业利润分配的管理工作对于企业的重要性不言而喻，做好利润分配的管理工作势在必行，是企业获得发展的重要途径之一。企业应该将利润分配管理工作与自身的实际情况相结合，充分考虑自身的发展特点，只有制定符合实际情形的利润分配政策，才能做好企业利润的分配管理工作，企业未来的发展才会更加健康、顺利。

[①] 倪睿. 探析企业经济利润分配管理 [J]. 商场现代化，2014(20)：121-122.

第三章　公司财务管理实务

第一节　公司财务管理的目标

一、公司财务管理目标的概述

公司财务管理的目标是在特定的理财环境中,通过组织财务活动、处理财务关系要达到的目的。

从根本上说,财务管理目标取决于公司生存目的或公司目标,取决于特定的社会经济模式。公司理财是有意识的管理行为,因而必须具有明确的目标。同时,公司财务决策应当服从于公司整体发展战略,从这个意义上讲,公司理财的目标也就是公司的目标。公司理财否定了传统利润的最大化目标,而把价值最大化作为目标选择,并根据这一目标提出了相应的财务决策模型和方法。不过,在充分肯定价值最大化目标的同时,也不能否认该目标定位所存在的不足。

根据现代公司财务管理理论和实践,有关公司财务管理目标的代表性观点主要有以下三种。

（一）利润最大化

即假设在公司投资预期收益确定的情况下,公司财务管理行为将朝着有利于公司利润最大化的方向发展。以追逐利润最大化作为公司财务管理的目标,利润最大化目标的观点认为:利润代表了公司新创造的财富,利润越多则说明公司的财富增加得越多,越接近公司的目标。在实践中,人们也都习惯于将利润指标作为考核公司经营绩效的主要指标。[1]

从经济学的角度来讲,将利润最大化作为公司的目标具有一定的合理性,因为利润是公司生存与发展的必要条件,也是考核公司经营绩效的一个可行指标。公司是一个以盈利为目标的组织,逐利是公司与生俱来的本性,其出发点和归宿都是盈利。没有利润就没有生存的意义,因为对利润的追求是公司发展的原动力,也是公

---

[1] 刘慧芸.公司财务管理中的内部控制策略探究[J].知识经济,2020(15):7-8.

司生存下去的基本条件（以收抵支与到期偿债）。

但从管理的角度来看，利润指标存在着许多根本性的缺陷，这使它无法准确地反映公司的真实财务业绩。这些缺陷可以归纳为两类，一类是定义本身的问题，另一类是利润核算的问题，即所谓的利润操纵。正是由于上述缺陷的存在，以利润最大化为目标的管理（利润管理）可能导致一些牺牲公司长期利益的管理行为。

利润最大化目标在实践中存在的问题如下。

（1）这里的利润是指公司一定时期内实现的利润总额，它没有考虑资金的时间价值；

（2）没有反映获得的利润与投入的资本之间的关系，因而不利于不同资本规模的公司之间或同一公司的不同期间之间进行比较；

（3）没有考虑风险因素，高额利润往往要承担过大的风险；

（4）片面追求利润最大化，可能导致公司的短期行为，如忽视公司的新产品、新技术、新工艺开发、人才培养和储备、设备更新与改造、安全生产、生活福利设施、履行公司的社会责任等。

（二）资本利润率最大化或每股收益最大化

资本利润率是净利润与资本额的比率，每股收益是净利润与普通股股数的比值。所有者作为公司的投资者，其投资目标是取得资本收益，具体表现为净利与出资额或股份数（普通股）的对比关系。这一目标的优点是将公司实现的利润额与投入的资本或股本数进行对比，能够反映投入资本获取回报的能力，便于不同资本规模的公司或同一公司的不同期间之间进行比较，揭示其盈利水平的差异。

这个目标存在的问题如下。

（1）没有考虑资金的时间价值；

（2）没有考虑风险因素；

（3）不能避免公司的短期行为。

（三）公司价值最大化

公司的价值即公司的内在价值，与资产的内在价值相似，一个公司的内在价值是由该公司预期未来所能创造的价值大小决定的。但是，在实践中，人们习惯于用一个公司资产负债表上列示的总资产账面价值来反映公司的价值，其实这是一种错误的观点。虽然公司所拥有的各类资产是公司价值形成的基础，但公司价值并不等于由账面上反映的各种资产价值的总和，其理由如下。

（1）资产的账面价值只是反映了获得该项资产的历史成本，它是面向过去的，不等于内在价值。例如，同样的资产放在不同的企业，其创造价值的能力是不一样的。

（2）一个公司不仅是各种有形资产的简单堆积，更重要的是一个有机的整本，存在着资源与资源、人与人、资源与人的协调关系，而资产负债表无法反映这种关系的价值所在。

（3）公司的价值不仅取决于存量资产的价值，而且取决于其未来的增长机会。例如，两家拥有同样存量资产的公司，若处于不同行业，则它们未来面对的增长机会将不同，从而也影响到其价值。

（4）公司存在大量的表外资产或表外负债。首先，公司拥有的无形资产或智力资本（如健全的组织结构、强大的销售网络、良好的商业信誉等）已经成为公司创造价值的主要来源，却没有在资产负债表上得到适当的反映。其次，公司的许多隐性负债（如为关联企业的担保、涣散的士气、落后的管理等）也往往无法在资产负债表上体现出来。

美国著名的财务学教授希金斯曾指出，除非一个企业将要破产，否则其价值取决于该企业未来创造的收益流，而其拥有多少资产并没有什么意义，它们只是创造收益流的必要条件之一。没有任何资产，却能创造收益流的企业是最好的企业。也就是说，一个公司的内在价值是由该公司未来预期产生的自由现金流决定的，而不是资产负债表反映的账面价值。

公司价值是由该公司预期未来所能创造的价值大小决定的，而公司未来预期产生的自由现金流所决定的公司价值永远是一个未知数，公司估价就成为公司理财的一项基础性工作，因为估价的结果是进行财务决策（如投资并购）的依据，而估价的过程则是理解公司价值创造驱动因素的过程，从而对价值创造的管理提供思路。

公司价值估算的方法有许多种，主流的方法是贴现现金流法。影响企业价值的基本因素有三个，即当前现金收益、增长和风险。

投资者在评价企业价值时，是以投资者预期投资时间为起点，并将未来收入按预期投资时间的同一口径进行折现，未来收入的多少按可能实现的概率进行计算。可见，这种计算办法考虑了资金的时间价值和风险因素。公司所得的收益越大，实现收益的时间离现在越近，应得的报酬越是确定，企业的价值或股东财富就越大。

以公司价值最大化作为财务管理的目标，其优点主要有以下四点。

第一，该目标考虑了资金的时间价值和投资的风险价值，有利于统筹安排长短期规划，合理选择投资方案，有效筹措资金，制定合理的股利政策等。

第二，该目标反映了对公司资产保值增值的要求。从某种意义上说，股东财富越多，公司市场价值就越大，追求股东财富最大化的结果可促使公司资产保值或增值。

第三，该目标有利于克服管理上的片面性和短期行为。

第四，该目标有利于社会资源的合理配置。社会资本通常流向公司价值最大化的公司或行业，从而有利于实现社会资源的合理配置。

以公司价值最大化作为财务管理的目标存在以下三个问题。

一是公司价值的确定比较困难，特别是对于非上市公司，只有对公司进行专门的评估才能真正确定其价值。但在评估公司资产时，由于受评估标准和评估方式的影响，这种评估不易做到客观准确。

二是对于上市公司，虽可通过股票价格的变动来揭示公司价值，但股票价格是多种因素影响的结果，即时市场上的股票价格不一定能直接揭示公司的获利能力，只有长期趋势才能做到这一点。

三是为了控股或稳定购销关系，不少现代公司采用环形持股的形式，相互持股。法人股东对股价的敏感程度远远低于个人股东，对股价最大化目标没有足够的兴趣。

需要指出的是，在确定公司财务管理目标时不能忽视相关利益群体的利益，公司价值最大化目标是在权衡公司相关者利益的约束下实现所有者或股东权益的最大化。

本书以公司价值最大化作为财务管理目标。虽然在理论上较为流行的公司理财目标是公司价值最大化，但近年来许多人对公司实际的财务管理目标进行了实证分析，结果都表明公司的财务经理并不总是按照股东的最大意愿去操作。

二、公司财务管理目标协调

企业财务管理的目标是企业价值最大化。企业在实现财务管理目标的过程中，相关利益群体由于各自的目标和关注的焦点不同，会产生利益冲突。财务活动所涉及的不同利益主体如何进行协调是财务管理必须解决的问题。协调相关利益群体利益冲突的原则是，力求企业相关利益群体的利益分配均衡，减少各相关利益群体之间的利益冲突所导致的企业总体收益和价值的下降，使利益分配在数量上和时间上达到动态的协调平衡。

（一）所有者与经营者的矛盾与协调

企业价值最大化直接反映了企业所有者的利益，与企业经营者没有直接的利益关系。对所有者来说，它所放弃的利益就是经营者所得的利益。在西方，这种被放弃的利益也被称为所有者支付给经营者的享受成本。但问题的关键不是享受成本的多少，而是在增加享受成本的同时，能否更多地提高企业的价值。因而，经营者和所有者的主要矛盾在于，经营者希望在提高企业价值和股东财富的同时，能更多地增加享受成本；而所有者或股东则希望以较小的享受成本带来更高的企业价值或股东财富。

为了协调这一矛盾，应采用将经营者的报酬与绩效挂钩的方法，并辅以一定的监督措施。通常可以采用解聘、接收、激励等措施。

（1）解聘。这是一种通过所有者约束经营者的办法。所有者对经营者予以监督，如果经营者未能使企业价值达到最大，就解聘经营者。为此，经营者会因为害怕被解聘而努力实现财务管理目标。

（2）接收。这是一种通过市场约束经营者的办法。如果经营者经营决策失误、经营不力，未能采取一切有效措施提高企业的价值，该企业有可能被其他企业强行接收或兼并，经营者也会被解聘。经营者为避免这种接收，必须采取一切必要措施提高企业价值。

（3）激励。这是指将经营者的报酬与其绩效挂钩，使经营者自觉采取能满足企业价值最大化的措施。激励有两种基本方式。

第一，"股票选择权"方式。这种方式允许经营者以固定价格购买一定数量的公司股票。公司股价越高，与固定价格的差异越大，经营者的报酬就越高，这对经营者有很大的刺激和吸引力。经营者为了获取更大的股票涨价益处，必然会主动采取能提高公司股价的行动。

第二，"绩效股"方式。公司运用每股收益、资产收益率等指标评价经营者的业绩，根据其业绩大小给予其数量不等的股票作为报酬。如果公司经营业绩未达标，经营者将丧失部分原先持有的"绩效股"。这种方式使经营者为了多得"绩效股"而不断采取措施提高企业的经营业绩，而且为了使每股市价最大化，千方百计采取各种措施，努力使企业股票价格稳步上升。

（二）所有者与债权人的矛盾与协调

所有者的财务目标可能与债权人期望实现的目标发生矛盾。所有者与债权人的矛盾主要表现在以下几个方面。

（1）所有者可能未经债权人同意，要求经营者改变举债资金的原定用途，将其投资于比债权人约定的风险更高的项目。这会增加偿债风险，债权人的负债价值也必然会实际降低。若高风险项目投资成功，额外的利润就会被所有者独享；但若失败，债权人却要与所有者共同负担由此而造成的损失。这对债权人来说，风险与收益是不对称的。

（2）所有者或股东未征得现有债权人同意，要求经营者发行新债券或举借新债，致使旧债券或老债券的价值降低，相应的偿债风险增加。为协调所有者与债权人的上述矛盾，通常可采用以下方式：①限制性借款，即在借款合同中加入某些限制性条款，如规定借款的用途、借款的担保条款和借款的信用条件等；②收回借款或停止借款，即当债权人发现公司有侵蚀其债权价值的意图时，采取收回债权和不给予公司增加放款的措施，从而保护自身的权益。

第二节　公司预算管理

一、预算的作用

企业是一个有组织的团体，企业管理者应向企业职工提出经营目标，以及完成目标的有效办法，对于多数企业而言，计划往往是影响企业成败的重要因素。而预算（Budget）就是用货币单位表示的财务计划，它是以货币的形式来展示未来某一特定期间企业财务及其他资源的取得及运用的详细计划。

总预算（Master Budget）是企业未来计划和目标等各个方面的总称。其主要包括销售预算、生产预算、成本预算和现金收支预算等各个方面，形成一个完整的体系。它为企业整体及其各个方面确立了明确的目标和任务，是企业管理者未来各计划及其如何实施的全面概括。[①]

现实经济生活充满了不确定性，因此企业必须预先制订计划，事先对某些困难预作准备，对某些风险预作防范。一套经过谨慎仔细地分析而制定的预算，将会给企业带来一定的利益。预算的主要作用可归纳为以下几点。

（一）促使经理人员展望未来

经理人员经常因忙于企业的日常经营活动而没有时间去制订计划。但预算的编制，将迫使其注意力转向未来。他们必须对其经营活动加以分析，并确定未来各种事件（如产品生产线的变动、新的环境控制条例等）将产生何种影响，决定其部门目标以及解决企业目标如何实现等问题。这种对未来的分析，为每个经理人员提供了一种很好的行动方案。

---

① 阮蕾. 集团公司全面预算管理的问题及对策探讨 [J]. 现代商业，2020(8)：124-125.

(二) 加强企业内部的协调

要实现企业目标,管理者就必须对生产、销售和筹资等活动加以协调。企业的各个部门,虽然业务各不相同,但都直接影响整个企业的获利水平,每一部门的活动都会造成现金流入或现金流出的变动。任何部门都不能独立行事,内部的协调是企业成功的基本条件。预算过程为企业各部门就如何最好地实现目标提供了交换意见的基础。预算使各部门的目标融合成企业整体的目标,使每个部门的经理人员了解本身与企业整体的关系,以及本部门的任何决策对其他部门可能产生的影响。例如,采购必须配合生产需要,生产计划则根据销售预测,而人事政策则依照生产和销售的需要配置人力,各个部门的业务都存在着密切的连锁关系,每一部门的业务又都和资金有关,预算通过资金的调配,可以加强各部门的配合,增进企业内部的协调。

(三) 有利于业绩评估

预算可以作为评价企业生产经营各方面工作成果的基本尺度。在生产经营过程中,将实际成果用预算目标进行对比,会比同上年记录比较来得更为合理。例如,若当期生产成本低于上年成本,但它并不一定意味着当期业绩就比上年好,这是因为生产过程、任何一产品以及人力配置等方面也许已经发生了变动。又如,今年销售增长为10%,表面上看,今年的业绩退步了,但是如果今年的经济环境较差,社会消费倾向大幅度下降,各行各业都有较低的成长率,则10%的成长率就是一个惊人的好业绩了。由此可见,在生产经营过程中,把实际成果同预算目标对比,考核和分析实际成果同预算之间的差异,有助于促进各有关方面及时采取有效措施,消除薄弱环节,保证预定目标更好地完成。

二、全面预算的种类

全面预算是根据企业目标所编制的经营、资本、财务等年度收支计划,即以货币及其他数量形式反映的有关企业未来一段期间全部经营活动各项目标的行动计划与相应措施的数量说明。其具体包括特种决策预算、日常业务预算与财务预算三大类内容。其中,特种决策预算是指企业不经常发生的、需要根据特定决策临时编制的一次性预算。

(一) 特种决策预算

特种决策预算包括经营决策预算和投资决策预算两种类型。

（二）日常业务预算

日常业务预算是指与企业日常经营活动直接相关的经营业务的各种预算。主要包括：①销售预算；②生产预算；③制造成本预算（包括直接材料预算、直接人工预算、制造费用预算）；④期末存货预算；⑤销售产品成本预算；⑥销售及行政管理费预算。

（三）财务预算

财务预算是一系列专门反映企业未来一定预算期内预计财务状况和经营成果，以及现金收支等价值指标的各种预算的总称，具体包括现金预算、预计利润表和预计资产负债表。

财务预算具有以下功能。

（1）规划。规划使管理阶层在制订经营计划时更具前瞻性。

（2）沟通和协调。通过预算编制让各部门的管理者更好地扮演纵向与横向沟通的角色。

（3）资源分配。由于企业资源有限，通过财务预算可将资源分配给获利能力相对较高的相关部门或项目、产品。

（4）营运控制。预算可视为一种控制标准。若将实际经营成果与预算相比较，可让管理者找出差异，分析原因，改善经营。

（5）绩效评估。通过预算建立绩效评估体系，可帮助各部门管理者做好绩效评估工作。财务预算的编制需要以财务预测的结果为根据，并受到财务预测质量的制约；财务预算必须服从决策目标的要求，使决策目标更加具体化、系统化、定量化。

三、日常业务预算的编制

（一）销售预算

公司总预算的编制通常要以销售预算为出发点，生产、材料采购、存货、费用等方面的预算，都要以销售预算为基础。而销售预算又必须以销售预测为基础，一旦预测出未来期间每月的销货数量和销售价格，即可求出预计每月销售收入。销售预测是编制总预算最基础的工作。销售预测的正确性直接关系到总预算的正确性和可行性。有关销售预测的工作是销售部门的职责，这里不准备讨论销售预测的方法，而是仅就销售预算的编制方法进行深入讨论。

(二）生产预算

销售预算一旦编制完毕，即可开始编制生产预算。生产预算的编制要以预计销售量和预产成品存货为基础。生产预算之所以要将产成品的期初、期末存货作为一个必要的组成部分，进行统一的预计，目的是避免存货太多，形成资金的积压、浪费；或存货太少，影响下一季度销售活动的正常进行，从而给企业带来不利的影响。为此，企业必须考虑产品的生产量和销售量之间的关系。

（三）直接材料预算

直接材料预算是一种以生产预算为基础编制的显示计划年度直接材料数量和金额的计划。其目的在于避免直接材料存货不足而影响生产，或存货过多而形成资金的积压和浪费。直接材料预算与生产预算相同，也要根据生产需要量与预计采购量之间的关系进行计算，其计算公式为：

预计生产量 + 预计直接材料期末存货 − 预计直接材料期初存货 = 直接材料预计采购量

（四）直接人工预算

直接人工预算，如同直接材料预算，也以生产预算为基础进行编制。为计算方便起见，根据以往经验，假定统一的小时工资率为：每小时 8 元，单位产品所需工作时间为 15 分钟。

直接人工预算的编制步骤如下。

（1）以各期预计生产量乘以单位产品需用的工时，得到各期需用的直接人工工时；

（2）以各期需用的直接人工工时乘以小时工资率，即可得到各期预计的直接人工成本。

（五）制造费用预算

制造费用包括厂房租金、管理人员工资、维修费用等不属于直接材料和直接人工的生产成本。制造费用按其性态可划分为变动制造费用和固定制造费用两部分。固定制造费用可在上年的基础上根据预期变动加以适当修正进行预计。变动制造费用根据预计生产量乘以单位产品分配率进行预计。而半变动制造费用则可利用公式 $Y=a+bx$ 进行预计。

制造费用预算有助于企业编制生产及销售产品成本预算，进而编制预计利润表。

在制造费用预算中，通常还包括费用方面预期的现金支出，制造费用预算可为编制现金预算提供必要的信息。尽管固定资产折旧是计算费用预期分配率所必需的，但由于它无须现金支出，因此在编制现金预算时应予扣除。

(六) 期末存货预算

存货的计划与控制可以使企业避免代价昂贵的失误。它是经理人员的重要职责之一。编制存货计划和进行存货控制，既可使企业以最优的价格取得足量的原材料，以满足生产的需要；又可使企业持有充足的产成品，以满足客户的需求量，但又不致造成产品积压而形成资金的浪费。反之，就会使企业存货太多，形成资金的积压、浪费；或存货太少，影响正常的销售活动，从而给企业的生产经营带来不利的影响。

期末存货预算的编制，是为预计利润表的编制做准备。

(七) 销售费用预算

销售费用预算，与其他预算一样，也对控制较为有用。每一会计期末将预算数与实际费用进行比较，可以揭示两者之间产生的差异，如果产生的差异较大，经理人员即可对形成差异的原因和责任进行具体分析，并采取有效措施，及时调整行为。另外，销售费用预算是编制预计利润表和现金预算的基础。

(八) 行政管理费用预算

行政管理费用预算的编制方法与销售费用预算相同。它也是编制预计利润表和现金预算的基础。

四、财务预算

(一) 现金预算

现金预算亦称现金收支预算，是以日常业务预算和特种决策预算为基础所编制的反映现金收支情况的预算。现金预算是现金管理的重要工具，它可以使企业事先对其日常的现金需要进行有计划的安排。如果没有现金预算，就有可能使企业陷入必须支付到期债务而又无现金的困境。现金不足将使企业的信用受到损害，并丧失购货折扣，以及其他许多机会。

企业要在现金预算中规划筹措用于抵补收支差额的现金，确保一定数额的现金余额，并通过买入、卖出有价证券来调剂现金余缺。现金预算一般由现金收入、现金支出、现金多余或不足、资金的筹集与运用四个部分组成。这一制度可有助于企业安排诸如股利支付、机器设备的购买等随机性现金支出,也有助于企业安排诸如银行借款等筹资活动。

(二) 预计利润表

在上述各经营预算的基础上,即可编制预计利润表。由于预计利润表可以揭示企业预期的盈利情况,显得特别重要。尽管经营预算的各组成部分都有助于计划与控制,但只有预计利润表才能预先提示经理人员未来年度企业的经营将趋于盈利或亏损。据此,经理人员可以及时调整经营策略。

五、公司预算管理的几种形式

(一) 固定预算

固定预算,又称静态预算,是指在编制预算时,只根据预算期内正常的、可实现的某一固定业务量(如生产量、销售量)水平作为唯一基础来编制预算的一种方法。固定预算方法存在适应性差(不论未来预算期内实际业务量水平是否发生波动,都只按事先预计的某一个确定的业务量水平作为编制预算的基础)和可比性差(当实际业务量与编制预算所依据的预计业务量发生较大差异时,有关预算指标的实际数与预算数之间就会因业务量基础不同而失去可比性)的缺点。

(二) 弹性预算

1. 弹性预算的特点

弹性预算,又称变动预算或滑动预算,是指为克服固定预算方法的缺点而设计的,以业务量、成本和利润之间的依存关系为依据,按照预算期可预见的各种业务量水平为基础,编制能够适应多种情况预算的一种方法。编制弹性预算所依据的业务量可以是产量、销售量、直接人工工时、机器工、材料消耗量或直接人工工资等。与固定预算方法相比,弹性预算方法具有预算范围宽(能够反映预算期内与一定相关范围内的可预见的多种业务量水平相对应的不同预算额,从而扩大了预算的适用范围,便于预算指标的调整)和可比性强(如果预算期实际业务量与计划业务量不一致,可以将实际指标与实际业务量相应的预算额进行对比)的优点。从理论上该法适用于编制全面预算中所有与业务量有关的各种预算,但从实用角度来看,主要用于编制弹性成本费用预算和弹性利润预算,尤其是编制费用预算。

2. 弹性预算的运用

弹性预算的主要用途是作为控制成本支出的工具。在计划期开始时,提供控制成本所需要的数据；在计划期结束后，可用于评价和考核实际成本。

（1）控制支出。由于成本一旦支出就不可挽回，只有事先提出成本的限额，使有关的人在限额内花钱用物，才能有效地控制支出。根据弹性预算和每月的生产计划，可以确定各月的成本控制限额。这个事先确定的限额并不要求十分精确，采用多水平法时可选用与计划业务量水平最接近的一套成本数据，作为控制成本的限额。采用公式法时，可根据计划业务量逐项计算成本数额，编制成本限额表，作为当月控制成本的依据。

（2）评价和考核成本控制业绩。每个计划期结束后，需要编制成本控制情况的报告，对各部门成本预算执行情况进行评价和考核。

3. 弹性预算的编制

编制弹性预算的基本步骤是：选择业务量的计量单位；确定适用的业务量范围；逐项研究并确定各项成本和业务量之间的数量关系；计算各项预算成本，并用一定的方式来表达。

编制弹性预算，要选用一个最能代表本部门生产经营活动水平的业务量计量单位。例如，以手工操作为主的车间，就应选用人工工时；制造单一产品或零件的部门，可以选用实物数量；制造多种产品或零件的部门，可以选用人工工时或机器工时；修理部门可以选用直接修理工时等。

弹性预算的业务量范围，视企业或部门的业务量变化情况而定，务必使实际业务量不至于超出确定的范围。一般来说，可定在正常生产能力的70%～110%，或以历史上最高业务量和最低业务量为其上下限。

弹性预算的质量高低，在很大程度上取决于成本性态分析的水平。成本性态分析的方法，前边的章节已有介绍，这里不再赘述。

弹性预算的表达方式，主要有多水平法和公式法两种。

（1）多水平法（列表法）。采用多水平法，首先要在确定的业务量范围内，划分出若干个不同水平，然后分别计算各项预算成本，汇总列入一个预算表格。多水平法的优点：不管实际业务量是多少，不必经过计算即可找到与业务量相近的预算成本，用以控制成本比较方便；混合成本中的阶梯成本和曲线成本，可按其性态计算填列，不必用数学方法修正为近似的直线成本。但是，运用多水平法弹性预算评价和考核实际成本时，往往需要使用插补法来计算"实际业务量的预算成本"，比较麻烦。

（2）公式法。因为任何成本都可用公式"$y=a+bx$"来近似的表示，所以只要在预算中列示 a（固定成本）和 b（单位变动成本），便可随时利用公式计算任一业务量（x）的预算成本（y）。公式法的优点是便于计算任何业务量的预算成本。但是，阶梯成本和曲线成本只能用数学方法修正为直线，以便用"$y=a+bx$"公式来表示。必要时，还需要在"备注"中说明不同的业务量范围内，应该采用不同的固定成本金额和单位变动成本金额。

（三）滚动预算

滚动预算（Rolling Budget），又称"永续预算"（Perpetual Budget）或"连续预算"（Continuous Budget），是一种经常稳定保持一定期限（如1年）的预算。其基本特点是，凡预算执行1个月后，即根据前1个月的经营结果并结合执行中发生的变化等新信息，对剩余11个月加以修订，并自动后续1个月，重新编制新1年的预算，从而使总预算经常保持12个月的预算期。

如前所述，传统预算为便于将实际执行结果同预算数进行对比分析，通常按会计年度进行编制，并往往于会计年度的最后一个季度就开始着手编制下年度的预算，这种做法的缺点如下。

（1）由于预算期较长，因而预算编制时，难于预见未来预算期的某些活动，特别是对预算期的后半阶段，往往只能提出一个比较笼统的预算，从而给预算的执行带来种种困难。

（2）事先预见到的预算期内的某些活动，在预算执行过程中往往会有所变动，而原有预算却未能及时调整，从而使原有预算显得不相适应。

（3）预算执行过程中，由于受预算期的限制，使管理人员的决策视野局限于剩余的预算期间的活动，缺乏长远的打算，这极不利于企业长期稳定有序的发展。而滚动预算的优点正在于能克服传统预算的上述缺点，使企业管理者对未来一年的经营活动进行持续不断地计划，并在预算中经常保持一个稳定的视野，而不致等到原有预算执行快结束时，仓促编制新预算，从而有利于保证企业的经营管理工作稳定而有序地进行。

其不足之处在于：①预算的自动延伸工作比较耗时，而且代价较大；②要说服经理人员确信，不断调整过程的效益是值得的。

（四）零基预算

零基预算（Zero-base budget），又称零底预算，是由20世纪70年代由美国德州仪器公司担任财务预算工作的彼得·派尔（P.A.Phyrr）所创建的。美国总统卡特在担任美国佐治亚州州长时，曾大力推广这种预算方法。1979年，卡特总统要求美国联邦政府全面实行零基预算。目前已被西方国家广泛采用作为费用预算的编制方法。其是指在编制预算时不考虑以往水平，对所有的预算开支均以零为起点，根据其必要性来确定预算额的预算。

编制费用预算的传统方法，是以现有的费用水平为基础，预算期内有关业务量预期的变化，对现有费用水平进行适当调整，以确定预算期的预算数。这种方法的基本假定是：①企业现有的每项活动都是企业不断发展所必需的；②在未来会计年度内企业至少必须以现有费用水平继续存在；③现有费用已得到有效的利用；④增加费用预算是值得的。这种方法的问题并不在于现有费用应否继续存在下去，而在于应增加多少。由此可见，这种方法在指导思想上，是以承认现实的基本合理性作为出发点，从而使原来不合理的费用开支也会继续存在下去，甚至有增无减，造成资金的巨大浪费。

零基预算较之传统的预算编制的不同之处在于：它不以现有费用水平为基础，而是如同新创办一个机构时那样，一切以"零"为起点，对每项费用开支的大小及必要性进行认真反复分析、权衡，并进行评定分级，据以判定其开支的合理性和优先顺序，并根据生产经营的客观需要与一定期间内资金供应的实际可能，在预算中对各个项目进行择优安排，从而提高资金的使用效益，节约费用开支。其基本做法是：首先，划分基层预算单位；其次，对基层预算单位的业务活动提出计划，说明每项活动计划的目的性以及需要开支的费用；再次，由基层预算单位对本身的业务活动做具体分析，并提出"一揽子业务方案"；复次，对每项业务活动计划进行"费用—效益分析"权衡得失，排出优先顺序，并把它们分成等级；最后，根据生产经营的客观需要与一定期间内资金供应的实际可能，判定纳入预算中的费用项目可以达到几级，并对已确定可纳入预算中的费用项目进行加工、汇总，形成综合性的费用预算。

由于零基预算冲破了传统预算方法的框框限制，以"零"为起点来观察分析一切费用开支项目，确定预算金额，因而具有以下优点：①合理、有效地进行资源分配；②有助于企业内部的沟通、协调，激励各基层单位参与预算的积极性和主动性；③目标明确，可区别方案的轻重缓急；④有助于提高管理人员的投入产出意识；⑤特别运用于产出较难辨认的服务性部门，克服资金浪费的缺点。

然而，零基预算也有其不足之处，主要表现为：①业绩差的经理人员会认为零基预算是对他的一种威胁，因此拒绝接受；②工作量较大，费用较昂贵；③评级和资源分配具有主观性，易于引起部门间的矛盾；④易于引起人们注重短期利益而忽视企业长期利益。

财务预测的重点就在于估计出企业未来的外部融资需求。财务预测是融资计划的前提，有助于改善投资决策，有助于提高企业的应变能力。财务预测的方法包括销售百分比法、高低点法和回归分析法等常用的方法。销售百分比法简单实用，但它假设的若干资产、负债项目与销售额成正比例关系,并不完全符合事实。高低点法简便易行,但只考虑了历史时期中两个时期的数据,所得到的预测方程式可能存在代表性不强的问题,所以一般适用于企业各项资金变动趋势比较稳定的情况。回归分析法是计算结果最精确的方法,但这种方法如果手工计算的话,工作量很大,我们可以采用计算机处理,使工作量大大简化。

企业的全面预算分为经营预算和财务预算两个部分。经营预算包括销售预算、生产预算、制造成本预算(直接材料预算、直接人工预算、制造费用预算)、期末存货预算、销售产品成本预算、销售及行政管理费预算。财务预算包括现金预算、预计收益表、预计资产负债表。

常用的预算控制方法有滚动预算、零基预算和弹性预算三种。滚动预算是一种经常稳定保持一定期限(如1年)的预算。零基预算是指在编制预算时不考虑以往水平,对所有的预算开支均以零为起点,根据其必要性来确定预算额的预算。弹性预算是指根据可预见的不同业务活动水平,分别规定相应目标和任务的预算。它按预算内某一相关范围内的可预见的多种业务活动水平确定不同的预算额,或可按其实际业务活动水平调整其预算额,待实际业务量发生后,将实际指标与实际业务量相应的预算额进行对比,使预算执行情况的评价与考核建立在更加客观而可比的基础上。

第三节 公司应收账款管理

应收账款是企业因对外赊销产品、材料、供应劳务等面向购货或接受劳务单位收取的款项。

一、应收账款的作用

应收账款的作用是指它在企业生产经营中所具有的功能。应收账款的主要功能有如下两个方面。

(一)促进销售

企业销售产品时可以采用两种基本方式,即现销方式与赊销方式。前者的优点是应付现金流入量与实际现金流入量完全吻合,是企业最期望的一种销售结算方式。然而,在竞争激烈的市场经济条件下,完全依赖现销的方式是不现实的。在赊销方式下,企业在销售产品的同时,向买方提供了可以在一定期限内无偿使用的资金,即商业信用资金,其数额等同于商品的售价,这对购买方而言具有极大的吸引力。赊销是一种重要的促销手段,对于企业销售产品、开拓并占领市场具有重要意义。

(二)减少存货

赊销可以加速产品销售的实现,加快产品向销售收入的转化速度,从而对降低存货中的产成品数额有着积极的影响。这有利于缩短产品的库存时间,降低产成品的管理费用、仓储费用和保险费用等各方面的支出。当产成品存货较多时,企业可以采用较为优惠的信用条件进行赊销,尽快地实现产成品存货向销售收入的转化,变持有产成品存货为持有应收账款,以节约各项存货支出。[1]

二、应收账款的成本

应收账款的成本包括:机会成本。即因资金投放在应收账款上而丧失的其他收入。这一成本的大小通常与企业维持赊销业务所需要的资金数量(应收账款投资额)、资金成本率有关。

三、信用政策

在市场竞争中,企业为了实现产品的价值,保证再生产的顺利进行,除了采用提高产品质量、降低售价、增加花式品种、提高服务质量、加强售后服务等办法来参与竞争、占领市场外,还可以采用为客户提供商业信用、在销售中利用赊销、分期付款等方式扩大产品销售量,增加市场份额,提高企业盈利。

企业在实行商业信用中形成的应收账款,其大小通常取决于市场经济的整体情况和企业的信用政策。在市场整体情况一致的条件下,企业可以运用信用政策的变化来影响或调节应收账款的多少。所谓信用政策即应收账款的管理政策,是指企业为应收账款投资进行规划与控制而确立的基本原则与行为规范,包括信用标准、信用条件和收账政策三部分内容。

(一)信用标准

信用标准是指企业决定授予客户商业信用所要求的最低标准,通常以预期的坏账损失率表示。企业信用标准的高低将会直接影响企业的销售收入和销售利润。

对信用标准进行定性分析的目的在于制定或选择信用标准。为了有效地控制应收账款,企业在制定信用标准时,必须对客户的资信程度进行调查分析,在此基础

---

[1] 茹宝平. 集团公司应收账款管理及疑难货款催收清欠研究 [J]. 现代经济信息,2019 (19):168-169.

上，判断客户的信用等级并决定是否给予客户信用优惠。影响信用标准的基本因素包括：①同行业竞争对手的情况；②企业承担风险的能力；③客户的资信程度。客户资信程度的高低通常采用信用"5C"系统进行分析评估。信用"5C"系统是由信用品质（Character）、偿债能力（Capacity）、资本（Capital）、抵押品（ConditionsL）和经济状况（Collateral）五个以英语字母"C"开头的标准所构成。

（1）信用品质（Character），即客户履行偿还其债务的可能性，这是衡量客户是否信守契约的重要标准，也是决定是否赊销的首要条件，主要通过了解客户以往的付款履约记录进行评估。

（2）偿债能力（Capacity），即客户偿债付款的能力，主要通过了解企业的经营手段、偿债记录和获利情况等做出判断，或进行实地考察。

（3）资本（Capital），即通过分析客户的财务报表，从客户的资产负债比率、流动比率和速动比率等了解其一般财务状况。分析客户的实际有形资产及其债务以了解其有形净资产情况，这是偿付债务的最终保证。

（4）抵押品（Collateral），指客户为获得信用所能抵押的资产，这是提供信用的可靠保证。

（5）经济状况（Cdonditions），指可以影响客户偿债能力的一般经济趋势和某些地区或经济领域的特殊因素。

对信用标准进行定量分析的目的在于确定客户拒付账款的风险，即坏账损失率，以及具体确定客户的信用等级，作为给予或拒绝信用的依据。这主要通过以下三个步骤来完成。

一是设定信用等级的评价标准。即根据对客户信用资料的调查分析，确定评价信用优劣的数量标准。

二是利用既有或潜在客户的财务报表数据计算各自的指标值，并与上述标准比较。

三是进行风险排队，并确定各有关客户的信用等级。对于不同信用等级的客户，分别采取不同的信用对策，包括拒绝或接受客户信用订单，以及给予不同的信用优惠条件或附加某些限制条款等。

四、应收账款的管理

对于已经发生的应收账款，企业还应进一步强化日常管理工作，采取有力的措施进行分析、控制，及时发现问题，提前采取对策。应收账款收账期分为两个时间段：一是从企业赊销产品开始至客户付款开出支票（或其他结算单据）这段时间；二是从客户开出支票到货款划入企业开户行存款账户这段时间。

为缩短从客户开出支票到款项划入企业开户行账户的时间，企业应尽量让客户选用一种速度较快的结算方式，将款项及早划入企业开户行账户。当企业收到客户的支票或其他结算单据时，应及时送交开户行。如前所述，西方发达国家通常采用两种方法：一是锁箱法，二是银行业务集中法，以加速收款。

(一) 应收账款追踪分析

应收账款一旦为客户所欠，赊销企业就必须考虑如何按期足额收回的问题。要达到这一目的，赊销企业就有必要在收账之前，对该项应收账款的运行过程进行追踪分析。

(二) 应收账款账龄分析

应收账款账龄分析就是考察研究应收账款的账龄结构，是指各账龄应收账款的余额占应收账款总计余额的比重。

第四节 公司股利政策选择

股利政策是指在法律允许的范围内，企业是否发放股利、发放多少股利、何时发放股利的方针及对资企业的净收益可以支付给股东，也可以留存在企业内部，股利政策的关键问题是确定分配和留存的比例。通常对供选择的股利政策包括剩余股利政策、固定或稳定增长的股利政策、固定股利支付率政策及低正常股利加额外股利政策。

一、剩余股利政策

当公司有良好的投资机会时，根据一定的目标资本结构（最佳资本结构）测算出投资所需的权益资本，先从盈余中留用，然后将剩余的盈利作为股利予以分配。分配步骤为：①设定目标资本结构，在此结构下资金成本最低；②确定目标资本结构下投资所需的权益资金额；③最大限度地使用保留盈余，以满足目标资本结构下的权益资金需求额；④对剩余利润进行分配。

二、固定股利支付率政策

(一) 分配方案的确定

固定股利支付率政策是公司确定一个股利占盈余的比例，长期按此比率支付股利的政策。在这一股利政策下，各年股利额随公司经营的好坏而上下波动，获得较多盈余的年份股利额高，获得盈余少的年份股利额低。这种政策适用于盈余比较稳定，且内部职工持股比例较大的企业。[1]

(二) 采用本政策的理由

主张实行固定股利支付率的人认为，这样做能使股利与公司盈余紧密地配合，以体现"多盈多分，少盈少分，不盈不分"的原则，才算真正公平地对待了每一位股东。但是，在这种政策下各年的股利变动较大，极易造成公司不稳定的感觉，对于稳定股票价格不利。

三、低正常股利加额外股利政策

(一) 分配方案的确定

低正常股利加额外股利政策是公司在一般情况下每年只支付一个固定的、数额较低的股利；在盈余较多的年份，再根据实际情况向股东发放额外股利。但额外股利不固定化，并不意味着公司永久地提高了规定的股利率。各年盈余变化较大，并且现金流量较难把握的企业适用于本政策。

(二) 采用本政策的理由

采用低正常股利加额外股利政策，出于以下考虑：①这种股利政策使公司具有较大的灵活性，当公司盈余较少或投资需用较多资金时，可维持设定的较低但正常的股利，股东不会有股利跌落感；而当盈余有较大幅度增加时，则可适度增发股利，把经济繁荣的部分利益分配给股东，使他们增强对公司的信心，这有利于稳定股票的价格；②这种股利政策可使那些依靠股利度日的股东每年至少可以得到虽然较低，但比较稳定的股利收入，从而吸引住这部分股东。

以上各种股利政策各有所长，公司在分配股利时应该借鉴最适合本公司的股利政策，从而制定出最适合本公司具体实际情况的股利政策。

---

[1] 韩慧博，周宾. 集团公司股利政策研究 [J]. 财经界，2020(31)：24-26.

第四章　财务管理信息化的路径

第一节　财务管理信息化的内涵

一、财务管理信息化的概念

(一) 会计信息化

当前，对于会计信息化的内涵与外延，在学术界尚未有一个完全统一的说法，专家学者们各自的说法也不一致，其中最具有代表性的观点主要表现为以下两点。

第一个观点认为，会计信息化是计算机信息技术在会计工作中的综合运用，以改善与优化传统会计业务流程，通过使用计算机代替人工，并在此基础上建立新的会计信息系统。[①]

第二个观点认为，会计信息化是指为了得到企业更加准确有效的会计数据，利用新技术，主要是网络技术，进一步处理现有的会计信息，为企业管理和风险控制提供有价值的决策信息。[②]

以上观点可以综合概括为会计信息化是指在会计工作中利用计算机网络等信息技术，对会计信息进行管理和控制的过程。它能为企业会计工作提供管理和决策所需要的信息，并被企业经营者使用。通过会计信息系统的有效运行，合理控制和管理会计工作。

(二) 财务管理信息化

随着社会经济的发展，会计的内部结构和原则逐步发展，企业财务与业务信息系统逐步融合，并由此产生了财务管理信息化的概念。会计电算化、会计信息化和财务管理信息化在概念上具有一些相似性，同时在企业的会计工作中也具有一定的

[①] 马春华. 新形势下企业会计信息化中存在的问题及对策研究 [J]. 金融经济，2012 (8)：134-136.
[②] 索晓宇，朱久霞. 大数据下会计信息化存在的问题及对策研究 [J]. 中国集体经济，2017(18)：98-99.

相同性，但是在本质上也存在一些差异。通过比较它们的发展历程和内涵，我们可以发现一些本质的不同。财务管理信息化工作涉及的范围要大于会计电算化和会计信息化，同样企业财务管理工作的内涵及延伸也要大于会计工作，会计电算化或会计信息化的内涵相对要狭小许多，比如，企业或机构所有的与资本相关的工作都属于财务管理工作的内容。会计核算、财务分析及预测、企业的经营管理以及资本运作等，都可用"财务"来概括，对这些工作进行信息化建设，即属于财务管理信息化建设的基本概念。随着中国与世界各国的频繁交流，国外先进的信息化管理理念也伴随而来，从而推动了财务管理信息化理念的不断完善，推动了我国财务管理信息化水平的不断进步。

基于以上认识，本书认为财务管理信息化是指在企业业务流程重组优化的基础上，充分运用计算机互联网和数据库相关技术，融合现代财务管理理念和信息技术，设计和开发出一套开放的信息管理系统，将企业经营活动中的所有业务信息都整合进来，并通过该系统进行事前、事中和事后控制。并为企业财务信息使用者提供业务预测、决策、控制和分析的工具，以实现信息共享提高效率，增强企业竞争力。财务管理信息化具有更广泛的范围和对业务更深度的融合，强调与企业的其他系统的集成，加强对企业管理与决策的支持。

二、财务管理信息化的组成

财务管理信息化的实现是依靠若干个信息系统的集成，一般来说，财务管理信息化应该包括会计事务处理信息系统、财务管理信息系统、财务决策支持系统、财务经理信息系统和组织互连信息系统五个部分。[①] 这些系统的成功建立以及相互之间的集成管理是财务管理信息化成功的体现，它们之间的关系密不可分。

（一）会计事务处理信息系统

当企业发生经济业务时，会计事务处理信息系统就会对其进行处理，并将它存储到数据库中，财务管理的各个部门、各个员工都能以某种形式或方式对其进行访问。一个会计事务处理信息系统通常由多个不同功能的子系统组成。每个子系统通过组织互联系统完成特定的会计数据处理，提供特定部分的信息；各子系统之间互相传递信息，共同完成一个既定的系统目标。监督与核算是会计的基本职能，会计事务信息处理系统通常分为会计核算信息子系统、会计管理信息子系统。其中，每个子系统可根据会计业务的范围继续分为若干个子系统或功能模块。

---

① MBA智库百科: http://wiki.mbalib.com.

（二）财务管理信息系统

从财务管理的具体内容来看，财务管理中的一部分问题属于结构化的问题，它们具有固定的处理模式，具有一定的规范性，对这一类问题，我们建立财务管理信息系统来进行解决。财务管理信息系统是一种新型的人机财务管理系统。它以现代化计算机技术和信息处理技术为手段，以财务管理提供的模型为基本方法，以会计信息系统和其他企业管理系统提供的数据为主要依据，对企业财务管理的结构化问题进行自动或半自动的实时处理，财务管理信息系统的主要目标是概括发生的事情，并把人们引向存在的问题和机遇。

（三）财务决策支持系统

财务管理中的大部分问题则属于半结构化或非结构化的问题，都是难以事前准确预测的，且各种问题以及解决问题的方法是随环境变化而变化的，对这些半结构化和非结构化的问题，则需要建立财务决策支持系统来解决。财务决策支持系统是一种非常灵活的交互式 IT 系统，它可以用来支持对半结构化或非结构化的问题进行决策。一般说来，财务决策支持系统通过其良好的交互性，使财务人员能够进行一系列的业务分析，再运用不同的模型，列举可能的方案，采取协助分析问题、估计各种不确定方案的结果、预测未来状况等方式，为企业决策者制定正确科学的经营决策提供帮助。

（四）财务经理信息系统

财务经理信息系统是一种将会计事务处理系统、财务管理信息系统、财务决策支持系统相结合的高度交互式信息系统。它能帮助财务经理识别并提出问题和机会，通过将辅助背景材料与现实情况相结合，使企业的财务主管能够灵活、方便地从多视角了解问题和机遇。通过财务信息系统，财务主管可以充分利用企业数据仓库，对其进行数据挖掘；而且可以对财务报告的输出形式进行灵活选择，以提供更明确和更具深度的信息。

（五）组织互联信息系统

组织互联信息系统可以使企业的财务部门与其他部门、使本企业与其他关联企业之间的财务信息自动流动，用以支持企业财务管理的计划、组织、控制、分析、预测、决策等各个环节，以支持企业的管理与生产。

三、财务管理信息化的特征与作用

(一) 财务管理信息化的特征

财务管理信息化是在信息化背景下,企业运用计算机互联网等技术,对财务管理的一种新方式,具有自己的特点。

1. 实现实物流、资金流和数据流的同步

在信息化技术背景下,企业会计工作可由原来的事后控制转变为事前、事中、事后控制,由原来的"账房先生"转变为业务驱动型的会计模式。有了信息化技术的支持,财务人员可以通过信息管理系统从企业业务活动中直接生成相关会计数据,以达到及时更新财务数据的目标,并与业务部门经营数据保持同步。财务人员还能通过及时获取企业现金流信息,分析现金流状况,为企业财务风险提供预警,并能通过信息系统了解企业的生产经营动态,及时跟踪和预测企业预计产生的经营成本和毛利,以实现实物流、资金流和数据流的同步,为企业经营者做出及时正确的决策提供数据支持。

2. 财务管理集成化

财务管理集成化是指在信息技术基础上实现企业业务、财务、人员和资金等信息的综合管理,以实现业务财务一体化管理。企业可以根据业务和经营管理需要,通过业财一体化的信息化管理平台及时获取数据支持,同时结合科学的管理策略和发展需要,做出最优的决策。

3. 财务组织弹性化

相比传统的垂直结构,在财务管理信息化模式下,企业财务组织可以根据实际管理需求下移,利用扁平化的组织结构减少中间环节,节约成本。同时扁平化和网络化的财务组织架构,有利于加强组织的横向联系,使企业不仅可以上下流动,而且可以顺畅横向沟通。在这种组织架构下能及时反馈财务信息,使信息传递更加高效,消除管理机构臃肿,使决策层更好地了解企业经营状况,做出更快速和准确的决策。

4. 财务管理目标多元化

传统的财务管理模式是按照行业划分的,由于各自所处的利益点不同,比较容易产生摩擦。在信息化时代,这一模式已经不适用,企业在进行生产经营活动时,不仅需要考虑股东利益,还必须考虑其他利益相关者的损益,这促使财务管理工作的目标向多元化方向发展。在现代信息化影响下的财务管理工作,业财界限将会越来越模糊化。

(二)财务管理信息化的作用

财务管理信息化是以成本控制为重点,将企业的实际业务与财务软件相结合,通过财务管理信息系统实现财务信息的全面高效集成,使企业资源达到最佳配置状态。提高企业的财务管理能力,为企业其他业务领域的信息化提供基础和保障的作用。

1. 实现财务工作的信息化与自动化

在知识经济时代,随着全球信息技术的发展,信息技术迅速渗透到社会经济的各个领域,无论是局域网还是互联网,都为财务管理提供了快捷方便的办公条件,高度的信息化及资源共享,更使数据及时、准确;财务管理信息化的实现使一张原始凭证一次录入后,业务核算、统计核算、会计核算全都自动完成;除了形成正常的余额表、各种账页、凭证、科目汇总表外,还可以形成记账凭证汇总表、任意条件的一维或二维余额表,任意组合的三栏式或多栏式账页。①

2. 有效控制企业的成本与财务状况

实现财务管理信息化依靠财务管理信息系统,通过成本预算、标准成本的制定,定义成本中心、成本核算办法、成本核算对象形成成本计算报表,进行成本分析和成本费用归集等,并且同账务系统、存货系统、生产系统接口自动形成有关成本计算的财务凭证和成本核算的原始数据。这样可以避免因盲目采购而造成的损失,避免因人为因素而造成的原材料采购成本偏高的问题;同时,实现对物资、材料系统的接口,自动生成材料采购、报销两类转账凭证,生成相应的付款单据,并能及时反映已入库、发票未到等情况;通过超储、不足、失效等预警查询来控制库存量,并反馈信息给采购、生产部门,决定是否采购生产,实现对销售业务的管理和销售成本的控制;此外,通过价格、欠款限额等,避免因人为因素而造成的销售收入损失和坏账损失等,并能准确评估各往来单位的信用度及调控销售信用政策。

3. 加强内部控制,提高财务管理工作的保密性、可靠性及安全性

实现财务管理信息化,依靠财务管理信息系统,可以切实提高财务管理工作的保密性、可靠性及安全性。所谓保密性是指会计资料必须经过授权或具有管理者身份的人才能查询,具有合法用户和用户口令才能进入该系统;可靠性是指避免因机器出现故障后,造成系统瘫痪或数据损坏而采用的双硬盘或双通道技术,从而保证会计资料的完整可靠;安全性是指根据岗位分工和职责范围对用户授予最高的工作范围。建立财务管理信息系统之后,数据管理实现对硬盘的备份、恢复、删除以

---

① 李跃伟,黄林艳.计算机在财务管理中的应用[J].山西统计,2003(8):60.

及重建索引等功能,这极大地方便了广大财务工作人员,使岗位分工更加合理,岗位工作更加规范,工作的质量显著提高。运用财务管理信息系统这一平台,采用大型数据库管理系统,可以从根本上解决数据的安全性与可靠性问题,保证数据的一致性。

第二节 财务管理信息化的发展

一、中国财务软件市场的发展

(一)萌芽期

20世纪70年代末,计算机开始得到较为普遍的应用。如何减轻会计人员的手工处理压力,保证财务的规范化、制度化,成为当时国企改革的一个主题。很多单位利用配备的计算机,组织技术人员自主开发简单的财务应用软件,在80年代中期达到了高潮。这些自主开发的财务软件周期长、成本高、质量低、格式不一、维护困难,很难进行大规模的推广。

(二)起步期

针对当时财务软件的应用状况,1989年,诞生了中国第一款商品化的财务软件——先锋通用财务系统。紧接着用友软件公司又将财务软件从简单的账务处理推广到包括报表、工资、固定资产在内的较为全面的核算体系,并开启了中国财务软件商品化、社会化、专业化的先河。随后出现了全国最早的一批财务软件公司,当时较为出名的有先锋软件、万能软件、金蜘蛛软件、安易软件、吉联软件等。用友软件建设了完整的销售渠道,1991年占据了行业第一的位置,中国的财务软件市场初步形成。

(三)竞争期

这个时期跨度比较长,以金蝶、用友上市为标志。在这一时期,信息技术得到了迅速进步和广泛应用,几乎每次信息技术的变革都导致市场竞争格局发生较大的变化,一批成长型的公司发展起来了,更多的软件公司则沉沦下去,直至消失。

20世纪90年代初期,财务软件市场丰厚的利润吸引着大批的创业者,全国出现了很多大或小的财务软件公司,包括成立于1992年的金算盘、1993年的金蝶软件、1993年的新中大、1995年的深软小蜜蜂。

1992年，金蜘蛛发布了第一个局域网络版财务软件，并且迅速发展起来，打破了当时的竞争格局，对其他竞争对手，尤其是已成为行业领跑者的用友造成了很大的威胁。可惜的是，遭遇人事及资金困局的金蜘蛛并没有辉煌多久。1996年前的财务软件市场被用友、安易、万能占据了第一集团的位置。Windows平台的应用成为中国财务软件厂商的又一个分水岭。金算盘、深软小蜜蜂推出了第一款基于Windows32平台的财务软件，并借此发力，成长为全国性的品牌。金算盘以代理用友软件起家，通过Windows平台财务软件，把产品推向了全国，时至今日，仍在财务及企业管理软件市场中占有一席之地。深软凭借小蜜蜂软件，一度活得很滋润，在1998年还把找上门来寻求合作的IDG拒之门外（IDG后来向金蝶进行了风险投资），最后因为几十万元的欠款而陷入困局，令人惋惜。

金蝶开发的Windows平台财务软件虽然比金算盘和小蜜蜂晚，但赶在了用友、安易等几家公司的前面，通过成功的商业运作，成为财务软件市场的后起之秀，从此开始了长时间的用友、金蝶相争的局面。

（四）整合期

进入21世纪以来，中国本土的财务及企业管理软件厂商，通过与国外管理软件巨头的竞争和学习，吸取先进的计算机技术和企业管理理念，其应用软件无论是技术含量还是产品线，都取得了长足进步，具备了与Oracle、SAP等国际管理软件巨头一争高下的实力。

二、财务信息化的发展历程

（一）会计电算化

20世纪70年代末，计算机应用开始被引入我国会计核算当中，在此过程中，我国会计理论界率先提出了会计电算化的概念。其核心思想是利用计算机应用程序模拟手工记账，将会计核算的科目、口径、规范等用财务软件加以固化，实现了财务报销和数据存储的计算机化，财务凭证、报表、账簿的打印输出化。会计电算化完成了对会计信息的收集、整理、核对、分类、存储、汇总、查询等会计基础记账工作，极大地提升了财务工作的效率，并且提高了记账的准确性和及时性。

会计电算化的主要特点是计算机的单机应用、会计软件功能设计单一，基本是局限在账务处理和报表打印这些常用的功能上。最主要的是财务管理模式和手工记账相比，没有本质的区别，其对会计的管理和控制职能也是间接和微弱的。会计电算化的工具属性，人为地断绝了会计系统与财务管理职能之间的联系，也限制了财务与其他职能部门之间的业务联系，导致各类数据不能共享，信息不能畅通。此时的财务信息化应用仍处于开发和探索的初期应用阶段。[①]

（二）会计信息化

20世纪80年代中期，我国培训出了大批的既懂计算机又懂会计的复合型人才，他们通过建立通用的标准来解决电算化问题，研制符合我国会计制度的财务软件，使会计软件得以快速普及，推动了会计电算化的快速发展，解决了广大会计人员重复记账、手工记账的繁重工作。20世纪80年代中期到90年代初，商品化的会计信息系统已经改变了传统的手工会计法，由计算机代替手工记账，减少了会计人员的工作量。会计信息系统的主要功能模块有财务会计、工资核算、销售核算、存货核算、材料核算、固定资产会计、报表生成模块，但系统的各个模块独立运行，结构疏松，因而不能被称为一个整体系统，重复的数据录入和数据一致性控制问题悬而未决。

20世纪90年代中期以后，会计信息系统出现在系统管理中，明显改善了系统设置功能，提高了相关的数据与每个模块集成的能力，同时也提升了各行业的业务流程模型的通用性和适应性。

（三）财务管理集成化

20世纪90年代后期以来，我国政府为了进一步改革国有企业，要求企业进一步提升财务管理信息系统的水平，通过实时财务数据管理和分析实现成本控制和预测，从而提供充足和及时的财务信息，这使集成综合财务管理信息系统已经发展到提供管理决策能力的水平。集成财务管理信息系统是企业物流、信息流和资金流的整合，集成管理，而不仅仅是解决财务管理这个问题。从软件架构的角度来看，系统运行一体化；从功能的角度来看，该系统除了包括会计处理、采购管理、销售管理、应收应付管理、工资管理、固定资产管理和库存管理外，同时还包括在生产过程中的成本管理、物料需求计划、人力资源计划。综合财务管理信息系统一般具有以下特点。

第一，共享性。原始数据只输入一次，消除冗余数据，多个部门共享。例如，采购和生产自动输入的信息活动，由会计模块生成记账凭证以及总账和财务报表，合并不同部门重复的输入活动。第二，集成性。企业的产供销等业务环节与财务是

---

① 滕雪.试论会计电算化下的企业内部控制审计策略[J].中国集体经济，2020（7）：138-139.

完全集成的，财务与业务进行一体化运作。财务系统与其他系统都是通过接口进行连接、相互集成，信息系统的核心是财务管理，企业外部的相关环节也是通过财务管理集成的。第三，精确性。系统的每一次作业都是可量化的、精确的，由数据生成的报表也会完全一样。第四，实时性。系统会实时反映每一次作业，实时生成每一份报表，实时得到每一项控制的结果，实时做出每一个决策。第五，面向流程性。财务信息的收集、统计以及分析都是面向业务流程的，从而使系统支持重组后的业务流程，同时做到业务活动的成本控制。

财务管理信息系统的集成，不仅可以分析和处理各种企业的财务数据，也能对企业的财务活动有预警和管理的功能。通过财务信息集成系统，控制全方位的经营活动，使企业管理可以基于事实进行有效的决策，企业也可以通过简化系统的运行，优化财务业务流程来降低成本和提高效率。企业财务管理的功能也随着企业外部和内部环境的变化而变化，不仅要求系统对市场的变化做出快速反应，提供及时、可靠的战略信息，而且要求系统具有强大的决策支持功能，为了提高企业财务管理水平，财务管理信息系统将向着全球化、多层次的管理支持方向发展。

三、财务与业务信息处理一体化的必然性

（一）提高经营管理效率的客观要求

在变化莫测的市场环境中，企业必须快速、准确地收集、加工、处理全方位的信息，并对各种信息做出快速反应，使企业的物流、资金流、信息流、价值流形成不断循环、高度统一的整体，这要求企业具有较高的信息反馈能力。如何整合并有效地管理财务与业务信息，将成为企业间竞争的关键。

企业财务与业务信息处理一体化，即将经过采集、存储、加工、处理、传输等环节处理的财务信息，全部嵌入企业的采购、生产、销售、人力资源等业务处理系统中，使网络数据库系统自动集成化运作和统一管理财务与业务信息。会计信息系统与业务操作系统相互融合，同步运行，实时共享，实现了业务交易和会计记录"双同步"，物流、资金流、信息流、价值流的"四统一"，使财务信息与业务信息更加全面、及时、准确和可靠。

通过实施财务与业务信息处理一体化，减少了重复劳动，把财务人员解脱出来，使其远离大量的日常计算、手工编制凭证、期末编报表的繁杂工作，使其能够把更多的时间放在真正的管理工作上，尤其是监督检查工作上，真正实现了事前、事中、事后的全方位监控，增强了财务的管控作用，提高了企业的劳动生产率。财务与业务信息处理一体化可以提高企业的竞争优势，从企业内部来说，能够增加每位员工

的获利率，增加现金流量，改善企业经营管理效率等；从企业外部来说，能够增加产品市场销量、提高市场占有率等。

（二）网络技术为财务与业务信息处理一体化提供了条件

信息技术是当今世界创新速度最快、通用性最广、渗透力最强的高新技术之一，信息化是对人类生产生活方式影响最为深刻、对世界文明影响最为深远的大趋势之一。21世纪以来，以网络技术为代表的技术革命浪潮席卷全球，绘成了一幅波澜壮阔的历史画卷。工业革命距今已经200多年了，但世界上还有相当多的地区没有实现工业化，而互联网问世只有20年，就以雷霆万钧之势覆盖全球。

企业财务与业务信息处理一体化需要财务信息与业务信息及时沟通，协同验证，离不开成熟的网络技术的支持。比如，物联网可以实现物流和信息流的同步流动，网络数据库技术可以储存、加工、处理、检索、处理海量的财务与业务信息，云计算技术可以加速财务与业务信息处理一体化的速度。

第三节　财务管理信息化的相关理论

一、信息不对称理论

信息不对称是指不同的市场活动参与主体由于一系列原因，他们所获取的信息资源是不对称的。其主要原因是，一方面，由于存在个体的知识水平的高低、各市场参与者对市场行情变化的反应敏感度不同；另一方面，由于个体对信息的掌握能力和理解层次不同，其对所掌握的信息做出的判断与决策也不会一致。对于掌握相对真实、完整信息的一方来说，更加能占据更优势的位置。相对地，另一方往往处于劣势地位。主要表现在以下几个方面。

（1）在商品交易过程中，对于产品或者劳务方面的相关信息，卖方往往比买方知道得更多，所以卖方往往处于优势地位。

（2）获得优质信息的一方，往往会向没有获取该信息的一方提供该信息，以此来获取额外回报。

（3）信息获取能力不足的一方处于弱势地位，他们通常会为了实现信息对等或者超越而不断追求获取更多有利信息。

（4）对于市场上存在的信息不对称的情况，可以通过市场行情表现出来的信号，在一定程度上达到信息平衡状态。

在这个社会中，我们每个社会成员的生活环境都不一样，受生活环境的影响，造成我们对事物的看法也不一样。同时，由于我们每个人的知识水平不一样，思维方式和知识水平也各有不同，对信息的接收能力和把握能力也参差不齐。由此可见，信息不对称这个现象会一直长期普遍存在，很难被完全消除。

同样的道理，信息不对称理论可以在会计领域得到体现，目前很多企业特别是大企业、上市公司等，企业的所有权与经营权是分离的。在这种情况下，企业所有者通过委托更加专业的职业经理人等对企业进行经营管理，企业所有者本身不参与，导致企业所有者与企业经营者之间存在信息不对称的现象。这种现象还会在一定程度上导致企业经营者在某些时候与股东的利益不一致。例如，当业绩考核达不到要求，或者为了粉饰业绩达到升职加薪的目的，企业经营者可能会采取短期有利而长期对企业发展不利的经营策略，或者向企业所有者提供并不完全真实和完整的，甚至是虚假的信息。那么在这种情况下，企业所有者就属于信息获得劣势的一方。[①]

在信息化条件下，企业财务信息可以通过信息化网络平台对外传播，外部所有者获取企业信息的途径更多，也更便捷，企业隐瞒负面信息或者企业真实情况的难度将越来越高，隐瞒信息的成本将越来越大。

二、核心能力理论

核心能力指的是企业的核心竞争力，核心能力主要表现在优质的服务、独特的技术支持、过硬的产品质量以及市场一致好评的品牌形象等。核心能力理论则主要描述了企业不能盲目跟随别人的成功经验，需要充分认识自己，找准自身定位，集中优势资源对企业进行全面提升，以形成竞争者无法复制与模仿的竞争力，这就是企业的核心竞争力，能帮助企业在激烈与残酷的市场竞争中不被市场淘汰。

在信息化快速发展的今天，企业的信息化水平将会是企业形成核心竞争力的重要一环。一般来讲，信息化水平越高，企业对市场情况的反应速度越快，对信息处理的效率和获取信息的能力越强，这有助于企业在瞬息万变的市场行情变化中找到商机。同时企业运行效率越高，这越有助于提升客户满意度，树立良好的品牌形象，这是企业核心竞争力的重要组成部分，也体现了一个企业的综合能力。这就要求企业需要加强信息化建设。

三、业务流程重组理论

业务流程重组是一种全新的管理概念和方法，自20世纪80年代后期以来一直

---

① 殷波. 企业财务管理信息化建设的有效策略 [J]. 管理观察，2019(32)：156-158.

在国际上流行。业务流程重组是对企业业务流程的一次根本反思和彻底的重新设计，以实现现代关键绩效指标的大幅增长，如成本、质量、服务和速度等。企业业务流程重组由两种活动组成：一是与企业实际情况相结合的业务流程实施方式；二是评估流程，设定评估要素与评估标准及评估项权重。

从管理视角来看，这两项活动是用于整合工业社会中体力与脑力的分工，管理区域与职能分工等。①业务流程重组是企业根本性思考下对核心流程中的过程、决策、组织、信息系统的集成性再设计，也是在核心流程创新的思想与业务流程执行创新相结合的氛围下，对关键核心业务流程活动与信息流进行简化，对企业内部经营流程的再设计、适配性组织体制再造等，以求对营销业绩与客户服务质量的提高，构建组织核心竞争力，共同创造业绩，达到成本、质量、组织三要素的质的提高。

业务流程重组理论在国外许多发达国家企业中得到了很好的运用，企业通过重组优化业务流程，极大地提高了经营管理效率和对市场行情的响应速度。从某种意义上说，企业财务管理活动与生产活动有一些相似之处，可以将企业财务管理中的会计信息视为企业财务管理的产物，让会计流程重组再造，为会计信息使用者提供更好的服务，使会计信息反馈更加准确及时，以降低信息流通成本。我们在对企业财务管理工作进行信息化建设时，也需要对会计业务流程进行重组和优化，基于业务流程再造理论，使企业财务管理工作得到跨越式的发展。

随着信息时代的到来，传统的财务管理过程无法满足社会经济发展的需要，对财务管理提出了新的要求。财务管理工作必须结合企业的实际情况，进一步优化现有的财务管理流程，更好地为企业服务。

第四节 财务管理信息化的技术支撑

一、计算机网络技术的内涵

在一间大屋子里，装备一台大型计算机，用户带着工作上机处理的"计算机中心"概念现在完全过时了。"单台计算机为机构中所有的计算机需求服务"这一概念很快被大量分散但又能互联的计算机来共同完成的模式所代替。这样的系统被称为计算机网络。②因此，笔者认为，计算机网络即为由两台及两台以上，分布在不同

---

① 李爱民. 业务流程再造理论研究综述与展望 [J]. 现代管理科学，2006(8)：29-32.
② 杨波. 浅谈计算机网络技术在档案馆中的应用 [J]. 辽宁师专学报（自然科学版），2004 (2)：33-34.

地理位置的计算机，利用通信设备和通信线路将它们相互连接，再通过计算机软件对其进行管理，在保证安全可靠的基础上实现数据端到端的传输通信，并使其数据资源形成共享的计算机系统。该定义包含了"网络"的三个基本条件：一是计算机互相通信的通道，由硬件（通信介质）实现的物理连接；二是计算机通信交换信息需要的约定和规则，即协议，逻辑互联；三是网络服务功能，达到资源共享等目的，有请求方与提供方。

计算机网络技术是通信技术与计算机技术不断发展的产物。计算机网络技术的一项重要功能——资源共享可以使人们在不同场合随时查询网上的任何资源，处理各种事务。这种资源共享的功能极大地提高了人们的工作效率，对于实现办公自动化、工厂自动化和家庭自动化具有重要作用。

二、计算机网络技术的发展阶段

计算机网络技术发展到现今，已经经历了三个大的发展阶段，产生了三代计算机网络和系统。

第一代是以单计算机为中心的联机系统。这一代计算机最主要的缺点是计算机主机承担过重，不能很好地利用通信线路，特别是网络结构的可靠性不强。

第二代是从计算机的单机发展到计算机网络。这一代计算机以远程大规模的互联为主要标志，它的主要特点是资源共享、分散控制、分组交换、采用专门的通信控制处理机、分层的网络协议。这些特点往往被认为是现代计算机网络的典型特征。

第三代是遵循网络体系结构标准建成的网络。依据标准化水平可分为各计算机制造厂商网络结构标准化、国际网络体系结构标准两个阶段。

三、计算机网络技术的主要功能

计算机网络技术作为一种先进的信息技术，其具备的功能也是非常强大的，主要涉及以下几个方面。

（1）可以实现数据间的相互通信。数据通信功能是计算机网络技术的最基本也是最重要的功能，这也是实现计算机网络技术其他功能的基础。

（2）可以实现资源共享。资源共享主要包括硬件资源共享和软件资源共享，共享数据资源是计算机网络最重要的目的。硬件资源共享可以在网络覆盖的范围内实现随时处理资源、存储资源、输入并输出资源等，在节省计算机用户投资的基础上，也便于集中管理。软件资源共享使计算机网络用户可以随时访问一些大型的数据库，实现文件随时随地传送和管理，避免了在软件研制上的大量且重复性的劳动和资源的重复存储。

（3）可以实现用户间的信息交换。计算机网络技术为分布在网络覆盖范围内的计算机用户提供了非常方便的通信手段，计算机用户之间可以利用此技术随时发送电子邮件、查看或发布新闻消息和进行网上电子商务活动等。计算机网络技术的此项功能加强了用户之间信息交换的便利性、及时性。

四、计算机网络技术的发展趋势

21世纪已进入计算机网络时代，随着计算机网络技术的极大普及，计算机的应用也越来越进入更高层次。可以说，计算机网络成了计算机行业的重要部分。最新一代的计算机已经实现了网络功能与操作系统的结合，同时一些智能大楼已在不断兴建。随着通信和计算机技术紧密结合和同步发展，我国计算机网络技术也飞跃发展。可以说，计算机网络已经渗透我们工作和生活中的每个角落，Internet将遍布世界的大型和小型网络连接在一起，使它日益成为企事业单位和个人日常活动不可缺少的工具。目前，企业已经越来越多地应用网络技术来开展现代化的企业运作模式，而计算机网络的应用也极大地提高了企业在经济全球化浪潮中的竞争力，节约了企业生产、通信、管理和员工培养成本，树立了良好的企业形象。

现在不断兴起的3G网络包括后3G、4G乃至5G系统以宽带多媒体业务为基础，使用更高更宽的频带，传输容量会更上一层楼。这些系统在不同网络间进行无缝连接，提供满意的服务；它将是一个包括卫星通信在内的端到端的IP系统，可与其他技术共享一个IP核心网。现在它们更以其传输容量大、灵活性强的特点，已经越来越多地进入商业运行中。

五、计算机网络技术在财务管理中的应用

现代社会已经步入信息化时代，随着网络技术和信息技术的发展，计算机的应用领域不断扩展，计算机网络在财务管理工作中的高效性、实时性等特点凸显出来，其应用与发展势在必行。网络技术应用的普及，引发财务管理的变革，导致资金流、物流、信息流的一体化管理，推动网络财务研究不断深入。在网络化环境下，传统的财务理论和财务实务方法受到严峻的挑战，为适应信息时代企业财务管理的需要，必须对新领域——网络财务进行比较系统的研究。具体到财务报账方面，计算机网络技术的应用可以有助于实现网上报账，便于资金的统一管理和调配。

第五节 事业单位财务管理信息化建设

事业单位是我国重要的职能部门,在推动社会进步和经济发展上,事业单位发挥着巨大的作用。财务管理是事业单位日常管理工作的重要组成部分。当今时代,信息化浪潮荡涤着人类社会的每个角落,以网络和计算机为代表的现代信息技术,对我国事业单位的财务管理也产生了巨大而深远的影响。随着我国财政体制改革的推进和新的公共财政体制的逐步建立,为了应对电子政务的发展要求,各级事业单位正在进行财务管理的信息化建设,目的在于加强财政资金的管理,提高财政资金的使用效益。

一、国内外财务管理信息化研究现状

(一)国内研究现状

陈信汛在《集团财务信息化系统的建设》一文中,从两个层面对国内企业进行财务信息化建设提出了针对性的政策建议:第一个层面为财务信息化建设过程中的总体要求,分别从整体规划、实施步骤等九个方面进行阐述;第二个层面为在财务信息化建设和运用过程中具体应该注意的地方,并有针对性地提出了相应的对策和建议。[1]

李勇在《高校财务信息化的必要性研究》中指出高校会计电算化在提高高校会计核算的效率和质量方面起到了很大的作用。但随着高校逐步进入以优化结构、提高质量、提升层次为重点的内涵建设阶段,其对财务的要求开始由以核算为主向以管理为主发展,从而要求高校财务应该从单纯的会计电算化向财务信息化发展。高校财务信息化建设已成为高校财务发展的必然趋势和发展方向。

(二)国外研究现状

在国外文献中,对信息技术和财务管理结合的研究,可以从信息技术对管理领域渗透和影响的研究成果中找到线索。在以欧洲国家为代表的发达国家的研究文献中,从20世纪70年代开始,IT对财务管理活动的支持作用已经被系统地关注和研究了。到了20世纪80年代,开始对信息化尤其是管理领域的信息化进行逐步的研究和开发。可以发现,从20世纪50年代的会计电算化到80年代的财务管理信息系

---

[1] 陈信汛.集团财务信息化系统的建设[D].成都:西南财经大学,2010:41-57.

统,每个阶段都体现了信息技术进步和管理理念升华对财务管理信息化建设的影响。随着信息技术在财务领域的应用,学界的研究成果也在不断深入。学者们从不同侧面对现行财务管理模式加以剖析,有些还进行了比较深刻的论述和探讨。

二、信息技术对事业单位财务工作的影响

(一) 对会计管理的影响

事业单位传统的会计核算模式是分散式的,由各单位财务人员独立完成会计核算工作,按期向财政部门报送会计报表。这种模式是与相关技术的发展水平相适应的。随着现代信息技术的发展,近年来出现了一种新的会计管理模式——集中管理模式。

随着计算机通信技术的快速发展和在社会各领域的广泛应用,对事业单位的财务管理也产生了巨大的影响,特别是促进了集中管理模式的实际应用。例如,在财政国库改革中,采取了国库集中支付的方式,即由财政部门代表政府设置国库单一账户体系,所有的财政性资金均纳入国库单一账户体系收缴、支付和管理的制度,财政收入通过国库单一账户体系,直接缴入国库,财政支出通过国库单一账户体系,以财政直接支付和财政授权支付的方式,将资金支付到商品和劳务供应者或用款单位,即预算单位使用资金但见不到资金,未支用的资金均保留在国库单一账户,由财政部门代表政府进行管理运作,降低政府筹资成本,为实施宏观调控政策提供可供选择的手段。

在会计管理领域,集中管理模式主要表现为虚拟型会计集中管理,即不成立专门的会计管理机构,而是通过集中管理各事业单位的财务数据,实现会计集中管理。计算机网络技术的引入,使事业单位的会计核算实现了电算化,由此也导致了财务数据的管理形成了两种新方式:一是大集中的管理方式,二是分散集中的管理方式。大集中管理方式即各单位财务数据统一存放在一个指定的服务器,各单位的会计凭证制作、会计账簿查询等操作,都是在同一个数据库服务器上操作,所有的财务数据也都实时地存储在这个服务器上。分散集中管理方式即各单位的财务数据先存放在本单位的服务器,以日或周为单位,定期上报到上级主管部门,与主管部门的服务器内数据进行同步处理,主管部门汇总各单位相关财务数据,从而实现对财务数据的查询、分析等功能。[①]

---

① 王莉莉.事业单位财务管理信息化建设存在的问题及对策[J].现代商业,2020(3):168-169.

(二)对财务管理的影响

以部门预算、国库集中支付和政府采购为代表,各事业单位财务管理过程的重点由事后会计核算转变为预算编制、预算执行、会计核算、决算共同发展,形成以预算管理为主线的财务管理新模式。在这样的背景下,事业单位的财务管理信息化工作也对财务管理新模式的形成起到了促进作用。

1.对预算编制管理的影响

随着部门预算方式的改革,事业单位实行了"零基预算"管理,各单位根据自身人员、资产和工作情况,结合财政部门确定的标准定额,编制年度预算。这就要求各单位的预算会计必须全面掌握本单位的各类信息,以便准确编制出年度预算,为全年工作提供及时、充分的资金保障。在预算的编制过程中,还必须细化到具体的支出科目,这些任务都只有借助信息技术的支撑,才有可能在短时期内完成。

2.对财务核算管理的影响

随着国库集中支付制度改革的深化,事业单位的财务核算由事后静态核算转变为事中动态核算,核算业务活动的反映由定时转为及时,财务报表和财务报告可突破原有会计周期限制,提供及时的财务数据,并向财政部门和事业单位内部及时传递财务核算信息、指标执行信息、指标结余等信息,最大化地提高财务信息的价值。

3.对事业单位财务管理过程的影响

(1)规范财务管理制度,建立有效的财务管理模式。随着信息技术在财务管理中的广泛应用,事业单位的管理模式、财务管理制度、预算管理制度等都在发生变化。在财务管理信息系统的实施建设当中,根据事业单位的运作特点,制定统一的财务会计制度,规范财务核算方法和账务处理程序,可以提高财务信息的准确性、及时性和完整性,通过信息网络技术,可以实时反映单位的业务和资金使用状况,避免财务信息滞后于业务信息的现象,从而实现对业务活动的有效监管。

(2)消除财务信息沟通障碍,加强财务信息共享。应用计算机网络技术,进一步实现财务网络化管理,可以统一系统平台,打破以往阻碍财务信息沟通的壁垒,减少存在于事业单位内部以及与上级部门之间的信息孤岛现象,做到管理控制在总体与局部上的高度协调一致,有效扩大管理范围,放大管理能力,增强财务信息的时效性,提高财务信息的准确性。

(3)实现对资金的实时控制和有效监管。事业单位部门预算管理改革是合理、有效开展财务监管工作的重要保证。通过信息化手段,有计划地对事业单位的资金划拨和费用支出进行规划管理,可以有效利用财政资金,保障整个单位工作的开展。通过预算管理,可以充分结合预算指标情况和单位实际需要,对资金划拨和费用支出进行计划、调整和变动,同时保证与之相关的计划自动相应地进行联动调整。

三、事业单位财务管理信息化的建设

(一)提升信息化建设人才的培养力度

计算机技术的深度运用是事业单位财务管理信息化与传统会计核算的明显不同,事业单位财务管理能力的提升必须依靠计算机技术进一步扩大应用范围才能得以实现,而人才是这一目标的根本。事业单位积极推动财务管理信息化建设,预算经费上应优先安排,保障财会人员的基础技能培训。在此基础上,优先选择业务骨干参加深度培训,既要学习掌握财务会计知识,又要掌握计算机操作系统,尤其是所使用的财务处理软件,通过复合型人才带动全员开展财务管理信息化建设。与此同时,财务人员以外的其他员工也要有所学习,至少具备简单的、基础性的财务管理知识,适应和适当调整传统工作方式。归根结底,财务管理信息化是全员性质的,要在主观上深化对财务管理的认识,初期就着手建立培训考核制度,并一丝不苟地落实在系统建设的整个过程中,这不仅提升了财务人员及其他人员的业务素质,而且强化了其对网络、财务管理信息化系统的适应性。

(二)强化硬件、软件、网络系统的整体设计

1. 整体设计网络体系

事业单位应根据信息化建设的总体目标和规划要求,合理分配和利用网络资源,建立目标明确、技术规范的信息化网络基本布局,形成以综合信息平台为基础,以数字化档案信息系统为支撑的信息化网络结构,实现数据兼容、模块齐全、系统稳定、运转高效的信息化网络体系,为财务管理信息化系统的有效建立奠定坚实的网络基础。

2. 整体设计主要硬件结构

事业单位信息化网络的硬件建设既要统一技术体制和接口标准,又要结合事业单位的实际确定分系统结构层次,既要考虑实用性,又不能过分追求技术领先,特别是要强调各类网络设备、各节点终端功能的整合效应;服务器等为了减少数据处理环节和总线拥挤,应采取模块化设计;为了避免重复建设,监控系统、电话咨询系统硬件应与信息网络硬件进行整体化设计等。

3. 实现软件功能的创新

系统软件功能的配合好坏,对信息化建设具有决定性的影响。首先,事业单位要保证财务管理信息化建设的硬件设施能够承担建设重任,避免因硬件方面的缺陷

延误系统处理信息的及时性;其次,要能够根据自己的业务处理特征和管理的特殊需求等实际情况,在购入市场上的财务软件后,能够在吸收消化国内、外优秀企业先进管理思想的基础上,进一步改进软件功能,将新的处理技术普及事业单位各部门,提高整体处理信息的能力。

4. 全面规划网络系统的升级更新方案

事业单位财务部门、科室间要建立密切联系,第一时间了解财务管理信息化网络系统建设和发展趋势。涉及一些重大事项,如网络改造与升级等,要在事前充分全面地实施科学论证,事业单位信息化建设领导小组针对调整优化后的新方案讨论通过后,正式上报业务主管部门,方案获得批准后再实施,从而保证网络的平稳运转与持续发展。

(三)实现业务流程与系统的整合

所谓的业务流程是指组织或部门为了实现特定结果所执行的相关任务集合。实现财务业务流程与系统的整合就是利用信息技术再造工作流程,在流程再造的基础上建立企业财务信息系统,实现系统的高度整合,而不是让旧的流程自动化。现行企业财务信息系统是在传统的财务工作程序的基础上建立的,忽略信息技术的能力将影响到流程的设计。由于信息技术对组织结构、管理模式、工作方式都产生了巨大的影响,应该在业务流程再造的开始阶段就考虑信息技术的功效,详细检查目前财务活动流程以确定需要做哪些根本性的改变,针对企业内部控制的关键环节和薄弱环节,建立一套完整、标准、规范的企业财务管理制度和财务流程,以适应信息技术对企业财务工作的影响。在企业信息化过程中实施业务流程与系统整合显得尤其重要。

(四)制定财务软件的业界协议

协议应规定财务软件的不同部分是如何交互的,从而保证不同品牌的财务软件彼此间能够实现数据传递或交换。作为会计电算化宏观管理的主管部门,应当从技术的角度就财务软件的数据平台、数据结构、各功能模块、数据传递模式、数据安全与保密等做出统一规定。这样才能使各种不同品牌的财务软件之间实现数据共享,为企业会计电算化内部数据安全的进一步完善提供良好的外部环境。

四、事业单位财务管理信息化建设的思路

（一）制订总体规划

规划工作是任何领域信息化的首要前提，好的规划将保证实施过程取得事半功倍的效果。在行政事业单位财务管理信息化工作中，首先需要制订信息化总体规划及年度实施计划。通过制订总体规划，明确行政事业单位财务管理信息化的发展方向以及远期、中期与近期工作目标和主要任务。在统一规划的指导下，财务信息化工作可以分步有序地实施，避免盲目性，保证前后阶段工作的衔接和协调，从而逐步扩大财务管理信息化范围，推动财务信息化工作的顺利、健康发展。

（二）创建财务信息化网络平台

目前，行政事业单位财务系统已经全面使用基础会计电算化核算软件，并且积累了一定的基础财务信息，下一步要做的工作是搭建起统一的财务信息化网络平台，为财务信息化工作的深入发展奠定基础。在创建网络平台阶段，实施目标是整合行政事业单位财务信息资源，实现财务管理信息系统基础模块的推广应用，通过对财务信息的分析，借助财务预算子系统实现由业务信息向财务信息的转换，动态反映行政事业单位的财务状况，实现财务信息的及时性、完整性，业务信息与财务信息的高度一致性，业务处理与财务处理的同步性，运用预算管理实现对业务处理和财务核算的实时控制。

（三）准备基础信息

基础信息准备工作是财务管理信息化的基础之一，具体包括财务信息的归集、分类、整理和汇总等。行政事业单位对与财务管理有关的各类数据信息进行归集，建立数据仓库，通过数据仓库内的分类比对和汇总，建立起内外两个平台：外部信息服务平台主要为相关管理人员提供信息查询和其他网络服务功能；内部信息管理平台主要为财务管理人员服务，可利用财务信息资源，明确财务分析指标和行业发展数据，对行政事业单位财务活动做出较为合理的预测和评价。

（四）分步实施功能

信息化建设不可能一劳永逸，是一个不断更新和演变的渐进过程，必须抓住重点，分步骤实施。一般来说，行政事业单位财务管理信息化建设应包括以下三个层次：

1. 会计核算信息系统的建设

会计核算信息化是财务信息化建设的第一个阶段，它的核心在于集成，即集成资金流、业务流和信息流，集成业务处理和信息处理，集成财务信息和非财务信息，使财务信息系统由部门级上升为单位级。会计核算信息化系统主要完成行政事业单位日常的财务核算，并对外提供财务信息，可设置账务处理、工资核算、固定资产核算、财务报表等模块，而在所有的模块中，账务处理处于核心位置。

2. 网络财务信息系统的建设

网络财务信息系统的建设阶段主要是在会计核算信息系统的基础上，建立起以资金核算为重点的网络财务信息系统，这是事业单位财务信息化建设的第二阶段，也是最主要的阶段。

3. 财务决策支持信息系统的建设

财务决策支持信息系统的建设是整个财务信息化建设的第三阶段，也是其高级阶段。目前，在我国事业单位财务信息化建设中尚处于起步阶段，与前两个阶段相比还很不成熟，是今后财务信息化的努力方向。在这个阶段，主要依托人工智能和信息网络技术等手段，充分利用财务管理信息系统提供的各种信息，建立有效的财务数据仓库，运用各种预测方法对财务管理现状和未来发展趋势进行分析，辅助财务管理者做出决策。

五、事业单位国有资产信息化管理的建议

（一）拓宽信息化管理范围

在财政部《事业单位国有资产管理暂行办法》中明确事业单位国有资产表现形式包括流动资产、固定资产、无形资产、对外投资等。但是人们通常提到资产管理时，习惯理解为固定资产管理，目前国内市场上已开发使用的资产管理信息系统也大部分是固定资产卡片管理。从事业单位国有资产的定义可以看出，资产管理不仅是对固定资产等实物资产进行管理，而且资产的信息化监管还应将流动资产、无形资产、对外投资等各项资产均纳入监管的范围。

（二）加快信息化平台建设

第一，推进二维码动态管理系统的推广和使用，对国有资产实施数字化、智能化和现代化管理。该系统可与移动办公平台相结合，通过移动办公终端就可实现对国有资产的查询、盘点、报废等进行实时、动态的处理，并将数据同步传输到后台系统，该系统的成功运行极大地提升了国有资产的管理水平。

第二，推进和完善单位办公系统建设，构建集中资源管理平台和集中监控管理平台，该平台在对各项工作实行流程设定、权限分配、监督审核、统计分析的同时，还满足了协同工作、记录跟踪、事后溯源等管理需要，实现系统内部公文、会议、信息、值班、督察等主要办公业务实现数字化和网络化。同时重点加强审计信息系统、视频会议系统建设，增强系统行政管理效率，推进系统行政执法责任制建设。

第三，推广电子签章的应用。电子签章是电子签名的一种表现形式，利用图像处理技术将电子签名操作转化为与纸质文件盖章操作相同的可视效果，同时利用电子签名技术保障电子信息的真实性、完整性以及签名人的不可否认性。该技术完全可以替代传统的单位公章使用，目前已有较成熟的应用模式。全面推广电子签章的使用是一项系统工程，不但关系到事业单位国有资产信息化监管，而且对电子政务乃至所有网上业务的发展都是一场革命。首先，需加强立法，从法律、制度上认可电子签章的效力，解除人们在使用上的顾虑；其次，加大宣传，破除人们传统的纸质文件的使用习惯，节约资源；再次，组织实施，成立权威性电子签章管理机构；最后，应加强电子签章技术和电子签章应用模式研究，进一步完善现有技术。

(三) 保障信息化建设的安全

第一，应研究服务器虚拟化技术，将通信机以及其他外围应用系统等转移至虚拟服务器，同时构建以身份认证、授权管理为主要内容的网络信任体系，全面落实信息安全等级保护、涉密信息系统分级保护和风险评估制度，提高系统运行维护的安全性、实用性和便利性，整合建立统一的安全支撑平台，集中实现各级业务应用系统和信息资源的灾难恢复，提供病毒防护、漏洞扫描和入侵防御等信息安全措施，提高核心业务数据库安全水平，提高信息安全综合防护能力，形成更完善的保护和管理措施。

第二，应构建集中监控及事故应急处置平台，研究机房和系统运维监控技术，建立绿色网关与防火墙隔离的安全保护系统，同时建设智能化机房，通过入侵检测系统、网络管理系统、网络管理审计系统等网络监控系统实现对数据流量和网络行为的控制，形成更完善的保护和管理措施。对机房环境、网络、服务器和应用系统等建立一整套日常监控和安全防护制度，部署安全监控系统、应用监控系统、网络监控系统和机房环境监控系统。在此基础上，事业单位应通过整合原有机房环境监控系统和运维监控系统两大系统，形成机房运维一体化智能监控体系，探索形成集预测预警、应急指挥、信息报告和风险分析等功能于一体的突发事故应急处置技术平台，全面提高信息化管理保障能力。

六、事业单位资金管控信息化系统分析

（一）系统概况

从一般意义来讲，资金管控信息系统是结合现代信息技术，建立在资金管理系统理论之上，集信息预测、信息控制、信息分析等为一体的对事业单位业务以及资金信息等进行第二次处理的系统。该系统主要由两大子系统组成，分别是硬件系统与软件系统。硬件系统是指各行政单位所使用的计算机以及相关的网络设备等，软件系统是指财务资金管理软件和财政业务系统所使用的系统平台。其中，财政业务系统平台由多个子业务系统组成，主要有部门财政预算系统、财政计划编审系统，资金支付系统、政府采购招标管理系统等。这些子业务系统共同完成事业单位的预算、决算、日常业务等财务工作。

（二）系统建设的可行性

为了更好地规范和加强事业单位的资金管控，在当今信息技术迅猛发展的大背景下，建设事业单位资金管控信息化系统亦成为可能，即通过建立一整套科学、合理的事业单位资金管控信息系统，将管控思想、管控制度、管控规范等固化为数字化的管理程序。事业单位资金信息化管控有助于加强资金管控力度，提升管控效率，巩固资金审查成果。目前，中国大多数的事业单位也基本上具备实施资金信息化管控的条件。

资金信息化管控具备的基础条件，具体包括以下两方面。第一，技术条件。国内几家大型的软件开发公司已有良好的技术服务体系，丰富的资金项目管理经验，良好的市场信誉度和本地化的服务网络优势，还有大量的财政专业储备人才和雄厚的研究开发团队，具备资金信息化管控的实力，为开发功能强大的资金管控提供了强有力的技术支撑。第二，资金信息化管控的实践基础。首先，各级财政部门近年来围绕财政资金改革和管理，积极推进"金财工程"建设，部门预算管理系统、基础数据管理系统、工资统发管理系统、国库执行信息系统的建设开发工作取得了很大进展，这些都有助于资金管控信息系统的开发和应用。其次，北京等大中型地区相继开发了事业单位资金管控信息系统，也取得了初步的良好试点效果。这些信息化在事业单位资金管控的试点运用，为我国国内事业单位全面推行资金管控信息系统积累了宝贵经验。最后，不少国家部委也开发或者实施了资金信息化管控系统，实现了事业单位资金管控与部门预算管理的有效链接。

(三）系统建设的必要性

当前，建设服务型政府已成为政治体制改革的一个重要内容。而在信息时代，电子政务作为一种先进的公共服务途径，可以强有力地推进服务型政府的建设。而信息技术的飞速发展也为事业单位实现对资金的信息化管控提供了良好的科学技术支持。各事业单位要更好地履行自身服务职能，造福社会，就必须借力于信息技术系统。资金管控中运用现代信息技术能解决传统资金管理中存在的管理难、易出错等问题，但同时也会产生一些新的问题，例如，信息安全风险、系统管理人员道德风险等。在搭建资金管控信息处理平台时，财务人员应与技术管理人员一起对传统资金管理与现代信息技术如何实现有效融合进行深入研究，在完成融合之后，还要及时解决系统所出现的新问题。相关人员应该基于传统资金控制理论，结合现代信息技术，在确保信息安全可控的前提下，立足于事业单位的发展需求，适时开展资金管控创新，建立起符合时代要求的新型资金管控模式。

（四）系统建设过程中应注意的问题

1. 加强财会人员与技术人员的沟通

事业单位的内部财会人员对本单位的业务构成、财会流程、资金管控流程都比较清楚，对资金管控信息化系统的需求和目的较为清晰，然而由于受专业知识的局限，往往不明白这些具体的问题如何通过计算机软件来解决，也不了解信息化系统处理问题的方式和方法。软件公司的技术人员对本公司的专业软件功能、计算机程序流程等都非常熟悉，但对事业单位的具体业务流程却不清楚。此外，相关软件的功能并不一定适合该单位，而该单位的硬件建设（计算机、网络等）也未必能够运行相关的专业软件。

因此，在进行系统建设时，财务人员和技术人员要加强沟通和交流，根据事业单位的业务特点、实际需求以及具体的资金管控需要，进行全面的需求分析，明确系统建设目标，制订合适的系统实施方案，确保系统能够达到预期效果。系统建设完成后，技术的发展、单位职能的变化、会计核算方法变化等都将会使现有系统变得不适应。因此初期系统建设时，软件就需要具备良好的可拓展性，以便适应上述各种变化，更好地服务于事业单位。

2. 循序渐进，逐步实现财务管理信息化

相对于发达国家来说，我国的信息化建设起步较晚，技术水平还比较落后。因此在事业单位实施资金管控信息化建设时，必须做到全面统筹、循序渐进、分步实施，不可急于求成、好高骛远。事业单位在实施建设时，应该做的就是进行信息化基础设施建设,要按照先简单后复杂的原则,按照资金管控的流程分步实施,要坚持以需求为导向,立足整体的建设策略。

由于各事业单位在资金管控流程、信息化建设水平、系统需求等方面各不相同,在实施信息化时必须立足于本单位的实际,结合单位自身的职能,综合考虑单位的系统建设需求、资金管理水平、人力资源配置等因素,全面、科学、合理地设计实施方案。此外,还要结合当前的需求和未来的发展。对系统进行统筹规划、分步实施。若缺乏统筹规划,盲目进行系统建设,最终只会是各自为战,建立起相互孤立的子系统,既不能实现资金管控信息化的目标,又造成了不必要的投资浪费。

(五) 固定资产管理信息化系统

某事业单位的固定资产管理信息化系统的功能结构设计主要包括固定资产目录管理、固定资产 ID 管理、固定资产日常业务、固定资产相关账务处理、固定资产查询分析。

1. 固定资产目录管理

该事业单位固定资产品种繁多,实现固定资产目录管理对其固定资产管理具有重要意义。固定资产目录从资产名称、资产分类等对该事业单位固定资产进行规范、统一管理。

2. 固定资产 ID 管理

购置固定资产时通过选择相应的固定资产目录建立固定资产卡片,即固定资产的"身份证"(ID)。固定资产卡片应包括资产基本信息如资产编号、规格型号、购置时间、资产原值、保管人、资产图片等。ID 与固定资产是一一对应的关系,完善的固定资产 ID 管理是实现交通行政事业单位对固定资产有效管理的前提。固定资产 ID 管理的基本要求是一物一 ID,ID 和物保持一致。为了确保资产信息的完整性,固定资产卡片应同时反映资产零部件明细(表)、大修理记录(表)、资产调拨记录(表)等。

3. 固定资产日常业务

固定资产日常业务主要包括资产新增、大修、技改、调拨、盘点、报废(清理)等,交通行政事业单位在对各项固定资产进行处置时,系统应及时做出相应处理,例如,系统应能同时支持各项业务的申请、审核、发生等流程管理模式。经审核后发生的信息应能够自动更新相应的固定资产卡片记录。随着条形码技术的进一步成熟与广泛应用,资产管理信息系统应支持条形码管理方式,交通行政事业单位在处理资产购置、盘点、报废等业务时均可利用条形码技术进行管理,以便能够有效实现固定资产账、ID、物一致。

4. 固定资产相关账务处理

资产账务处理主要是对资产相关各项业务活动的账务反映，在管理信息系统中，账务数据如资产原值变动等可在事件发生后自动产生，相关财务数据自动计入会计科目明细账、总账中，从而大大提高财务工作的处理效率，并最终实现账、ID、物相一致。

5. 固定资产查询/分析

固定资产查询/分析应主要包括固定资产 ID 查询、数据查询、资产变动信息查询及相关报表（图形）分析等。固定资产 ID 查询主要反映资产静态信息，业务数据查询反映资产相关动态数据，资产变动信息查询反映固定资产使用部门、保管人等变动信息。在管理信息系统中，各种查询方式间应支持穿透取数，如在查询资产时可以同时查询相应卡片的业务数据，而在查询资产业务数据时可同时查看固定资产的 ID 信息等。

第六节 高校财务管理信息化建设

随着互联网技术及大数据分析的到来，技术的发展给财务信息的传递和利用带来了新的有利条件，而国家教育体制的改革进入深水区，政府公共支出改革逐步深入，高校发展规模不断壮大，又在政府管理、社会监督以及学校运营层面给高校财务管理提出了更新、更全面的服务要求。只有加强财务管理信息化建设，提高财务服务水平、提升服务质量、创新财务服务模式，才能满足当前高校的内外部环境需求，为学校的可持续发展提供财务保障。在信息时代下，信息的快速传播，使财务核算、分析决策的准确及时成为可能，这对传统的财务管理提出了巨大挑战。财务管理要跟上信息时代的步伐，不仅需要严格执行财务制度，及时准确反映学校动态的、实时的财务信息，而且需要提高财务管理水平，降低财务运行成本，提高财务内部以及财务与学校其他部门之间的快速信息互通能力，进而提供强大的财务决策支持能力。

一、信息化背景下高校财务管理的演变

(一) 财务管理由封闭型转向开放型

随着信息技术的发展，不仅在财务内部，而且在学校各部门之间、学校与学校之间的信息传递和交流日益频繁和迅速。财务管理与学校其他业务上的联系更加紧密，因此必须打破传统财务管理模式上专业封闭的局限性，将财务管理与学校管理目标、组织结构、业务流程相结合，实现财务管理的真正开放融合。

（二）财务业务由分离转向业务协同

在信息化模式下，网络技术的发展使财务业务的协同化成为可能。财务业务协同包括财务内部业务协同、财务业务链协同。信息化可以实现学校内部各部门信息的收集、整理、分析，对财务业务链中分布在各部门的业务流程点进行重新整合和重组，从而为财务业务协同化提供必要条件。①

（三）财务管理由分散式转向集中式

一方面，高校的经费来源呈多样化趋势，校企合作、二级单位创收已成为学校收入的重要来源；另一方面，近年来的全面预算、国库支付等财务改革措施要求加强对学校资金的统一管理。高校财务逐渐加强了对二级单位的财务管理控制，执行规范化的集中管理模式。在信息化条件下的远程处理、远程核算与监管为这种集中式的转变提供了可能。

（四）财务管理由粗放型向精细化转变

经过大范围的高校扩招和新校区建设等基础设施投入后，高校的发展必须由教育硬件条件的改善和招生规模扩大转变为提高教学质量和科研水平，以提高学生质量为标准的内涵建设上来。为实现这种发展模式的转变，财务管理的精细化就显得极其重要。借助于信息化手段，可以实现对财务状况进行量化管理、实时监控、动态分析，将财务的事后核算转变为事前预测、事中监控、事后监督等，对高校运行进行全过程的目标成本管理和控制，为高校内涵建设提供全面的精细化服务。

二、信息化背景下高校财务管理的目标

从目前高校资金运作的情况来看，信息化下高校财务管理的目标应包括预算管理目标、收入管理目标、成本管理目标、资金管理目标、投资管理目标、财务分析目标等。

预算管理目标是指建立对高校资金的预算编制、预算审批、预算下拨、预算调整、预算执行、预算监督和预算考核的全面预算管理制度，以达到合理、高效地使

---

① 仇丽娟. 高校财务管理信息化建设中存在的问题及解决策略浅谈 [J]. 现代经济信息，2020（1）：134，136.

用资金的目标。

收入管理目标是指在当前高校收入以教育经费拨款为主、科研经费收入、捐赠收入等其他收入共同组成的情况下,通过高校收费制度和资金管理制度的创新,拓宽高校资金来源渠道,为高校发展筹措最大化的资金。

成本管理目标是指高校必须加强成本核算管理,以绩效最大化为目标进行有效的成本效益管理,避免资产流失、重复建设等现象,降低学校运行成本。

资金管理目标是指高校应对学校的存量资金加强运营管理,建立资金的时间价值观,合理进行资金筹划,利用定期存款、国债等理财形式,探索资产保值增值的目标。

投资管理目标是指随着学校的发展,高校一方面对新校区建设和教学设施、实验设备投入巨资进行改造;另一方面对校办企业、下属单位的校企合作投资也逐年加大。为此高校应加强投资决策管理,合理制定投资目标,对投资进行必要的可行性分析,确保投资效益的实现。

财务分析目标是指高校财务应改变财务管理模式,从只重视日常会计核算转变到注重财务决策和财务管理分析上来,通过对资金状况、预算执行情况、决算情况等财务情况的分析,为领导层决策提供及时有效的依据。

三、信息化背景下高校财务管理模式

(一)财务预算

信息化技术的发展使得高校财务预算管理体系发生了质的改变,由原来的手工化管理转变到了信息化的管理。下面介绍几种信息化背景下高校的财务预算管理与控制方法。

1. 反馈式预算控制方法

反馈式预算控制方法的核心是在支出发生之前必须先经过审批然后才能使用,这种方法的原理是对同一个目标进行两次控制,并要求审批的金额与实际发生的金额相符,然后将审批后的金额和实际使用的金额进行对比,通过这一过程达到反馈的目的。从某种意义上讲,这种审核算是一种事前事后审核的方法,这种方法适用于资金额度较大以及资金运用容易出错的项目。在信息化背景下,财务软件和办公软件相结合,高校的财务信息能够得到及时地反馈,实现有效的反馈预算控制。在这种情况下,高校的财务管理部门能够在不影响二级单位的财务管理的前提下,运用现代化的信息手段,及时得到有关财务的信息,核查下级机关在财务预算与执行的过程中的问题,充分发挥上级财务单位的监控职能。

2. 预算指标包干控制法

在实际工作过程中，高校使用的包干方法有：一是根据费用的类别，如办公费、差旅费等，进行预算指标控制的专项指标包干；二是将业务资金切块给各部门的切块资金包干，这种方法只对总额进行控制，分块使用资金，对于超支的部分不予补充，结余部分也可自己留用；三是专项跟踪包干法，这种方法主要是针对指定用途的专项经费，专款专用，实行按照专项批报经费，实行专款专用并单独核算，跟踪管理，这种方法具有操作简单、形式灵活、收效明显、易于接受等优点，是目前高校最为广泛采用的预算控制方法。此外，将现代信息技术运用于预算指标包干控制法能够大大降低人为调节预算带来的偏差，能够密切监控财务情况，及时发现使用不合理的资金支出。

3. 偏差分析控制法

偏差分析控制法是通过对实际执行数与控制目标进行比较，从中发现偏差并找出偏差产生的原因。但是这种方法是一个静态的分析过程，然而实际情况中，会有很多难以预料的事情发生，财务的预算管理也应该是一个动态的管理过程。因此，为了达到控制的目的，在预算执行的过程中将实际执行状况不断地与原预算进行比较，并分析差异，监督预算的执行状况。运用现代化的信息技术，能够及时地提供各类财务分析报告，并不受时间和空间的限制，以此提高信息收集的灵活性。因此，将信息技术与偏差分析控制法相结合能够及时更新信息，实现动态的管理财务预算。

(二) 高校资金动态集中控制

资金的集中管理能够明显提高资金的使用效率，传统的高校资金集中管理方式是成立资金结算中心，集中校内资金，为校内单位提供资金的结算业务，向外多方筹借资金，为学校的发展提供一定的资金支持。信息化管理环境下高校资金动态集中化管理主要表现在学校的计算中心直接与独立进行核算的校内二级单位实现集中化管理，在学校的结算中心设置并使用全面预算管理模块、资金管理模块、账务管理模块，同时，在独立核算单位设置并使用全面预算管理模块、资金管理模块、账务管理模块以及往来账户管理模块。

(三) 基于信息化的高校财务通用报表系统

通用报表系统以学校的财务人员和各级管理人员为服务对象，面向财务人员提供设计、审核和发布各类财务报表的服务，面向包括学校领导、院系领导、教研组负责人和项目负责人等在内的各级管理人员，提供查看各类财务报表的服务。具体来说，系统设置了报表设计人员、报表审核人员、系统管理员和报表查看者四类用户，分别对应学校的财务处分析人员、财务处管理人员、财务信息系统的管理人员和校系各级财务管理人员。

报表设计人员负责设计各类财务报表模板。通常，模板都会包含若干需要由报表查看者在查询报表时设定的参数。根据具体情况，报表设计人员可以通过指定模板中的部分或全部参数生成定参模板或静态报表。模板、定参模板和静态报表经报表审核人员审核设置访问权限和发布后，报表查看者即可进行查询。系统管理员负责维护系统中的组织机构、人员、职务、角色及各种权限信息，设置系统用户的系统功能使用权限、数据访问权限以及模板和报表访问权限。

四、信息化背景下高校财务管理业务流程

（一）业务流程

业务流程通常是指为了达到特定的工作目标而由不同的人或者团队分别共同完成的一系列活动。各任务之间不仅有严格的顺序界定，任务的内容等也必须有严格和明确的安排，使不同任务在不同的角色和岗位之间进行的转手交接成为一种可能。活动之间在空间和时间上的转换可以有一定程度的跨度。而普通的业务流程，则认为它只是与客户价值有联系的一些活动。

业务流程对企业的重要意义不只在于对企业关键业务的描述，更体现在对企业的业务运营有着重要的指导意义，这种意义主要体现在对资源的优化、对企业架构的优化和对管理制度的变革。这种优化的目标实际上也是企业要追求的目标，降低和减少企业的日常运营成本，提高对市场需求的响应，争取实现企业利润的最大化。

业务流程的特征是有层次性的。这种层次是体现在由上而下、由全体到局部、由宏观到微观、由抽象到具体的一些逻辑关系。这样的层次关系符合人们的思维模式，有利于建立业务模型。通常来说，工作人员可以先建立一些主要的业务流程，然后对其中各项活动再进行进一步的细化，最后落实到具体的每个部门的业务过程中，建立起相对独立的有效的子流程和为其服务的辅助流程。

（二）业务流程再造

1. 定义

"业务流程再造"（BPR）的概念，是对企业过程进行根本性的再思考和彻底的再设计，以求企业关键的性能指标获得巨大的提高，如在成本、质量、服务和速度等方面取得显著的改善，使企业能最大限度地适用于以顾客、竞争、变化为特征的现代企业经营环境。

业务流程再造仅仅指业务流程的重新设计或者完善，流程再造更加广泛，既包括业务流程再造，也包括其他流程再造，比如，内部管理流程、财务流程等。业务流程再造和流程再造从本质上说，都是强调以业务流程为改造对象和中心、以关心客户的需求和满意度为目标、对现有的业务流程进行根本的再思考和彻底的再设计。知识经济时代利用各种先进技术和现代的管理手段最大限度地实现技术上的功能集成和管理上的职能集成，以打破传统的职能型组织结构，建立全新的过程型组织结构，从而促进企业经营在成本、质量、服务和速度等方面的巨大改善。

2. 业务流程再造的方法

业务流程再造的方法主要有两种：一是完全的重新设计，为了适应环境、市场的变化，产品服务、运营效率对现有的业务流程重新进行设计；二是对现有的流程进行改进，完善形成新的流程。结合我国高校财务管理的实际工作状况，财务信息与其他部门紧密联系，为减少对正常工作的干扰，高校可以采取循序渐进的改造方式，重新再造高校财务管理的工作或业务流程。业务流程再造是一种新的管理方法与手段，企业的业务流程再造必须结合企业的实际情况来实施。

3. 业务流程再造应遵循的原则

第一，以流程为导向的原则。流程再造的核心是业务流程，所以企业流程再造的关键技术就在于如何重整业务流程。业务流程再造要强调"流程中的企业，而不是企业中的流程"。业务流程再造首先应该确定供应链中的各种业务流程，再根据流程的需要设置相应的职能部门。业务流程再造强调"组织为流程而定，而不是流程为组织而定"，对流程运作不利的障碍将被铲除，职能部门的意义将被削弱，多余的部门及重叠的流程将被合并。

第二，以顾客为中心的目标原则。业务流程再造强调内部和外部顾客满意相统一的原则，企业各项工作必须以顾客（包括供应商及供应链）为中心展开，满足顾客的个性化需求，达到顾客满意。全体员工统一行动，公司领导只是工作的指导和监督者，而不是企业的服务对象，建立扁平化的企业组织结构，打破过去的职能分工，尊重员工的价值，上下沟通，降低经营成本。建立能迅速响应和满足客户不断变化需求的运营机制及相关业务流程。

第三，整体系统优化原则。业务流程再造不再局限于单个企业或单个业务流程。供应链管理模式下的业务流程再造是对供应链中关键流程的再造，这是业务流程再造取得成功的关键。注重整体流程的系统优化，强调整体全局最优而不是单个环节或作业任务的最优。

(三) 高校财务管理的业务流程

高校的财务活动一般都是多部门之间的物流、资金流和信息流的联系和交换，涉及的范围比较广，也比较复杂。所以，高校的财务管理是由多个部门之间相互协作来体现的，单纯的一个或两个部门是无法完成的。以目前高校的业务特征来看，可以将高校的财务管理分成以下流程：工资管理、预算管理、成本管理、资金管理、资产管理、账务管理、财务分析七项次级业务流程。

资金管理和资产管理尤其重要，这两项管理内容是高校利益中的核心部分，也是最常出现问题的两个环节。因此，高校财务管理要对资金收支等业务有严格的授权审批制度，确保货币资金的安全性。同时在资产管理中的采购和付款环节，也应积极采取措施控制，建立完善制约和监督体制。对于工程项目的招投标，可以考虑推行项目会计委派制度，杜绝可能出现的经济犯罪行为。

(四) 基于信息化的高校财务管理流程再造

1. 预算管理流程再造

《国家中长期教育改革和发展规划纲要（2010—2020）》中强调："建立科学化、精细化预算管理机制，科学编制预算，提高预算执行效率。"在当前研究下，大部分学者对于高校预算管理工作执行的是全面预算、精细化管理的概念。对于预算管理流程的再造，应当界定责任与权力，做到标准化、体系化，资源配置与学校战略相匹配。

(1) 规范预算编制程序、明确审批责权

通过信息化对数据的集成和处理，预算编制的依据更具有科学性和公平性。在编制预算时，从预算应用系统中提取往年数据，在对重大活动重新审查"成本—效益—效果"的基础上，对各项费用支出进行详细审议，审查其必要性，讨论数额的合理性，并且根据费用数额的大小，对管理活动的优先次序进行调整，以此决定全校资金和资源的分配顺序。这种预算编制方式目标明确，能够清楚地识别预算方案的轻重缓急，克服资金浪费的缺点，还可以提升各部门参与预算的积极主动性，进而降低预算费用、提高资金的使用效率，还可以限制各部门人员随意支出资金的问题。

(2) 增强高校预算执行的力度

申请人在经过严格的预算审批并取得了财务处划拨的经费之后，为了提高预算执行的力度，高校各个部门应培养并逐步提高合理使用资金的意识：部门要保证在预算规定范围内使用资金，控制预算执行的方向和进度。另外，财务核算依据预算项目、预算部门进行经济业务核算,进一步增强预算精细化管理。借助财务信息化集成平台,非财务系统与财务系统实现数据联动,不仅财务处能够直观地查询到各部门预算执行情况及预算结余情况,系统地、全局地分析预算执行进度是否符合预算制定标准,在各部门花费每一笔预算时,也可以通过平台向财务部门说明用途。预算用完时,便不能透支使用。

(3)逐步建立预算绩效评价

当前,预算绩效评价在全国高校财务管理上是处于较为欠缺和空白的阶段,预算绩效考评需要符合高校战略发展目标,遵循全局提升,总体优化的原则。考评标准的制定应从全局利益出发,具体工作建议主要由高校预算管理小组负责,尽量做到系统化、具体化,能够量化的指标尽量量化。预算考评指标应与预算目标和责任指标相对应,个人或部门目标的制定应对学校的整体利益起到积极的促进作用。

2. 财务报账核算流程优化

"报账难"的主要原因有两方面:一是高校多元化筹集资金,教育经费支出额度逐年增加,办理业务人员也随之增多,而财务处人员和空间有限,势必出现报账排队现象;二是会计核算流程环节较多,任何一个报账人员都得经过批准、审核、制证、复核以及付款等流程,各个环节都需"拜访"到,耗时费力,让人头痛。高校应分析报账业务处理流程中存在症结的原因,制订出相应的解决方案,修正业务处理中不合时宜的管理点,实现报账业务流程的优化。

3. 高校财务管理流程优化步骤

(1)目标定位

财务管理工作目标的定位具体如下。

第一,高等院校整体财务管理目标是要着重达到管理流程高质量高效率,经济利益和社会效益的最大化。第二,预算执行目标是要结合实际使预算预测与实际相符,资金使用情况与预算规划的情况尽量达成一致,让资金用在该用的地方,发挥应有的作用。第三,融资活动目标是要开拓多种筹资渠道,严格控制并且防范财务风险,降低该项活动费用支出。第四,投资活动目标要充分考虑实际支付资金可能遭遇的风险价值,注重防范投资行为向片面性方向发展,做出最佳投资决策。用科学的方法、从客观的角度去衡量与分析投资回报、支出以及风险之间的关系,恰当分配资源,优化资金结构,使投资效果达到最优。第五,成本控制目标是要讲究办学效率,以成本效用为中心,在不断增强教育水平,培养人才精英的同时,尽可能地发现减少办学支出的最好办法,让学校实现整体收益最大化。第六,分配设置目标要立足于实际,奖励现实配置与未来配置、短期激励和长期激励共同作用的分配机制,统筹兼顾,协调政府、高校、各级单位、工作人员之间的利益关系。

(2) 规划准备

这个阶段，首先要求设计出必需的行动安排、活动方案及工作内容，其主要包含：工作由谁指挥，又由谁执行，工作具体时间、周期长度、涉及的具体环节、各个环节的具体内容以及工作办法、技术需求，出现问题的应对策略等。越是详细的计划，越能有效推进工作的实施进程。其次，要注重对全体人员的培训工作，告诉他们流程改进的重要意义，强化员工的创新意识，同时培训过程能让他们更系统地了解整个管理流程，把握好各个环节的细节部分，减少日后工作的麻烦，提高效率。最后，在财务人员的选拔中，要遵循数量足够、素质优良、善于合作、互相监督的原则。在预算过程中要坚持稳健性原则、平衡性原则、综合性原则。保人员支出、保发展支出、保运转支出。

(3) 分析诊断

现有流程分析诊断阶段，要求对整个财务工作中的重点环节进行诊断分析，主要有预算规划、预算执行、财务核算、资金成本控制和内部控制几个环节。一般包括检查预算是否符合实际情况、预算的执行情况是否合理、财务核算是否真实准确、资金管理和成本控制是否恰当等问题，只有查找出整个管理流程存在的问题，对症下药，才能改进工作中可能出现的效率低下、管理效果不明显等现象。

在制度设计中，要完善内部控制制度、现金管理制度、印章管理制度、票据管理制度、经费审批制度、经费开支范围以及人员轮岗制度。内部控制制度强调全程融入、相互牵制，设置事后监督岗位以及强化内部审计作用；现金管理制度要规定钱账分离、不得坐支、日清月结、随时盘点；印章管理要由专人分别保管，与支票分离；票据管理要专人购买、严格保管、严格领用程序、定期核销等；经费审批主要是规定审批人员、审批权限、审批责任与开支范围；经费开支方面要专款专用、范围明确。

在预算执行方面，首先，建立规范预算调整制度，提高预算管理水平。预算是朝前思考的过程，包括对未来各种可能前景的认识和思考。由于内外环境或者自然条件发生变化，预算与实际情况发生较大偏差，导致继续执行预算将会对高校正常运营产生不利影响时，就应当对预算目标进行修订甚至变更，这样可以提高预算的水平。其次，建立预算绩效评价指标，强化预算执行绩效考核。高校在设立绩效考核指标时，应当与其初设定的预算内容相适应，具有科学性、整体性、可行性和可比性，预算绩效考核要从经济效益、社会效益和项目投资评价三方面考虑，绩效指标的设定应遵循短期效益与长期效益相结合、定量和定性相结合的原则。

(4) 流程的完善实施与改进

在新的管理流程开始实行之前，结合高校自身情况，不妨对新的管理办法实施一段试运行工作，在一定范围内，观察新流程的运行效果。在试运行完成后，对运行过程进行分析，对运行结果进行汇总，进一步制订实施计划，最终实现整个流程的更新与完善。要定期进行财务分析，增强决策参谋意识，围绕学校发展大局提供政策咨询意见，全面、客观地呈现数据。

在对管理流程进行完善以后，对实施效果的观察，运行结果的评价不可忽视，因为没有一种新的东西是完美的，随着环境的变化，原来的方法也就不一定管用了。所以，要有长远的眼光，不断思考高校的发展方向，高校财务管理要达到的目标是什么，不断评价实施效果，这样才能拥有一个适合自己的，最有效的管理流程。

第五章　财务共享的基础理论

第一节　财务共享的发展历程

一、财务共享的概念及业务范围

（一）财务共享服务的概念

"财务共享服务"（Finance Shared Service）的理念来源于共享服务，即作为企业的一种战略，是各业务单元间的相互合作，将一些部门中分散的业务功能集中到一个相对独立的业务部门，并对这个部门建立一个专门的管理结构。财务共享是一种近年来企业都密切关注的财务管理模式，财务共享实质是一种把分散在各项目、操作重复性高、易于标准化的财务业务进行流程再造和标准化，将具备该特点的业务都抽离出企业，集中到财务共享服务中心统一进行业务处理，达到提升效率、压缩成本、合理配置资源、增加信息传递实时性和准确性并提升客户满意度的财务管理模式。财务共享服务中心是将传统财务运作模式进行全方位的改造加工，核心原则是"专业分层，业务融合"，依仗财务共享服务平台，创造战略财务、共享财务和业务财务的一体化，提升财务对战略决策与业务支持的价值，消除财务与业务的边界。[①]

（二）财务共享中心的业务范围

财务共享服务中心的功能包括三项核心内容，分别是全过程会计核算、集中式规范监督和实时性数据支撑。其常见的业务板块包括应收应付、成本费用、总账报表、资产等，业务环节覆盖财务审核、会计制证、凭证复核、资金收付、凭证装订、报表编制等。财务共享中心作为一个数据支持中心，可利用信息优势为分/子公司提供会计核算、报销进度、账务报表等全面、多维、实时的会计信息服务，同时能够根据管理需要对会计数据进行可视化展示，有效支撑各单位信息需求。财务共享

---

① 刘莉.财务共享中心对提升财务管理水平的作用分析[J].中国市场，2020（29）：164+169.

中心作为异于传统的新型财务管理模式,在组织变革、流程创新、质量控制、绩效管理方面建立了新的管控机制,使财务共享服务中心的业务质量和流程监督做到全面可控状态,切实改善人工干预和频频出错的历史局限,以此推进企业财务经营的科学化管理水平。

二、财务共享的发展历程

纵观近几十年来财务共享服务的发展历程,不难发现,财务共享服务在不同经济背景、不同企业发展模式、不同信息技术下呈现出不同的特点。最初的财务共享中心以"降本增效"为己任,而随着经济环境的变化和信息技术的发展,财务共享服务的模式和价值也在不断演化。根据建设模式和价值目标,企业财务共享中心的发展应用大致可以分为以下三个阶段,在财务共享的发展过程中,技术贯穿始终。

(一)1.0阶段:信息集中+资源协同

在1.0阶段,建设财务共享中心是集团企业发展的一个必然要求,把标准化的流程、重复性高的工作集中起来,交给财务共享中心来做,既能满足集团管控、财务大集中的要求,又能提高工作效率,减轻分/子公司的压力。通过相应的制度调整安排,分/子公司的灵活性以及集团政策落实和集团与分/子公司间的资源协同得到更好的发展。

财务共享中心1.0阶段包含三类工作:对内业务、对外业务和共享中心运营管理。共享中心运营管理包括影像管理、资料邮寄、档案管理和派单、抢单。财务业务处理分为对内业务和对外业务。对内业务主要包括员工报销、总账报表、资产管理和合同管理四部分;对外业务则是与供应商、客户相关的流程处理,通常企业内置的ERP系统会有供应商和客户管理模块,共享系统只需要与企业资源计划(Enterprise Resource Planning,ERP)系统对接这部分功能和数据即可;对外业务还包括银行、税务机关对接,需要用专门的银企直联或者报税软件处理。

在1.0阶段,财务共享中心基本上只完成财务部门传统工作的流程优化和组织结构调整,随着企业管理不断精细化,数字技术、互联网的应用不断深入,有关企业采购、商旅消费的交易环节与财务环节相对独立的系统设计无法满足业务发展需要,打通交易与财务环节的需求愈加迫切。

(二)2.0阶段:采购交易+税务管理

在2.0阶段,财务共享中心将与采购交易系统和税务管理系统结合在一起。财务共享中心连接外部的商旅、供应商、电商平台及内部的各种资源,搭建企业商城,形成采购交易系统；又连接政府税务平台，搭建税务管理系统。在 2.0 阶段，通过集成，形成业财税一体化的财务共享中心。

一般情况下，主要材料或者直接物料的采购大都由 ERP 系统来完成，而非直接物料的采购，如商旅服务、办公用品、IT 系统、培训服务等，通常无法在 ERP 系统中完成，但是这些业务事项的成本费用金额不低，重要性也越来越高，将其纳入系统管理也成为必然选择。

在 2.0 阶段，共享中心外接京东、携程和大众点评等电商平台构成企业商城，实现商旅服务和办公用品等的采购，并由此优化重塑了采购中从申请到支付入账的整个流程。

随着国家金税三期工程的上线推广，对税务管理的合规性要求大幅提高，企业税务管理变得更加复杂、敏感。传统的开票、收票、验票的线下工作也希望通过光学字符识别（Optical Character Recognition，OCR）、财务机器人等数字技术与税控系统进行信息对比、集成，从而提高工作效率以更好地进行税务筹划。

在财务共享中心 2.0 阶段，实现业财税一体化成为主要内容。随着管理模式和技术条件的不断成熟，越来越多的业务环节将被连接到财务系统中，以减少单据量，提高财务工作效率。

(三) 3.0 阶段：数据共享 + 业务全覆盖

随着信息技术的发展，财务共享作为管理会计的"基石"，正面临定位与价值的全面刷新。在大数据、云计算、互联网、人工智能等技术的渗透下，领先企业正在积极探索和建设以数据共享为核心的智能财务体系。财务共享中心连接前、后台部门的运营和数据平台，承载智能共享服务、智能管理会计和智能数据分析等功能，在新技术驱动下，推动企业构建智能财务体系。

这是财务共享发展的高级阶段，覆盖企业绝大部分的业务系统，是企业强大的业务平台和数据平台，为分/子公司提供更多的可以随时调用的业务支持。大量的业务交易产生大量的实时数据，使共享中心成为集团级数据中心，共享中心集成核算数据、预算数据、资金数据、资产数据、成本数据、外部标杆数据等，为数据建模、分析提供准确、全面、系统的数据来源，成为企业业务调整依据和决策依据。

第二节 财务共享的技术支撑

一、传统财务共享的局限

财务共享服务是经济发展缓慢和全球化扩张的产物。追溯其背后的逻辑，一是英国经济学家亚当·斯密在《国富论》中提出的"分工提高劳动生产率"，二是20世纪初福特公司创始人亨利·福特在汽车生产中率先引入的"流水线"作业方式。两者的根本都在于分工所带来的劳动生产率的提高，以及规模经济所带来的成本的降低。财务共享的本质在于通过将"流水线"作业引入财务工作中，实现对原本分散的、重复的、可标准化的记账、算账工作的集中式处理，从而控制成本、提高效率。传统财务共享对企业的财务工作组织、财务工作场地和财务工作方式都会带来变革，但是并未触及财务工作的具体流程，也未从根本上改变传统的财务管理模式。换言之，传统财务共享只是将流水线作业模式引入财务工作中，以人员机器化为代价，实现简单的操作集中或者人员集中的办公。其局限主要表现在以下三个方面。

一是传统财务模式下，财务流程和交易分离，产生大量冗余的流程环节。以费用管控为例，很多企业为了实现流程管控，设计了诸多控制流程，而事前预算申请的流程与交易实际上是脱节的，它只是为了保证预算能够正确使用，于是通过事前申请预算，增加一个审批流程。但当交易发生后，不管是业务人员、审批领导还是财务人员，大家都必须重复做很多事后工作，导致管理低效且成本高。[①]

二是传统财务模式下，财务处理时间滞后，财务信息无法及时反映环境变化，无法满足使用者实时决策的需求。一方面，财务会计按权责发生制的要求确认损益，凭发票入账，从而业务发生和业务入账分离，财务处理在时间上滞后于业务活动，导致财务会计提供的信息是历史性的、缺乏前瞻性的，无法满足使用者的需要；另一方面，财务会计依据会计分期假设的要求，定期产出并传递信息。在激烈的市场竞争中，财务会计信息传递的时间固定性与决策的及时性产生了巨大的矛盾。

三是传统财务模式下，财务信息支撑体系存在问题，导致财务信息片面、失真，无法满足业务管理需求。从本质上来说，传统财务是准则导向、披露导向，不是业务导向、管理导向。ERP系统主要为流程操作服务，带来两个问题：其一，财务信息客观但未必真实，财务记账以发票内容为主体，但发票无法反映业务的本质，财务数据与业务实质脱离，导致ERP财务信息失真，口径无法满足管理需求；其二，财务信息为单一化的货币计量信息，而非企业综合性的全面经济信息，货币计量的

---

① 梅雨. 集团企业全面财务监控的技术支撑：财务信息共享与集成问题研究 [J]. 中国管理信息化，2010，13(10)：23-25.

信息固然具有一定的综合性，但非货币性信息对管理往往起到至关重要的作用。

二、"互联网+"时代的新挑战

身处"互联网+"、新零售时代，传统企业面临线上线下的融合。通过线上线下数据的整合，企业能够提高整体供应链运营的效率，这是"互联网+"和新零售的内涵。

不管是"互联网+"还是新零售，其本质都是商业模式的变革。这种变革不仅是把前端销售、物流线上化，更是要考虑把后端的财务、采购、内部资源配置与前端的新型商业模式进行匹配。如果前端已经应用了最新的线上线下融合的新思想，但财务、采购支撑体系、财务共享中心等后端还是滞后的，还是以拿到发票后的事后管理为核心的处理模式，其显然不能满足前端快速响应的要求。

传统财务管理模式下，由于技术和管理的原因，财务与交易分离。在"互联网+"和新零售下的商业模式中，企业需要跳出传统财务处理的思路，从管理模式和技术应用两个角度探索共享中心，建设新模式，将财务管理向前延伸，在交易开始之前开展财务管理。

"互联网+"和新零售下的商业模式对财务体系提出了三点新要求。

（一）组织扁平化

传统财务管理的组织模式是分层级的，有总部、大区、各业务单元，组织层级多导致业务流程需要层层申报，从而会降低业务执行效率。然而，扁平化的组织结构能够减少数据的上报层级，减少信息失真，提高信息的传递速度和传递质量。

（二）流程简化

传统财务管理模式由于财务与交易脱节，会产生很多冗余的流程环节。"互联网+"时代要求共享中心实现控制步骤前移至业务环节，减少事后重复审批，控制流程，提高管理效率，降低管理成本。

（三）数据体系化

"互联网+"要求共享中心直接从业务系统采集前端数据，并根据管理需求筛选数据生成管理会计报表，使企业财务数据能够反映业务实质。分析财务数据能够给业务提供有价值的指导。

未来，企业财务管理的形态将呈现出数字化、智能化、互联网化、电商化、共享化趋势。一个完整的智能财务体系应当涵盖三个内容，分别为：基础层——基于流程自动化的财务机器人；核心层——基于业财税深度一体化的智能共享中心；深化层——基于商业智能化的智能管理会计平台。

三、新技术带来的新机遇

（一）大数据

近年来，"大数据"作为一个热门概念被人们多次提及。大多数人第一次听到"大数据"这个词，往往会按照字面意思去理解，认为大数据就是大量的数据，大数据技术就是存储大量数据的存储技术。其实不然，按照一般的解释，大数据是指无法在一定时间范围内用常规软件工具进行捕捉、管理和处理的数据集合，是需要新处理模式才能具有更强的决策力、洞察发现力和流程优化能力的海量、高增长率和多样化的信息资产。简单来说，应用大数据就是利用新的手段存储并分析海量数据后，挖掘出数据价值的过程。

大数据的特点可以概括为4个"V"，分别为Volume（大量）、Variety（多样性）、Velocity（时效性）和Value（价值性）。

1.Volume（大量）

大数据意味着其应用中往往处理的都是普通计算机、传统常规软件无力应对的海量级别的数据。传统的个人计算机处理的数据是量级为GB/TB级别的数据，如硬盘的容量就是以TB为单位。随着时间的流逝，人们处理数据的量级从GB上升到TB再上升到PB甚至是EB，只有达到PB级别才能称作是大数据。随着信息技术的升级，数据量级呈现几何级增长趋势，并且我们不再需要谨慎选取样本数据，而是直接选择全体数据进行分析，大量的历史数据为分析、预测、决策提供了数据基础。

2.Variety（多样性）

过去我们处理的往往都是结构化数据。什么叫结构化数据呢？简单来说，结构化数据是由二维表格结构来表达和展现的数据，如企业中用Excel表格来展现的都是结构化数据，会计分录也是一种结构化数据。在大数据时代，大数据包括结构化数据和非结构化数据。例如，一张照片包含的信息就属于非结构化数据，一个Word文档包含的文字内容也属于非结构化数据，它们不便于使用二维表格的形式来描述，但是非结构化数据包含的信息与决策的相关性往往比结构化数据与决策的相关性更强。企业中80%的数据都是非结构化数据，这些非结构化数据源于合同扫描件、Office文档和音频文件等。这些非结构化数据形式多样，彼此之间因果关系较弱。

3.Velocity（时效性）

在互联网时代，每一秒都在产生大量的数据。从数据的生成到消耗的时间间隔越来越短。这就要求我们不断缩短处理和分析数据的时间,快速从海量数据中挖掘出蕴含的价值。例如,我们每天打开电商平台,其首页会立刻为我们推送可能感兴趣的商品,这就是大数据应用的一个场景。如果大数据分析需要一年半载的时间,直到用户购买完毕,电商平台都不知道应该向该用户推送什么商品信息,那么电商平台也就失去了这个用户的潜在价值,大数据也就失去了应用意义。大数据的关键在于挖掘数据价值而非存储数据信息,往往只有很少一部分的数据是我们最终所需要的。企业不会花费大量成本存储无用的数据信息。云计算的出现很好地支撑了大数据的广泛应用,这种超级计算模式使数据的处理速度大幅提升,云计算甚至可以达到每秒10万亿次的运算速度。只有计算速度足够快,我们才有可能将大数据应用到更多场景中。

4.Value(价值性)

"价值"是大数据的核心特征,大数据的价值特征表现为价值密度低但商业价值高。大数据的价值密度低,是因为在数据呈指数增长的同时,隐藏在海量数据中的有用信息却没有按相应比例增长。大数据的商业价值高,是因为相比于传统的结构化数据,大数据最大的作用是从大量不相关的、多类型的数据中找到相关关系,从而预测未来趋势。在大数据时代,我们强调相关关系而不是因果关系。大数据不会告诉你A的变化为什么导致B的变化,它只会告诉你A的变化跟B的变化密切相关,控制A就可以管控B。大数据通过强调相关关系找到模糊但有控制价值的关联关系,帮助我们在利用数据进行分析预测的时候能更加准确。

在业财融合的趋势下,财务共享中心收集了大量的企业财务数据,甚至包括行业、标杆企业、客户形象等社会大数据。财务共享中心为企业财务管理提供数据基础,成为大数据技术的应用基础。

大数据在共享中心中的三个应用如下。

(1) 大数据帮助企业进行风险管控

以往我国很多企业的财务风险识别和预警工作依赖于专业的企业财务管理人员进行相应的控制和管理。虽然这些财务管理人员在财务风险判断方面具有丰富的经验,但是在具体的风险预警时,他们起到的作用往往不尽如人意。究其主要原因,一方面是企业中有能力的财务管理人员数量较少,大量的财务人员在基础核算岗位上工作,而风险识别的工作又比较复杂困难,财务管理人员无法准确判断所有潜在的企业风险;另一方面是财务管理人员的工作素质可能存在问题,对财务风险预警的准确性会产生较大的影响。

当企业运用大数据进行财务风险管控时,大数据利用财务小数据、企业中数据和社会大数据,并结合更多的非结构化数据进行相关性分析。企业利用大数据可以发现一些风险事件的可能特征，并根据这些特征找到潜在的风险事件。大数据无须告诉我们为什么 A 因素会导致 B 事项有风险，而只需告诉我们因为 A 因素的存在，B 事项很可能存在较大风险。这种相关性分析使得企业能够跳出传统财务分析的框架，以全新的视角发现传统财务分析可能会忽略的财务风险，并进行事前预警。

(2) 大数据提升财务共享中心的运营能力

大数据对财务共享中心运营能力的提升主要体现在两方面，即流程管理和绩效管理。在财务共享中心将流程标准化后，财务流程被分割为一个个标准化的工作环节，有许许多多的端到端接口，这些都有可能影响整个业务流程的速度和准确度。大数据的挖掘和相关性分析能力可以找出哪些是"拥堵环节"，并通过相应的流程管理不断优化财务处理流程，提高财务共享中心的服务质量和效率。这便是大数据影响运营能力的第一个方面——流程管理。

大数据影响运营能力的第二个方面是绩效管理。随着财务共享中心的服务范围越来越大，业务场景不断增加，不同职能的员工进行不同的流水线作业。为了有效提高员工工作的积极性，我们在对员工进行绩效评价的时候需要考虑多个考核因素，如不同业务的难易程度、不同员工的能力、不同单据的处理标准。大数据可以实现多维度考核，在系统记录员工的工作行为后，大数据从海量数据中抽取有效数据，通过建模等方式从操作时长、操作准确度、操作难度、操作数量等方面量化员工的绩效，让员工的绩效考核有迹可循。这样可以提高财务共享服务的绩效管理水平，提高员工工作积极性，间接提高共享中心的服务效率。

(3) 大数据有效支持预算管理

企业中的预算设置直接影响资源分配，在有些企业，每当财务部门编制下一年预算时，业务部门都会夸大自己部门的业务以赢得更多资源，而财务部门如果不了解业务的实际情况，只能根据业务部门的需求编制预算。这样的预算准确性低，对业务的指导性弱，使预算管理毫无意义。但是在大数据的帮助下，财务共享中心收集到的有关财务、业务的结构化数据和非结构化数据的真实性、丰富度能够得以保证。运用大数据技术，企业可以联系历史和现状，综合行业、自身、竞争对手的情况，甚至引入专家评论等数据，夯实预算编制的数据基础。

当企业进行预实对比时，针对某一偏差，大数据可以通过相关性分析找到若干传统财务思维无法解释的相关动因，而针对这些动因进行管理，可以帮助业务部门进行更有效的决策。

(二) 云计算

谈到大数据和人工智能，我们不能不提到云计算。人工智能的核心是大数据和机器学习,而云计算是支撑起大数据和机器学习的计算基础。如果我们把大数据比作生产原材料,那么人工智能就是取代流水线上的人工生产力,云计算就是加工原材料所需要的电力等基础能源。云计算为大数据和人工智能提供了计算海量数据的能力。

根据美国国家标准与技术研究院(National Institute of Standards and Technology,NIST)对云计算的定义,云计算是一种按使用量付费的模式,这种模式可以提供可用的、便捷的、按需的网络访问。进入可配置的计算资源共享池(资源包括网络、服务器、存储、应用软件、服务),这些资源能够被快速提供,企业只需做很少的管理工作,或与服务供应商进行很少的交互。云计算是一种基于互联网的超级计算模式,在远程的数据中心里,成千上万台电脑和服务器连接成一片电脑云。云计算甚至能够拥有每秒运算10万亿次的能力。通过网络的计算能力,云计算取代我们原本安装在电脑上的软件,或是取代原本把资料存在自己硬盘上的动作,转而企业通过网络进行各种工作,并将资料存放在庞大的虚拟空间中。

云计算的主要特点为:超大规模、虚拟化、通用性、高可扩展性、低成本、按需服务。

(1)超大规模。"云"具有相当的规模,Amazon、IBM、微软、Yahoo等的"云"均拥有几十万台服务器。企业私有云一般拥有数百上千台服务器。"云"能赋予用户前所未有的计算能力。

(2)虚拟化。一方面,云计算支持用户在任意位置、使用任意终端获取应用服务。因为所请求的资源来自"云",而不是固定的、有形的实体,应用在"云"中某处运行,但实际上用户无须了解,也不用担心应用运行的具体位置。另一方面,云计算采用虚拟化技术,用户并不需要关注具体的硬件实体,只需要选择一家云服务提供商,注册一个账号,登录到它们的云控制台,去购买和配置需要的服务。这比传统的在企业的数据中心自行部署服务器要简单方便得多。

(3)通用性。云计算不针对特定的应用,在"云"的支撑下可以构造出千变万化的应用,同一个"云"可以同时支撑不同的应用运行。

(4)高可扩展性:基于云服务的应用可以持续对外提供服务(7×24小时),"云"的规模可以动态伸缩,满足应用和用户规模增长的需要。

(5)低成本。从长远来看,企业采用云计算比自行部署服务器节省成本。一方面,企业不再需要聘请技术支持团队来解决服务器问题;另一方面,如果企业花费大量资金用于前期部署服务器或升级硬件设施,但是业务没有像其期望的那样进行扩展,那么收入将无法弥补成本。云计算服务提供商通常可以让企业无缝扩展和缩减云计算资源,企业根据需求来购买更多的计算资源,就可以节省成本。

(6) 按需服务。用户可以根据自己的需要来购买服务，甚至可以按使用量来进行精确计费。按需服务更加经济实惠，可大大节省 IT 成本，而且资源的整体利用率也将得到明显的改善。

随着全社会数字化转型的加速，"上云"已经成为各行各业数字化转型的关键一步，"用云量"也成为衡量行业数字经济发展程度的重要参考指标。财务上云，共享先行。传统的财务共享中心多是在本地部署的，虽然本地部署的方式可以灵活匹配用户的需求，实现按需建设，但是随着财务共享对于信息系统支撑的要求越来越高，本地部署量越来越大，企业不得不投入大量的运维成本，占用企业大量资产。除此之外，大数据和机器学习的应用使财务共享中心拥有海量数据信息，因此传统的本地部署模式受限。云计算带来的出色的计算能力成为一个有效的解决途径，因此财务共享走向云端成为不可避免的新时代共享趋势。

使用云计算技术后，财务共享中心将给企业带来四大管理价值。

第一，财务共享"上云"降低企业信息化建设成本。企业引入云计算平台建立财务共享中心，按需向云计算服务供应商购买服务，按实际使用量付费，云计算服务供应商全面负责软件的安装、系统的维护。相比于传统的信息化建设，此类模式将大大降低企业信息化建设成本。

第二，财务共享"上云"促进企业内外部协同。首先，借助云计算平台建立的财务共享中心可以连接企业内部主要信息系统平台，如电子报销系统、票据影像系统、ERP 系统、档案管理系统、合并报表系统等，实现信息流、审批流、票据流三流合一，促进业财融合。其次，财务共享中心可以借助云计算平台与外部的银行、税务机关、客户、供应商对接，从而实现企业边界的模糊化。

第三，财务共享"上云"可以提高员工的工作效率。财务共享"上云"之后，意味着只要员工登录云平台，就可以随时随地处理业务，不会受到时间和空间的阻碍，从而使信息无缝连接和交互，工作效率大大提高。

第四，财务共享"上云"为财务共享众包模式提供基础。只要有手机、电脑、网络，员工就可以在任何地点登录云平台进行办公。企业可以将财务流程进行标准化分割，雇佣来自世界各地的财务人员共同处理业务，以众包模式来运营财务共享中心。

(三) 区块链

区块链是一种按照时间顺序将数据区块相连的方式组合成的一种链式数据结构，并以密码学方式保证的不可篡改和不可伪造的分布式账本。每个区块包含特定事务中涉及的数据。当每个事务发生时，它被存储在一个块并添加到链中。这些块组成了一个分布式数据库，可以容纳越来越多的记录。但是，与传统数据库不同的是，分布式的区块链数据库创建了一个共享的数字分类账，而传统数据库中的信息驻留在跨多个合作伙伴的唯一存储库中，并且最终必须进行协调才能更好地使用。

为了更好地理解区块链，我们借用一个"微信小饭团"的例子来解释区块链是如何运行的。例如，公司里有几个人组成了一个饭团，每天中午大家向管理员报名，由管理员安排大家的午饭。但是这种报名方式容易出现问题，例如，所有人的午饭信息汇总在管理员一人的账本记录中，一旦出现信息错误的情况，则无处验证；当大家的午饭信息被信息隔离，某个人便无从知晓他人的午饭信息，如果不是饭团，而是资金管理事项的话，信息封闭就不利于管控风险；管理员随时需要收集午饭报名信息，工作忙碌。后来，大家想到一个更好的解决方案，就是建立一个微信群，每个人把自己的午饭信息发到群里，报名内容不仅仅包括自己的午饭信息，还要按顺序加上前面所有同事的午饭信息。如某天张丽第一个报名，发送内容为"1. 张丽"，李强第二个报名，发送内容为"1. 张丽+2. 李强"，以此类推。这样的微信接龙方式能让每个人的微信消息记录都成为一个账本，打破信息隔离状态，从而让管理员的工作更加准确、高效。区块链的特点如下。

（1）去中心化。饭团中，每个同事的微信消息记录都是一个账本，各个账本之间可以进行对照，而非只有管理员手中有唯一账本。由于区块链使用分布式核算和存储，不存在中心化的硬件或管理机构，因此任意节点的权利和义务都是均等的。

（2）信息不可篡改。信息一旦经过验证并添加至区块链，就会被永久地存储起来，单个节点上对数据库的修改是无效的，因此区块链的数据稳定性和可靠性极高。

（3）开放性。系统是开放的，除了交易各方的私有信息被加密外，区块链的数据对所有人公开，任何人都可以通过公开的接口查询区块链数据和开发相关应用，因此整个系统信息高度透明。

（4）自治性。区块链采用基于协商一致的规范和协议，使整个系统中的所有节点能够在信任的环境中自由安全地交换数据，使对人的信任改成了对机器的信任，任何人为的干预都不起作用。

（5）匿名性。由于节点之间的交换遵循固定的算法，其数据交互不存在不信任的问题（根据区块链中的程序规则，节点会自行判断活动是否有效），因此交易方无须通过公开身份的方式让对方对自己产生信任，这对信用的累积非常有帮助。

在"互联网+"背景下，财务运作存在的问题主要有：企业间财务信息交流没有统一的平台，信息不透明，增加了资金筹集的成本；企业各部门之间无法完全实现资源共享，而且由于企业财务信息的非公开性，每一项财务运作所涉及的流程和制度都错综复杂，执行起来耗费时间长；信息不透明，尤其是涉及关联交易问题，不易控制财务风险。

由于技术和管理的限制，财务运作存在诸多问题，而区块链这一新技术可以改进企业内外部财务业务运作流程，为企业节省交易管理的成本，降低财务风险。区块链与财务共享服务的结合主要应用场景如下。

有多个参与方的交易：在智能化财务共享服务中，财务共享向前延伸形成采购共享，向后延伸形成税务共享，并将供应商管理、税务管理纳入共享范围。当交易参与方包含多个供应商、客户、监管机构以及可能涉及的税务机构时，运用拥有去中心化特征的区块链技术将是一个能够提升交易管理效率的解决方案。

需要长期保存记录以供合规监管的交易：很多大型交易不是一次就可以完成的，需要在较长时间内创建和维护。区块链能够提供相对理想的解决方案，通过记录交易情况，为持续的合规管理提供可靠的资料。财务共享加载区块链技术后，能够保证财务、业务信息真实准确，无法被随意篡改。

需要马上支付或转移资产的交易：很多跨境的贸易融资和供应链融资，需要保证交易的公开透明，并且需要快速到账，区块链可以帮助达到这个目的。消除支付周期和资产转移滞后的情况，有助于财务共享中心在财务处理流程降本增效，提高流程处理精准度。

（四）人工智能

从阿尔法围棋（Alpha Go）成为第一个击败人类职业围棋选手、第一个战胜围棋世界冠军的人工智能机器人开始，人工智能（Artificial Intelligence，AI）的概念就被应用到生活的方方面面，如指纹解锁、图像识别、语音转换文字、机器人看病等。通过字面意思，我们知道人工智能是让非人类的事物学习人类的一种模式，从而让一个非人类的事物变得像人类一样有智慧，其涵盖范围非常广。目前在财务领域，我们一提到人工智能，更多的是在指机器学习。

机器学习是人工智能的一个子领域，它是一种统计学习方法，用来训练具有大量数据的模型。该模型从已知数据中"学习规则"，并自动更新模型中的相关参数。经过训练的"规则"和"模型"可用于预测显示世界中的未知数据，这其实就是我们常说的"优化算法"。

1. 机器学习的分类

机器学习主要分为监督学习和无监督学习。监督学习是给计算机输入拥有特征和标签的数据，让计算机通过某种预设算法找到数据特征和标签之间联系的方法。接着，计算机通过大量的训练，优化算法，让算法接近百分之百准确。未来只要给出拥有特征的数据，计算机就能准确给出它们的标签。监督学习适用于解决预测目标值的问题，给出一个问题，让计算机给出答案。无监督学习是给计算机输入只拥有特征而无标签的数据，让计算机根据数据的特征进行数据分类的方法。在这个过程中，计算机自己总结规律即算法，也可以通过某种方式验证并优化算法。无监督学习适合用于解决分类问题。我们看到人工智能能够帮助人类解决的大都是有丰富数据量、重复性高、规则化程度高、标准化程度高的问题。同时，我们已经了解到财务共享中心将企业重复性高、业务量大、标准化程度高的财务业务集中处理。经过流程再造后，财务共享中心中需要处理的大都是标准化业务，企业可以利用一定的规则进行流程控制。由此可见，财务共享服务为人工智能提供了很好的应用基础。

2. 财务共享服务中应用人工智能技术的主要场景

（1）财务机器人完成财务流程作业。2017年5月，德勤的财务机器人"小勤人"刷爆朋友圈，随后，普华永道、安永、金蝶纷纷推出自家的财务机器人。财务机器人能够自动化处理下列财务流程：付款和发票处理、供应商简单查询管理响应、费用审计、订单管理、通过外部信用评级机构定期进行信用检查、财报生成、绩效报表制作、数据有效性验证等。财务机器人的应用消灭了财务流程中高度重复的手工操作，提高了效率，降低了手工操作差错率。

（2）OCR技术。在财务共享系统引入影像管理系统后，很多纸质业务单据、合同、发票都以影像的方式储存在共享中心，并以影像的方式流转辅助审批。这些业务单据和发票中含有大量有价值的业务信息，但是手工将信息录入系统效率低下，差错率高。OCR技术是一种通过光学输入方式将纸质文档上的文字转化为图像，再利用算法把图像信息转化为可以用电子设备进行编辑的文本信息的技术。这种基于深度学习平台开发出的图像转换文本的技术成为共享中心信息电子化的关键，有效减少了人力、物力的浪费，降低了运营成本。而且随着OCR的识别正确率越来越高，大量的结构化数据和非结构化数据为共享中心的数据基础建设提供了支持。

（3）语音识别和知识图谱。财务共享系统使用语音识别技术后，可以通过收集和分析业务人员的语音指令自动完成业务操作。例如，业务人员说明天订购从北京到上海的机票，系统就可以自动识别语音，筛选出机票信息，甚至可以自动填写出差申请单。而当财务共享系统使用了知识图谱技术后，管理者可以通过语音输入一条单据控制规则，系统可以自动识别并利用知识图谱技术分析生成新的规则，添加到财务共享系统中。利用知识图谱和语音识别，让系统理解管理者的意图，使管控更加智能。

第三节　财务共享的基本内容

一、端到端流程自动化的应付共享

财务共享中心建立后，应收组和应付组都是人员较多、工作量较大的部门。应收组承担着整个集团及分/子公司的开票、回款、核销、催收等工作，而应付组通常会为几十家法人实体或分支机构提供应付（AP）、总账（GL）、应收（AR）、费用等会计服务。

通过采用端到端流程自动化解决方案，企业可以实现应收和应付业务的自动化处理，从而实现业务流程的明显优化，显著提高业务的完成效率和完成质量。应收和应付业务的流程基本相同，本节以应付业务为例，使大家了解共享中心应收、应付业务自动化的实现流程。

（一）应付管理难题

传统的应付管理流程可以归纳为：供应商开票—邮寄发票；企业财务处理—通知银行集中支付。

首先，供应商开具相应的增值税发票，并分别邮寄到企业集团下属各分/子公司，分/子公司的会计人员接收发票后，需要进行检查发票真伪、审核发票、财务记账、发票认证等财务处理流程，最终通知银行集中支付货款。

从开票到付款的全流程中，对海量发票的处理是财务共享中心面临的巨大挑战：传统的发票处理方式是将纸质发票上的数据手工录入财务应用系统，这不仅费时费力，而且数据核对容易出错，难以保证数据质量，是一项低效且极度消耗内部资源的作业；月末大量纸质发票来不及录入系统，导致应计负债不准确；供应商争议无法及时记录、反馈，造成废票、错票引起的业务延迟和成本增加；一旦出现差异，企业内部的及时沟通存在困难，基本靠人工驱动，造成信息不连贯，处理缓慢；人工核对发票、订单（PO）和入库单（GR）的工作量巨大，核对容易出错、效率低下，处理不及时。

手工录入发票信息会给企业带来严重的风险，信息可能不完整且不准确，任务耗时且效率低下，以及操作中解决方案可能出现分散现象，从而导致企业财务业务可见性不佳且易暴露在风险中。

应付每个环节上的相关人员也会面临以下一些问题。

（1）公司首席财务官（CFO）：公司的采购成本、财务费用和管理成本高于预期，应付账款管理的成本过高等问题。

（2）财务分析专员：面临对资金流出预测不足，现金折扣利用率低，导致资金供需不平衡等问题。

（3）采购专员：有支付货款不及时，与供应商的关系不好，对获得有竞争力的价格、折扣、信用评级和付款条件不利等问题。

（4）应付账款专员：有超过50%的时间解决异常情况，如处理重复发票、处理数据错误发票、响应供应商的电话查询和应对抱怨等问题。

（5）财务会计：面临跨部门调节发票，难以及时准确地统计应计负债和预测资金流出的问题。

（二）端到端流程自动化

针对公司日常经营中遇到的应收和应付问题，企业可以使用基于OCR、供应商门户和工作流技术的发票管理实现从供应商对账、发票扫描识别输入、三单校验到审批、记账的自动化、增值税（Value Added Tax，VAT）发票网上集中认证等技术来优化流程、提高工作效率。

针对低效易错的传统应付管理模式，新技术催生的端到端流程自动化系统采用OCR技术，可确保文字识别率高，减少信息错误风险，发票信息电子化也可提高业务处理速率；系统可以自动对接供应商门户，完成对账，付款过程透明可查；系统采用发票自动校验和工作流技术，可以自动分配任务，降低人工匹配所带来的失误；系统可以实现发票集中认证，在共享服务中心一个点完成全国所有发票认证；系统采用发票抽取技术，可支持抽取不同开票系统的开票数据；系统还设置票据影像管理平台，利用大数据、云技术存储大量影像数据，降低信息储存成本，提高储存安全性。

企业在应付业务流程中采取端到端流程自动化系统后，相对于传统的应付管理，将会发生以下变化：流程的步骤显著减少，业务流程优化明显，自动化程度显著提升，工作效率也显著提升。

（三）发票管理的流程自动化

应付业务可以借助技术实现流程改造和自动化处理。应用OCR技术、工作流技术等先进技术后，发票管理流程从业务流升级为系统流，摆脱手工业务处理方式，操作流程标准化、自动化。在系统自动完成发票检查、提取信息录入系统、三单匹配等工作后，会计人员可以根据发票影像的提取信息在线审批记账、付款和进行税务认证。共享应付业务管理流程还可以规定异常发票处理标准流程，使系统可以自动按标准流程解决异常发票。流程的标准化和自动化，减少了财务人员的工作量，提高了业务处理效率。

（四）自动发票管理流程的特点

（1）自动对接供应商服务门户。供应商可以抽取并批量上传开票机的电子发票，从而减少手工录入发票的工作；导入 ERP 的供应商基本信息以及对应的 PO、GR 文件，由供应商完成纸质发票对应的相关 PO、GR 信息，完成对账工作；通过自助服务的方式跟踪发票状态、付款和信用，从而减少电话、传真、邮件查询；供应商可以向财务共享中心发送查询请求，协同处理发票相关的争议；供应商可以调阅发票原始影像，帮助买卖双方实现更有效的沟通。

（2）发票扫描。财务共享中心扫描供应商开出的发票，将发票影像保存至文档影像服务器；能够对图像进行高比例的压缩处理；财务共享中心支持各式扫描仪，特别是高速扫描仪。

（3）发票 OCR 识别。发票 OCR 识别系统能自动读取发票影像并准确识别增值税专用发票、普通发票、运输发票等多种发票（识别率能达到 90% 以上，这里讲的是整张通过率，即 100 张发票能保证 90 张以上识别无误），在 ERP 系统中生成电子发票；支持多线程 OCR 识别，因为共享服务中心发票多，扫描仪速度快，OCR 速度需要做到和扫描速度基本同步；和扫描模块实现异步处理，即 OCR 识别程序在运行时不影响扫描发票工作。

（4）自动三单匹配校验。系统按照预定义规则对发票进行校验，对于物理发票号、公司代码、供应商、税率、货币等出现不一致的发票，或者是重复发票、合同无效发票、价格或数量存在差异的发票以及无法匹配采购订单项目的发票，系统不予通过。

（5）异常处理。如果出现匹配异常，以及客户争议、例外处理等情况，工作流将自动通知相关人员做进一步检查，并显示在待办工作界面、手机短信、微信、邮件中以提醒相关人员。

（6）审批。发票校验完毕后，工作流会自动将发票发送到主管环节供主管批准，主管可以通过网上审批或其他方式审批。

（7）自动记账。主管审批完成的发票将自动在 ERP 系统中记账。付款：ERP 记账后，工作流会自动将环节流转到付款专员处，待付款专员确认后，和资金管理系统或网上银行对接，完成给供应商付款的环节。网上集中认证：先由相关人员统计好收支情况，再确定这个月需要抵扣认证的金额、需要认证的发票。

（8）发票认证。操作人员可以灵活地选择待认证发票数据系统，根据配置将待认证发票数据发送到相应的税务局进行发票认证，并接收认证结果，更新到集中认证系统中。

(9) 数据导出。通过认证结果文件下载方式将认证结果导出。

(10) 查询统计。操作人员可以方便地对认证情况进行汇总统计,并查看发票详细信息。

(11) 调控暂缓。对一些特殊发票,操作人员可以进行标示隔离,本日或本月可暂时不进行发票认证。

二、中央处理器式的总账模块

在企业财务共享中心,总账模块是企业财务系统的核心,它和企业的应收流程、应付流程、固定资产、成本管理等流程都有着直接的关联。

相较于应收、应付、固定资产等由业务驱动、侧重于在业务过程提供共享服务支持的相关模块,总账模块更多地侧重在会计处理业务流程中提供支持。由于会计核算是规则性较强的工作,分散的会计核算业务往往最适合被整合为标准化模块。在总账模块中,从财务人员进行记账凭证编制、财务信息的生成、月末自动记账和月末过账,到最终报表的产生,自动化技术都被广泛应用。

(一) 总账模块的流程难点

总账模块提供了一个完整的财务管理核算及分析流程,是企业所有业务最终的财务反映。总账模块与其他模块之间建立方便的接口,从而保证账务运行的通畅和不重复。一个公司或组织的制造系统、项目管理系统、人力资源管理系统、客户关系管理系统等各个系统,都可以通过总账模块实现信息的共享。

在企业财务共享系统中,由于总账模块和传统会计业务结合最为紧密,对此模块流程的理解,有助于从相对宏观的角度了解整个共享服务流程。通常而言,总账模块的流程包含以下几个环节。

总账模块就像是企业会计信息的中央处理器,应付、应收、固定资产等业务处理的最终结果都会反映到总账模块的流程中,这也使总账模块作为综合的财务管理解决方案,具备了强大的功能。

一是信息访问。总账管理系统是企业的财务信息存储库,通过联机查询或使用报告和分析工具,企业可以轻松访问存储在总账管理系统中的信息。

二是会计信息处理。例如,企业可以更正、预算和保留款信息,重估和折算用外币表示的余额,合并多个账户的余额等。

三是数据收集。总账管理系统主要收集来自应收、应付等各业务处理流程中的相关信息和数据。

四是财务报告出具与数据分析。在企业财务核算系统中，总账模块作为核心，和应收、应付、成本、固定资产等各个模块紧密相连。月末，各模块记账数据通过过账的方式传入总账模块。企业据此可进行财务报告出具和数据分析等工作，以帮助企业内外人员进行决策。

总账模块和报表业务在流程设计中应遵循以下七大原则。

（1）财务核算共享中心设置总账组、单体及税务报表组、合并报表组，并按法人进行工作分工。

（2）账务处理应遵循 GL-1 平账管理进行操作，不允许直接登录 ERP 总账模块系统进行记账。

（3）财务人员填写报账单时，应提供真实、完整，与报账内容相符，符合公司会计核算制度的原始支持性附件。原始支持性附件分为纸质文档和电子文档。若只涉及电子文档，财务人员将电子文档上传；若除电子文档还涉及纸质文档，并且需要领导审批签字表等，财务人员需要先获取纸质文档的电子版本（如照片、扫描件等）并上传。

（4）更正凭证通过总账报账单的调账功能实现，原则上是先将已入账的错误凭证通过总账报账单冲销，再根据调账类总账报账单的正确报账信息重新记账。

（5）总账报账单、预提费用报账单、工资薪酬计提报账单以及工资薪酬报账单必须得到恰当的授权审批（走相应的审批流程）；报账人与记账人的职责分离，由共享中心财务会计提报的报账单，须由另一名财务会计记账；共享中心总账组每月（如每月 25 日）先冲销上月预提的费用，然后再开始处理各公司当月提报的预提费用报账单（如从 26 日起），并在月底结账前（如 28 日）完成预提。

（6）财务共享中心的关账流程应严格依照下发的关账清单执行；ERP 总账模块财务账期一旦关闭，一般不允许再打开进行调账。

（7）当地人力资源部门负责发起和填报工资薪酬计提报账单和工资薪酬报账单。

（二）总账模块的自动化解决方案

总账模块的业务范围一般包括凭证管理、费用预提、冲销与摊销、工资薪酬、关账、报表等主流程，每个主流程下又分为几个子流程，如凭证管理下包括系统凭证生成和手工凭证生成两个子流程；工资薪酬下包括工资薪酬计提、工资薪酬支付、工资薪酬冲销三个子流程；报表流程包括单体报表生成、合并报表生成和管理报表生成三个子流程。这些流程一般具有固定的操作步骤和操作规则，因此可以在系统辅助下实现自动操作。

以凭证生成为例，在财务核算系统中，总账模块和应收账款、应付账款、成本管理、固定资产等各个模块紧密相连，这些模块在进行业务处理的同时会采集财务所需的基础信息，由业务信息产生的数据，会自动对接至财务核算系统。由于相关会计分录的编制规则已经被人为定义好并被输入系统中，所以相关信息数据在传递至总账模块时，这些信息会按照既定的规则形成记账分录，而不再需要人为的判断和操作。

在费用预提、冲销及摊销流程中，费用预提流程包括月末准备费用预提申请材料、各级责任人审核费用预提申请材料、编制预提费用明细表、填写并提交预提费用报账单、审核入账；预提费用冲销流程包括月初查询预提费用台账、预提费用冲销处理；费用摊销流程包括费用报销、月末查询摊销费用台账、待摊费用摊销处理。无论是费用预提还是费用摊销等，均都可由系统自动完成。

三、可视可控的资金管理

企业管理的核心在于财务管理，财务管理的核心则在于资金管理，这决定了资金管理在企业财务共享中心占有核心的位置。从企业集团业务发生到财务入账、支付、凭证归档的整个过程中，资金管理业务是财务共享中心整体业务中最主要的内容之一。

得益于信息技术的快速进步以及互联网金融模式的日益成熟，企业资金管理模式正在发生深刻变化，企业资金收付管理流程不断优化，企业资金管理日渐可视、可控。技术的快速进步，正在对共享模式下的资金管理在功能实现上，提供越来越多的可能性。

在企业共享中心，资金计划管理和资金结算是企业资金管理系统自动化程度较高的两个功能模块，而银企直联、资金自动对账等技术在资金计划管理和资金结算等模块中的运用，充分体现了信息技术进步对企业资金管理所产生的影响。

(一) 可控的资金计划管理

资金计划管理模块是资金管理平台不可或缺的重要功能，它主要提供资金计划上报、资金计划审批、资金计划配置、资金计划分解等系统功能。资金计划管理模块通过和预算管理系统关联，可获取企业年度、月度资金计划数，便于集团管理层了解整个集团层面或者下属二级单位或部门在未来一段时间的资金收付情况，以及时在系统外做出管理决策；通过和网络报销系统以及ERP核算系统的关联，资金计划管理模块可获取资金计划实际执行数，完成对企业每笔业务、每笔资金的填报、控制、发生、记录等全过程的跟踪，实现"事中控制"；通过资金计划的分析和预警，资金计划管理模块可完成对资金来源和资金使用情况的多角度分析，帮助企业提高决策能力，增强企业竞争力。

(二) 智能化的资金结算

资金结算（包括对外结算与对内结算）是财务日常工作的重要内容之一，也是企业自动化程度较高的财务流程之一。在财务共享服务模式下，企业通常采取统筹资金计划、集中结算的资金结算方式。

以应付流程为例，应付流程是共享服务中实施最为广泛的业务流程，这与其自身高度标准化且有大量业务量支撑的特点相一致。应付流程主要解决面向公司内外部供应商的费用报销及货款或服务支付的问题。

随着技术手段的逐渐成熟，企业的上述采购结算流程正在日益变得自动化和智能化。当下企业通常会在财务共享中心或者费用管理系统之上搭建企业商城，企业在采购时，商城内不仅有京东、苏宁等电商平台，也支持接入企业通过招标确定的材料、服务等私有供应商。供应商把商品和服务按协议价格发布在商城上，企业经过比价选择、预算审批等完成下订单等环节。此时，订单会按物资提供方的不同自动分解并分发，到货签收或者服务确认时会按规则自动确认接收。

在此模式下，资金的结算模式也是自动的。结算时，系统按结算对象和结算规则自动生成结算单，并自动进行订单状态的核对。供应商在系统内核对清单、开具发票，通过与税务平台的数据对接，平台自动获取发票全票面信息。系统同时会将付款信息转换为符合网络银行接口标准的支付数据，通过网络银行或银企互联的方式完成支付。

(三) 深度融合的银企互联

银企互联的实现通常是财务共享服务对资金结算的基本技术要求。在企业常见的付款方式（如柜台转账付款、网银付款和银企互联付款等）中，银企互联付款是最便捷的模式。

银企互联系统就是将网上银行系统和企业的财务软件系统相连接，从而在封闭的通道中进行支付数据交互的系统。企业财务共享中心的银企互联系统包括银行账户管理、资金转拨管理以及快捷的银行支付管理等功能。

银企互联系统包括两种模式，即银企直联和银企互联。银企直联是由企业提供ERP系统的标准接口，银行配合企业客户ERP系统进行接口的接入。银企互联指的是由银行提供标准接口给企业，企业按照银行提供的接口标准进行的接入。

银企互联系统的实施过程中，重点关注支付信息的可靠性。为配合系统实施，通常需要在网络报账或其他前端系统中存储员工及供应商银行账号信息，一旦前端业务处理环节确定，出纳环节就不可更改，以确保资金安全。

此外，银企互联系统需要和银行签订协议，并在其配合下进行系统实施。系统实施前需谨慎选择一家或多家合作银行，而且在进行洽谈时，需重点关注支付手续费、接口方式以及是否能够实现和银行数据交互等内容。如能进行数据交互，还可以关注是否能够实现与银行间的自动对账等高端功能。

银企互联解决的是企业到银行之间信息传递的问题，实现了企业和银行双方不落地的数据交互，以及高效的支付数据提交、处理和反馈。交易数据通过系统间的有效传递，能使企业集团账户数据更加透明，收付过程有效缩短，资金流向更加精确，同时也能不断提高企业集团内外部客户的满意度。另外，由于截断了人为干预的渠道，资金支付风险也得到了有效的控制。

（四）其他资金管理技术

除了银企互联技术之外，在企业实践中，还有一些企业财务共享中心往往会提供更为系统化的功能，如资金的自动划拨、资金凭证的自动生成、来款的智能清分等。

1. 资金的自动划拨

基于系统设定规则，对资金的归集方式，如先横后纵等进行定义，由系统在指定的时间自动完成相应的上划下拨。资金的自动划拨，一方面降低了FSSC的日常操作难度，另一方面有效地支撑了企业集团资金池的建立和管理。

2. 资金凭证的自动生成

在传统模式下，资金完成结算和划拨操作后，需要手工完成会计凭证的记录。而自动凭证的功能则通过在资金系统中建立会计引擎，根据设定的规则，自动完成结算和划拨凭证的处理，从而有效地提升制证的效率和准确性。

3. 来款的智能清分

通过预先定义规则，对企业收到的来款进行性质识别，如区分是否属于销售回款，再进一步进行客户匹配，使企业的各项来款能够进行初步清分。依托后续流程的支持，各项来款能够更加快速简单地完成核销等账务处理。[①]

[①] 罗娟. 大数据时代基于财务共享服务模式的费用预算管理策略[J]. 财经界，2020(29)：157-158.

四、其他共享模块

（一）费用报销模块

一个拥有众多分支机构的大型企业集团每天可能会处理成千上万笔报销单据，大到员工多日出差的差旅费报销，小到会议室饮用水采购费用报销，种类繁多、金额不定。传统的费用报销流程往往存在以下四点问题。

1. 报销流程烦琐

报销流程通常是先由机构员工填写单据，接着经机构主管审批再送回总部交主管和财务审核，最终，出纳人员才会根据审批通过的单据进行支付处理。

2. 大量重复劳动

审批流程结束后，财务人员还要将单据逐一输入企业财务系统中。财务人员的输入和机构员工的填写都属于重复劳动，而且手工填写过程中还会因为人为错误导致不必要的复查、返工。

3. 支付滞后，对账困难

在传统的支付手段下，资金支付受审批流程和财务处理速度的双重制约，滞后于业务的发生。大量的资金支付会带来更多的对账工作，从而增加财务人员的工作量，提高人为差错率。

4. 费用管理粗犷

领导审批报销单时所需的信息，如部门预算额度余额、每一种费用种类的累计发生额等，如果没有系统支持，很难及时获得，无法实时监控，从而不能做到费用精细化管理。

多分支机构费用管控，单据、发票形式等的不统一会增加审批、记账等后期的工作量，也不利于费用分析的横向对比。

在财务共享的趋势下，费用报销业务由于业务量大、重复性高、可标准化程度高，成为企业建设共享中心时最为关注的业务模块。目前，已经建设完成的财务共享中心中，超过80%将费用报销纳入共享范围。费用共享的建设有助于提高企业日常工作效率，提升报销审批透明度，加强费用的精细化管理。

在共享系统中，费用报销流程打破前端业务发生和后端财务审核记账间的壁垒，系统根据预置的费用标准和预算金额，在费用发生时进行预算控制，经过一系列审批过程后，由共享中心的共享会计统一记账、付款。业务的发生过程也是审批、记账的过程，从而减少重复审批工作量，加强财务与业务的联系。同时，所有的费用发生数据都如实记录在共享系统中，主管可以随时进行费用报表分析，查看部门的预算使用情况，实现事前控制和事后分析。

5. 共享系统中的整个费用报销流程如下。

(1) 分/子公司物理集中接收票据

财务共享中心票据岗在统一接收到票据后，需要对票据进行简单整理，检查票据的条码等相关要素是否完整，并按照票据的制作要求进行质量检查，然后进行归类整理，做好扫描准备。

(2) 票据扫描以及处理

票据经过扫描转换为影像存储后，扫描系统将根据分配的条码进行自动分拣，最后将扫描影像上传至服务器。然后，服务器对票据进行必要的处理，包括单据审核与数据录入。

(3) 账务处理

操作员将借助业务处理系统形成 ERP 发票信息，并将这些信息导入 ERP 系统中，最终形成账务处理记录。导入前，还需要对发票信息进行复核，导入后需要进行借款核销、中转等后续处理。

(4) 银行支付

业务处理系统中的付款信息同样也可以导入 ERP 系统中。ERP 系统将这些付款信息转换为符合网络银行接口标准的文件，出纳将此导入网络银行系统，完成支付。也就是说，企业可以直接在 ERP 系统中将付款信息发送至银行服务器并完成支付，避免文件传导过程中的内部控制风险。

(5) 员工支付

流程再造完成后，各分/子公司财务部门不再进行此项业务的处理，而完全交由财务共享中心完成。财务共享中心对分/子公司财务和票据管理人员扫描和处理过的单据进行审核，审核通过的单据才可以进行报销。不再需要报销申请人员亲自到出纳处领取款项，而是通过银企互联系统直接将款项打到报销申请人的银行卡上。与此同时，对报销人员进行信用评级，根据信用评级进行以后报销业务的优先处理。

(6) 员工服务支持

费用报销面对的是企业的众多员工，财务共享中心需要提供强有力的服务支持系统，比较典型的是通过呼叫中心和设立内部财务邮箱的方式来接受员工对制度的咨询和对单据的查询。

(二) 应收共享模块

相对应付管理，应收账款管理流程由于涉及收入的确认而相对复杂。在共享中心，应收共享模块建立了一个完整的从销售至收款的流程，即客户管理→开票→核销→应收款管理的完整闭环，以实现共享中心对关键流程节点的集中管控。

应收账款流程的核心业务包括订单及合同管理、开票及收入确认、收款及票据管理、对账反馈和内部控制等具体流程，择要介绍如下。

1. 订单及合同管理

订单及合同管理环节一般基于企业的电子商务系统和合同管理系统来完成。当市场人员提供获得的合同订单后，系统开始通过人工录入或者影像扫描、识别的方法来记录其中的关键信息，为后期财务共享的业务处理系统和ERP系统提供数据支撑。

2. 开票及收入确认

当业务人员提出开具发票的要求后，财务共享中心将审核相应的合同条款，开具发票。对于达到收入确认条件的确认收入，并将信息反馈到ERP系统中。

3. 收款及票据管理

当接到客户的付款通知后，财务共享中心将自动检查银行的付款记录，确认收款完成后，处理完成应收账款科目的会计处理。对于收到的票据，企业可以根据资金管理的需要进行票据贴现或者是背书处理。

4. 对账反馈

确认收款并入账后，通过客户关系处理系统将收款信息反馈给客户，并和客户定期对账，以发现可能存在的错误。

通过财务共享中心应收模块，企业能够实现应收完整业务循环的流程化管理，同时集团企业能够规范各分支机构应收入账、集中开票、收款认证等业务，这成为全流程自动化操作的前提条件。

第四节　财务共享的服务实施流程

一、财务共享业务模式

（一）部分业务共享与全业务共享

财务共享主要集中在交易型业务流程上，如资金管理、总账、差旅与报销、员工薪酬、固定资产、应收应付管理、账务报表等。也有企业将非交易型业务放入财务共享范围，如财务风险管理、预算、内部审计、计划以及分析等。

宝钢集团财务共享服务中心是具有代表性的财务共享中心模式，涵盖了采购到付款、销售至收款、费用、税务单证、专项服务、总账与报表、系统支持和运营部门。海尔共享中心涵盖了会计核算所有内容,内部组织设置遵循了财务流程,分为资金管理、税务申报、收付服务、税票服务、总账及报表、往来清账、资产核算、费用核算、会计政策九个部门。

(二)流程不共享的业务

无论是海尔还是宝钢,都没有把成本核算纳入共享范围。宝钢是钢铁制造企业。生产特点是工艺长、业务流程长、成本核算人员需要密切贴近实际业务,不同条线的成本核算也比较复杂,不适宜共享,因此没有把成本核算流程纳入共享中心。

(三)全委托模式

财务共享中心还可以采用一种全委托模式。例如,平安集团内部有一些小公司,平安财务作业中心推动全委托模式,不仅承担基本的会计核算、资金往来业务,还提供整套财务管理服务,包括预算编制、会计报表编制、日常税务申报、出纳、审计等。

财务共享这一概念的提出就牵涉出各种不同类型的模式,但是各种模式都有优劣长短,各个企业在选择模式的过程中,都要依据自身的实际经济水平、市场定位、运行状况。模式无好坏一说,只要是适合企业发展的财务共享模式就可以被定义为好模式。

二、财务共享组织模式

(一)实体模式

地点集中、人员集中,财务共享服务中心可以被看作实体组织。财务共享服务中心的设立地点通常选在运营成本、人员成本都不高的城市,基本开支低以减少企业的支出。[①] 财务共享服务中心通常需要统筹核算特定地,或是全国、全球的企业工作,而这种体制不仅能够降低公司的开支,也能够在公司提升工作效率方面上起到积极的作用。财务共享服务中心具有实体组织合理的自主用人权以及一定的成本分配权限,在组织权限方面和其他单位的功能基本相似,而这些运行的方式也和其他公司的组织方式无大异。

---

① 汪瑾.论财务共享模式的建设与应用[J].才智,2012(5):1.

(二)虚拟财务共享

财务共享服务中心可以作为一个不切实存在的实体单位,而虚拟的财务共享模式也给予了财务工作者更多自由支配的时间和空间。财务共享服务中心实质上是对信息的整合,只要有先进的技术和专业化的人才,就能够完成财务共享的工作。而虚拟财务共享才是财务共享经济将来的趋势所向。

(三)混合财务共享

混合财务共享处于实体财务共享及虚拟财务共享两种体制之中,具有财务共享的部分功能,如现金管理、会计账务处理等,也是通过网络连接的方式将财务处理模块的各个板块连接在一起,这样既完成各个模块的各自工作又实现了混合的财务共享工作。

三、财务共享服务实施流程

财务共享的具体落实涉及多个方面,且实施的时间长,是一个较为繁杂的过程。财务共享如果要顺畅实施,需要完备的项目规划、缜密的事前思考或是严谨的实施过程。财务共享的具体落实可以参照两种方案,即 PDE 方法以及 361 方法。

(一) PDE 方法

P 即 Practice,D 即 Design,E 即 Evaluate,PDE 指的就是设计、实践、评估,PDE 方法就是用上述三种方式来落实财务共享服务中心设立的各种方案。

第一,财务共享服务中心在设置方案之前,可以依照行业内财务共享服务中心的其他优质案例,并结合企业自身的运行情况和经济实力,以完成财务共享服务在企业内部的构建工作。

第二,在展开构建方案的具体实施工作时,公司可以基于共享服务中心的目标,以流程管理、组织定位、技术系统为标准,展开对共享服务方案的思考和规划,力求设计出一个具有最强实践性并且收益最高的设计模式。

第三,要对共享服务展开评估,把评估的结果体现在方案的实施过程中,用实践来指正理论的漏洞,以最终完成完善的方案。

(二)361 方法

361 方法,以数字命名指代,即 3 是 3 个流程,6 是 6 大程序,并最后完成 1 个财务共享服务中心。具体而言,3 个阶段的内容有规划与设计、调研与启动、实施与运营；而在此3个阶段之下，还包含6个步骤，即定义与启动、调研与分析、整体规划、详细设计体制、实施部署、持续改进。

（1）定义与启动。在这一步骤中，财务共享服务中心需要对工作流程做出基本的定义，并设立可行的工作目标，分配好团队之中各个工作人员的工作任务。

（2）调研和分析。针对不同的情况展开调研工作，力求工作的可行性达到最大化。

（3）整体规划。站在宏观的立场和视角上对财务共享服务中心展开统筹规划，以明确其中的主要范围、战略地位、组织人力等。

（4）详细设计体制。细化方案内容，从业务流程、信息系统、场地设计等角度展开对设计体制的规划工作。

（5）实施部署。实施部署也可以称为是财务共享服务中心的方案具体实施的流程，这一工作环节中包含中心工作后期的培训和中心的试运行等。

（6）持续改进。财务共享服务中心工作的开展时间长、涉及部门多，即使是在上述工作都完成之后，还需要持续关注到后续的管理情况，时刻做好应对问题的准备，不断优化工作的流程、提升工作质量。

第六章　云计算背景下的财务共享中心建设

第一节　云计算的基础理论

一、云计算的概念及特点

（一）云计算的概念

云计算概念在被提出前一年，谷歌和亚马逊等众多公司于2006年就产生过初步构想。但是发展至今，云计算仍然没有被准确定义，本书作者通过阅读大量文献选定了NIST关于此的观点，这一观点相对其他观点而言不仅折中而且比较系统全面。它指出先进的计算模式是云计算的亮点特色，这种计算先进性主要表现在客户涉猎多种多样的计算资源时不必受到时间与空间的限制，而且处于节约成本和提高系统服务能力的考虑，它使客户通过等价交换获取计算资源服务，在一定程度上使用户的信息技术设施更具快速伸缩功能，从企业部署应用程序角度来讲，又降低了部署难度，避免企业以巨额成本为代价换取大规模数据存储和处理能力的现象。John McCarthy作为计算机界的先行者，他在1961年预言人们在不久的将来使用计算资源会如同使用公共基础设施那样方便自在。在NIST的设想里，云架构包括五个至关重要的特点、四层互为联系的体系框架和三项不可或缺的服务模型。[1]

（二）云计算的特点

从用户角度来讲，云计算将旧式租用物理服务器替换为向客户出租像云一样具有虚拟特性的虚拟机、软件平台和应用程序等计算资源。从特点上来说，主要有以下五点。

（1）服务更具灵活性。用户在选择云计算服务时完全可以根据本身业务量的大小来增加或释放服务需求，保证计算服务租用量和实际业务需求始终保持动态的正向关系，这种弹性服务在一定程度上可以有效避免资源的极大浪费。

---

[1] 杨福义. 云计算与相关术语概念的探讨 [J]. 中国科技术语，2018，20(5)：47-51.

(2)计算资源集中化。计算资源被全部集中管理，就像放在统一的资源池中那样，一旦客户有服务需求，那么即使在不明资源配置与部署的情况下依然可以随心所欲地调取虚拟化的计算资源来满足自己的任何需求。

(3)自助服务按需化。在这种服务中，无论客户的服务需求还是索求行动均由客户自己按照意愿独立完成。

(4)服务自动计费化。这种服务完全按照服务量来收费，计费甚至更为精确无误。

(5)接入形式广泛化。在接受服务时，客户完全不必担忧服务器限制等问题，客户可以不限时间与空间地在电脑和智能手机登录客户端尽情享受所需服务。

从上述五个特点我们可以看出，只要上网，客户就可以获得想要的各种计算资源和同等高质量服务，在满足客户的同时还有助于节约信息技术部署的各种成本。

二、云计算的服务模型

云计算服务层次就像一个金字塔的图层，从上至下依次为软件即服务（Software as a Service，SaaS）、平台即服务（Platform as a Service，PaaS）和基础设施即服务（Infrastructure as Service，IaaS），它们相应的功能也分别代表了软件服务、平台服务和基础设施服务。

(一) SaaS 模式——软件即服务

这种模式只针对客户提供开发好的软件服务，这种模式下提供和使用服务有两个环节：第一个环节就是服务供应商首先要在公开的服务器上把开发好的软件予以公开；第二个环节就是按照自己的需求和企业根据实际需求选择购买或者租用相应的软件。这样，企业就会降低选购或租用成本，从而大大降低了购买和维护软件所需的费用，而且这种服务也是相对灵活的，客户也保持着自主选择性，还可以通过在界面上进行操作使用需要的软件。除了降低成本的作用还可以实现移动办公，使得财务工作人员不需要局限于坐在办公桌前，可以随时随地工作。

(二) PaaS 模式——平台即服务

PaaS 模式是一种业务化定制的模式，能满足于中小型企业财务管理模式的建立。在这样一种平台上有专门的 IT 技术工程师调控系统、处理数据、执行备份和保证数据的安全。在平台即服务的模式下，在系统开发过程中，主要领导者就是那些企业的用户和各种业务专家，当然并不限于那些具有高超技艺的技术人才，那些人订制软件时也会综合企业的自身财务特殊点等多种因素，使其更加符合企业财务的个性化特征。同时，这种模式会大幅度地缩短开发周期，节省不必要的 IT 成本，提高企业在 IT 上的投资回报率。

（三）IaaS 模式——基础设施即服务

IaaS 模式包括基础设施的外包和按需租赁。为了对财务数据进行核算存储，企业财务部门的最佳选择便是转变思路，依托云平台来代替斥巨资购买基础设备。企业可以利用云计算平台的形式来代替自建数据库，节省企业为基础设施所花费的大量人力物力。或者只需要按需租赁 IaaS，服务供应商将所需的基础设施提供给企业，企业通过付出相应的费用来获得储存空间和计算需求。因为企业在整个运营过程中对基础设施的应用需求并不总是保持在同一个水平的，所以完全可以保证需求量与实际营运情况相一致，多需多购，少需少购，用完返还。

三、云计算的体系框架

云计算的体系框架主要致力于提升服务，大体上由四个层次组成，即物理层、虚拟层、开发平台（中间件）层和应用程序服务层。以下是对各层次的具体阐述。

（一）物理层

物理层处于云计算的最底层，是其基础设施。这个层次主要负责提供所需的物理计算资源，涉及服务器、存储器、网络等。这些资源所处的位置、承担的角色各异，但它们的日常管理、维护、运行均由物理层的提供者来负责。

（二）虚拟层

虚拟层的主要任务是满足用户的需求。主要根据用户的各种需求，通过将各种物理计算资源虚拟化得以实现，并提供分布应用的部署环境，从而达到基本的分布式资源管理。

物理层和虚拟层两层的服务奠定了 IaaS 模式的基础，云计算服务提供商通过这两层可以为用户提供一系列基础设施资源，包括服务器、存储器和网络等，用户可以通过租用的方式轻松获得这些计算资源，并可以在上面运行各种系统软件和应用软件。用户对租用的这些基础设施资源不具有控制和管理权限，但对运行在这些基础设施上的各种软件具有控制和管理权限。

（三）开发平台层

即 PaaS 模式，是指云计算服务提供商通过应用程序接口（Application Program

Interface，API）为用户提供各种云计算编程的环境，用户不需自己购买开发平台，只需通过 API 申请 PaaS 模式，这种模式使得用户对应用服务部署变得很容易，PaaS 位于 IaaS 之上，用户对底层的基础设施不具有控制和管理权限，但拥有控制和管理自己的相关应用权限。

（四）应用程序服务层

应用程序服务层指已为用户搭建好系统所需要的基础设施，SaaS 模式供应商根据不同的需要为用户开发出可以直接使用的应用软件，供用户通过在平台上直接下载使用。在软件使用前的开发与测试等全部活动都由供应商负责。SaaS 模式根据其特征位于云计算服务的最上层，是供应商提供的最系统和最完整的服务，方便用户使用，因此用户有权利使用软件，但因为底层的基础设施等都由供应商提供，所以用户没有权限对其进行管理和控制。

四、相关理论基础

（一）信息安全理论

信息安全是一个涉及计算机技术、网络技术、通信技术、加密技术、应用数学、信息论等多项技术的学科。信息安全是重要信息系统安全保障的核心问题之一，信息安全功能通过操作系统、安全访问控制措施、数据库/数据通信产品、备份/恢复程序、应用程序以及外部控制程序来实现。信息是进行加工后的数据，本书所提到的信息既包括原始数据，也包括加工后的数据。

信息安全的特征表现为几个方面。

（1）保密性。保密性是指不将信息泄露给非授权的用户，只提供给授权用户使用。保密性包括数据内容的加密和隐藏数据的存在性。

（2）完整性。完整性是指数据和资源未被改变，真实可信。保证真实的信息从源头完整地到达信息需求处。

（3）可用性。可用性是指网络数据或资源可以被访问和使用的可能性。网络信息系统的基本功能是向用户提供服务，用户可以根据需求获取所需的数据。可用性是网络安全服务的重要方面，破坏系统的可用性被称为拒绝服务攻击。

（4）可控性。可控性是指对数据的传播以及内容具有控制能力的特性。

（5）不可否认性。不可否认性是指在网络数据交互过程中，用户不能否认曾经的动作、已经发出的信息和曾经接收到对方的信息。建立有效的责任机制，防止用户否认其行为，这一点在财务信息化的过程中是极其重要的。

(6) 可保护性。可保护性是指保护网络中的信息正确使用,以及确保信息能够正常使用的环境,能够保证用户使用信息的安全性。

(二) 规模经济理论

规模经济指的是企业在生产要素和技术水平不变的情况下,扩大生产规模而带来的经济效益。能够产生规模经济首先是由于专业化分工引起的,专业化分工带来的不仅仅是效率的提高,还增强了企业的竞争力;其次操作流程的分割,不同的操作环节相互独立,使专业化的人才完成生产,降低成本;最后规模效应是由于大规模的生产活动,固定成本不变,产量的增加使单位成本降低。

财务共享服务通过分割财务部门的财务处理流程,整合企业的财务处理过程,集合专业化的财会人员,以节省人力成本。并且通过专业化的分工处理财务业务,输出高品质的服务。财务共享服务将企业大量重复的基础性财务业务统一处理,在财务共享中心的大规模作业,不仅降低了企业的成本,而且让企业获得了规模经济效益。

(三) 业务流程再造理论

流程再造的思想是重新整合企业内部重复性的业务,打破按职能设置部门的管理方式,设计以顾客满意度为导向的业务流程。

财务共享的流程再造实质,是将企业不同业务单元重复性的财务业务工作抽离出来,集合到财务共享中心统一处理,创造性地突破了企业集团的业务流程再造。企业实施财务共享就是将简单重复的财务工作集中起来,使各下属公司专注于其核心、高附加值的工作。通过财务共享,既优化了资源配置,实现了规模经济,又使企业实现价值最大化。

第二节 云计算背景下财务共享中心建设的战略定位

战略定位是指为配合公司整体经营战略而确定的管控服务型财务共享中心未来工作的主要目标,以及为达成目标而采取的行动,结合企业的财务信息化现状及业务需求评估财务共享中心的价值,然后从战略层面与高层领导确定管控服务型财务共享中心的建设模式和运营模式,包括未来财务共享中心的发展方向等。战略定位是整个财务共享中心的指引,对财务共享中心的定位和发展方向具有至关重要的意义。战略定位处于管控服务型财务共享建设的统领位置,从战略层面决定了整个共享中心的导向,能确保后续建设工作的实施不偏离既定的轨道,始终与战略保持一致,为财务共享中心建设奠定基础。

战略定位模块主要包括管控服务型财务共享中心的建设目标、职能规划、建设模式、运营模式和选址五个方面。

一、财务共享中心的建设目标

财务共享中心的建设目标不是唯一的,不同企业建立财务共享中心有其各自侧重的建设目标,并且在财务共享中心建设的不同时期,不同企业建设的首要目标也各有不同。

对国外企业的调研结果显示:提高财务流程效率、降低财务成本以及提升总体业绩表现排在建设目标的前三位,其后是提升财务部门能力、提升财务的服务质量。没有采用财务共享中心的企业更看重能力、企业业绩、效益和质量等,采用财务共享中心的企业更注重财务共享模式带来的成本降低的好处。

国外企业最早认为效益是最初的出发点,它们采用财务共享服务首先是出于提高效益的考虑,以较少的投入换取更多的回报。其次是利用标准化流程带来的影响,一方面能够降低财务成本,更快速地提升财务盈利能力;另一方面能够降低财务操作的复杂性,从而提高财务透明度,实现对监管要求的配合,以及财务服务的价值增值。

但大部分专家学者认为,财务共享服务在实现提升财务效率、提高企业在监管环境下的透明度、流程标准化转型等方面十分重要。效率是要在行动分配上提高效益和有效性;管控是要掌握一定的平衡,既要保证控制的力度,又不能束缚公司;统一标准则指企业集团财务要在一定合理范围内实现标准的一致性,只有确保集团层面的财务制度标准化,才能够在集团层面实现财务业绩的可比性,以保证对各个业务单位经营状况的掌控,实现有效的绩效管理。财务共享服务模式能够实现上述三个目标,但是也应当注重三者之间的平衡。毕竟衡量财务管理者业绩的是财务部门提供的整体服务质量,而不仅仅是共享服务的质量。

超过60%的中国企业实施财务共享服务的目标是提升财务部门能力、转型到标准/预先设定的财务流程。超过50%的中国企业认为,实施共享服务对降低财务成本、提升财务流程效率、创造更有价值的工作目标的实现非常重要。而提升财务人员能力、实现总体财务转型、改善控制/监管要求的透明度、提升财务的服务质量等目标,也被超过40%的中国企业认为是十分重要的。

对数据和理论分析之后,可以得出,在建设目标上,中国现阶段的企业更多地把精力放在改善财务部门能力、降低成本、实现标准化流程、提升内部控制和风险管理能力方面，已经实施的企业认为财务共享中心是实现上述目标较为有效的手段，计划实施的企业也在一定程度上认为财务共享中心正是促进这些任务有效达成的一种较为理想的手段。①

提升财务部门能力、转型到标准/预先设定的财务流程、整合后台以支持核心业务的快速发展以及降低财务成本，几乎概括了国内企业选择共享服务模式的主要原因。对于国内企业来说，降低成本还不是国内企业建立共享服务中心的最主要原因，将非核心业务标准化、合规化从而提高财务流程效率，实现企业财务转型才是更为重要的推动因素。

比较而言，在具体业务目标上，国外企业更看重提升总体业绩表现、提升财务的服务质量、提升财务的内部和外部客户满意度、推动数据透明度等方面；国内企业更希望获得跨职能的最佳实践、提升财务人员能力、转型到标准/预先设定的财务流程、更广泛地支持公司的战略决策等。也就是说，国外企业更注重在财务上提高效益、降低成本；国内企业更希望财务共享服务模式能够对企业整体产生战略推动作用，通过加强流程管理实现强有力的财务管控，从而促进企业整体层面的财务转型。

不管是国内的企业还是国外的企业，未来必然走有大共享思维的建设路线，能集中的资源都可以共享，财务共享先行，人力、采购、法务、IT、研发等，都是今后共享服务中心建设的重要内容。而且，以财务大数据为核心的大财务、大共享、业财融合是未来的发展趋势。但不同企业目前面临不同的内外部环境，处于不同的发展阶段，所选择的管控服务型财务共享中心的建设目标会有不同的侧重点。

以 M 公司为例，可将公司管控服务型财务共享中心的建设目标分解为以下六点。

（一）提升财务信息质量，提高工作效率

通过规范化的财务共享中心流程，统一处理各下属单位会计核算工作、统一会计核算标准、统一会计职业判断，如实反映各单位的生产经营情况、经营成果以及资金状况，提高会计信息质量，便于总部掌握项目的真实信息。通过合理配置财务共享中心岗位分工，利用信息技术手段，提高工作效率，从质量与效率两个方面不断提高服务水平。

---

① 周茂春，杜凯威. 云计算背景下财务共享服务中心的优化研究 [J]. 西部财会，2018(5)：28-29.

（二）实现基础数据的标准化

通过财务共享中心财务基础数据和业务数据的标准化，使财务共享中心与业务系统交换的都是标准化数据，如往来单位、项目等信息，能保持财务基础数据和业务数据的一致性。

（三）实现财务系统与业务系统的集成

通过财务共享中心实现财务系统与项目管理系统、人力资源管理系统等业务系统的集成，实现业务财务系统一体化，即在业务源头获取最原始业务数据，同时与财务系统交互生成财务数据，实现企业流程闭环管理，从而管控企业业务和财务风险。

（四）实现流程再造，加速标准化进程

在财务共享中心服务范围内，详细梳理各项业务流程，进行流程优化与统一规范；从统一核算标准、财务管理制度入手推动各项管理制度统一；统一业务对财务的数据报送标准，实现财务共享中心服务范围内各单位在流程与制度等方面的标准化建设。

（五）加强财务监督，提升内部控制管理

建立健全内部控制管理制度，利用财务共享中心架构优势，切实履行财务监督职责，监督各单位制度执行情况。通过合理配置财务共享中心的内部岗位，发挥财务岗位间的牵制作用，提升财务内部控制管理，降低风险。

（六）优化组织结构，促进财务核心业务发展

将简单的资金支付、会计核算与报告工作交由财务共享中心处理，让现场的财务管理人员从烦琐的会计基础性事务中解放出来，致力于高附加值的财务管理与分析活动，以促进财务核心业务发展，提升基层单位财务管理价值。

二、财务共享中心的职能规划

建设管控服务型财务共享中心要做好整个财务组织的职能规划。在财务共享中心建设的战略定位中，职能规划是关注的重点。

在管控服务型财务共享中心模式下对集团内部的财务体系进行规划，集团财务部门、财务共享中心和分/子公司财务部在未来做具体工作时职能范围的偏重都不

一样。

集团财务部门主要制定集团层面的整体政策，针对管理会计、运营分析，给管理决策层提供集团层面上的财务管理控制和高附加值的决策支撑，指导监督所属单位财务制度的建立和执行。

财务共享中心负责报账业务的稽核、结算和核算，进行记账，登记明细账、总账，月结，年结，出具财务报表，负责形成电子档案，进行存档管理，提供完整、准确的会计信息以及财务制度执行情况，在集团内部为企业提供服务。

分/子公司的财务部负责组织本单位的财务业务工作，并接受上级单位的监督和指导，审核本地经济事项、原始凭证的真实性、合规性、合法性，负责对口当地外部监管部门，负责本单位的报账支撑职能，指导、协助业务部门在财务共享中心系统中填写财务核算信息和其他业务信息。分/子公司财务还可以利用财务人员专业化的财务决策分析知识，对业务方面的决策提供会计相关数据支撑。例如，分/子公司基于业务发展要购进新设备新生产线，财务人员可基于业务需求分析购买方式是采用筹资购买还是融资租赁，或是其他租用方式。不同方式的成本、收益怎样，分/子公司的财务部要为业务决策提供需要的决策分析支持。

根据财务部门的职能体系规划，财务共享中心的组织职能建设主要有两种方案：一种是行政层级上与集团财务部管理层相同；另一种是下设至财务部，行政层级上隶属于财务部，在财务共享中心建设初期选择此方案较多。

两种方案的共同点：财务共享中心承担会计核算职能，集团总部和分/子公司财务部承担财务管理职能，顺应管理会计与财务会计分离的发展趋势。

两种方案的不同点主要有以下四个方面。

（1）在汇报层级方面。方案一中财务共享中心向总会计师汇报；方案二中财务共享中心隶属集团财务部管理，其工作向集团财务部财务经理汇报，汇报层级增多。

（2）在政策推行力度方面。方案一中两部门属平级关系，财务共享中心在负责会计落地时，需跨部门协调，政策推行的难度和复杂度较高；方案二中财务共享中心和分/子公司财务部同属集团总部财务部指导，在会计政策向下推行时，有总体的管理和协调，会计政策推行的阻力较小。

（3）在财务职能内部协作方面。集团财务部在财务管理方面属于政策制定层，财务共享中心属于执行层，方案一中财务共享中心与集团财务部属于合作关系；方案二中财务共享中心与集团财务部属于上下级协作，更有利于保障各项政策制度的落实。

（4）在管理灵活性方面。方案一的财务共享中心作为一个独立的部门，更有利于行政管理方面的调整和变革。

财务部门的职能体系,由财务共享中心领衔,核算与财务管理并行。核算会计的基本职能是核算和监督,侧重于对资金运用、经济活动的反映和监督。财务管理的基本职能是预测、控制、决策,侧重于对资金的组织、运用和管理。管控服务型财务共享借助财务共享模式,实现会计与财务分离,推动财务转型,是提升企业财务管理转型的重要保障。

三、财务共享中心的建设模式

管控服务型财务共享中心可采用多种建设方案,可根据企业自身发展需要、企业发展的不同阶段选择不同的建设模式。管控服务型财务共享中心建设强调的是管控组织和共享组织的双维度。管控组织是相对刚性的,一个企业组织是一棵树,树确定,除非树中节点变化,否则管控线条是明确的;而共享组织是服务组织,是相对柔性的,可以根据企业的特点而调整。财务共享中心可以作为集团总部财务部下属的独立业务单元,也可以设置成与财务部并列的部门,可以根据企业对共享中心的定位设定不同的组织模式。共享服务中心建立后,组织的财务组织架构可保持现状不变,共享服务中心作为业务服务单元,面向企业的所有机构提供服务。

结合国内大多数集团企业的经验,建设财务共享中心时主要可依据以下六个原则。

(一)事权不变原则

集团所属各法人主体对本单位的资产所有权和使用权不变,对资产、负债和权益的管理和使用仍由本单位负责,对收入、成本、费用的管理和审批仍由本单位负责。各法人单位会计主体不变,各法人单位对本单位会计信息的真实性、完整性、合法性负责。

(二)标准集中与数据集中原则

保证财务共享中心成为全集团唯一的财务信息入口,实现固化业务内部控制点,是提高会计信息质量的基础。财务共享中心集中归集财务基础信息,实现全集团数据共享,以更及时、更准确地为管理部门决策提供数据支持。

(三)核算与管理分离原则

核算与管理分离原则主要指财务管理与核算会计平行管理,集团所属各法人主体及下属各单位保留财务管理机构和财务管理职能,撤销会计核算及出纳岗位,改核算单位为核算支持单位,保留财务管理核算支持岗位。在业务上财务共享中心统一管理,完成核算支撑工作。

(四)循序渐进原则

财务共享中心建设时应遵循先易后难、试点先行、稳步推进、全面实施推广等建设原则。

(五)收益性提高原则

财务共享中心建设的收益性主要体现在成本、效率、质量、服务、财务转型、企业扩张等方面。

(1)降低成本是建设财务共享中心最原本的诉求,也是财务共享中心效益的直接体现。

(2)借助流程再造和信息技术手段,财务共享中心在提升财务运作效率和快速支持经营需求方面成效显著。

(3)通过完整的绩效控制手段和统一规范的内部控制,使财务核算的及时性、准确性显著提高。

(4)在服务方面,通过完整的绩效控制手段和统一规范的内部控制,使财务共享中心的服务质量得到明显提高。

(5)在财务转型方面,财务的职责角色将逐渐向业务伙伴方向转型,共享服务对基础工作的专业支撑,使财务角色的拓展成为可能。

(6)由于共享服务显著的规模效应,共享服务可有效支撑企业的迅速扩张。

(六)安全性增强原则

通过全公司统一的作业标准和流程、统一的制度与信息系统、统一的资金管控与调度,降低风险,加强管控。

管控服务型财务共享中心的建设模式分为四种:集中模式、产业模式、区域模式和项目模式。

1. 集中模式

集中模式,就是在集团层面建设完全集中的财务共享中心,面向整个集团提供服务。

一般业务集中度较高的企业会建设集团统一的共享服务中心。比如,中国铁塔是由中国移动、中国联通和中国电信三家运营商合资成立的专门负责信号发射塔建设和维护的公司。铁塔公司成立的初衷就是采用共享模式,减少重复建设,实现资源利用最大化。因此,公司成立初期便在集团总部建立了统一的财务共享中心,按照统一的核算标准、数据标准，实现了单塔核算的目标，确保每个铁塔都能够出具独立的资产负债表和利润表，以及各维度的管理分析报表。

2. 产业模式

产业模式，就是按照集团产业业态的不同，建设为每个业态服务的不同财务共享中心。

一般一些多元化的集团公司，涉足很多行业领域，会建设产业财务共享中心，如 M 油气电、山东 S 商等公司。山东 S 商是一家涉足超市零售、酒店旅游、地产、金融等多行业的综合性多元化集团公司，每个行业在管理上都有各自的特色，如超市零售主要注重商品的进销存管理及资金的收支管理，而地产公司主要注重项目成本管理、合同管理、资金流管理等方面，关注点各不相同。因此，山东 S 商就产业模式建设共享中心，先在超市零售板块试点运行，再逐步推广到其他产业模块。

3. 区域模式

区域模式，就是按照区域集中的原则建设财务共享中心，为区域运营单元提供服务。

建设区域模式财务共享中心的集团公司也比较常见。如 WH 二航局，目前在全国范围内建立了包括武汉、重庆、镇江、芜湖等六个财务共享中心，以一个中心区域为核心，辐射周边的分支机构，统一纳入共享中心集中管理。

4. 项目模式

项目模式，就是以项目为服务对象建设财务共享中心，是参与特大型项目建设的多个法人单位为实现资金封闭运作、项目税务统筹规划而成立的财务共享中心。

集团企业为建设某个特大型项目，通常会有众多二级单位、三级单位参与进来，这时围绕项目建立财务共享中心比较适合。以中国交通建设集团为例，很多大项目，如城市地铁项目，如果由多个二级单位独立承包，会有竞争力不足等问题。为此，中国交通建设集团常以集团总部的名义去承包项目，再把工程分段后给各个二级单位承建。但对于跨法人的大项目管理就需要建立基于项目的财务共享中心。

需要注意的是，以上四种模式并不都是完美的，现实操作上没有纯粹的最佳模式。

各企业实际采用的建设模式与这四种模式可能会有些区别，需要视各企业的具体情况而定。无论采用哪种模式，关键是要寻求各种利弊因素之间的平衡点。以上只是给出一般分类，对于企业来说，最重要的是制订与自身情况相符的顶层规划。

四、财务共享中心的运营模式

按照财务共享中心的运营形式划分，财务共享中心主要包括四种运营模式：基本模式、市场模式、高级市场模式与独立经营模式。依据财务共享中心的发展趋势，四种模式呈现出递进关系。

（一）基本模式

财务共享中心定位为企业内部的一个职能中心，主要为成员单位提供跨组织、跨地区的专业支持服务。例如，基础会计核算、提供财务报表、进行财务信息的数据加工等。此时，财务共享中心的建立，主要通过合并和整合日常事务性会计核算处理和资金经营活动，实现规模经济并消除冗余，最终以降低成本和流程规范化、标准化为目标。这种模式下的财务共享中心主要强调标准化的流程、灵活化的组织、专业化的分工和核心化的能力。

（二）市场模式

市场模式是在基本模式的基础上进一步发展起来的，它摆脱了内部职能部门的定位，强调了财务共享中心独立运营责任主体的定位。作为虚拟的经营单位，该模式下的服务不再是托管的，决策权由接受服务的客户全面掌握。财务共享中心需要不断提升自身服务质量、优化流程、加强沟通，根据确定的服务流程与标准提供服务，并提升自身服务的专业化。此外，财务共享中心还应该努力提供更为专业的顾问和决策咨询服务。

（三）高级市场模式

外向型特征更加明显，它使财务共享中心面临更多的外部竞争，服务的客户存在更大的自主权，他们可以在现存的两个以上的共享服务机构中进行选择。如果他们认为内部共享服务机构的服务数量或质量难以满足需求，则可以自由更换，甚至从外部购买自己所需要的服务。高级市场模式的目的是引入竞争，以向客户提供、推荐最有效率的供应商，供客户进行决策选择，有利于提升内部财务共享中心的服务。

（四）独立经营模式

在独立经营模式下，财务共享中心是作为独立经营实体来运作的，其定位是外部服务提供商。它不仅向企业内部提供产品和服务，而且服务于外部客户。财务共享中心要凭借其专业技能、技术及知识与第三方外部服务机构、外部咨询机构等展开完全竞争，服务收费也完全随市场而变化。该模式下的财务共享中心已经从过去的成本中心转型为利润中心。随着近些年互联网、云计算等新技术的应用，财务共享中心非核心业务"众包"模式也逐渐被一些企业认可并采用。

在2015年安永财务共享服务调查报告中，关于四种常见财务共享中心定位模式的调查结果显示，64%的财务共享中心将自身定位为服务部门，25%定位为管理部门，50%认为自身是成本中心，22%认为是利润中心。可见中国境内企业财务共享中心仍然以成本中心模式为主导，更侧重于服务定位。对于共享中心成本的分摊，约66%的共享中心并未进行成本费用分摊，而是由总公司承担，由此可见，大部分共享中心对内没有实施商业化。

五、财务共享中心的选址

管控服务型财务共享中心的选址在战略定位设计中是比较重要的一环。选址前，首先要明确选址的需求，比如，共享中心是一个还是多个，是按地域划分还是按流程划分，是建立在总部还是其他城市，不同的选择利弊是什么，确定后，就可以制定出备选城市清单。

设计选址策略要综合考虑四大因素：成本、环境、人力资源和基础设施。其中，成本因素主要包含人力成本、电信成本等；环境因素主要包含政策环境、发展能力、城市竞争力、是否与总部或分支机构所在地一致等；人力资源因素主要包含人力专业技能、当地教育水平、服务水平、人员流动性、教育与培训有效性等；基础设施因素主要包含电信质量、自然环境、交通、房产价格等。如果选址并不适合企业，就会带来各种水土不服问题，如用人困难、运营成本高等。利用财务共享中心选址指标评价体系评价清单中的城市，最终确定具体城市。

如果在人员招聘之前，选址问题迟迟确定不了，后续招聘压力会更大，因为往往一部分人会由于办公地点的变化而选择离开。

国内财务共享中心大多分布在以下三类区域：一是以珠三角、长三角、京津经济区为首的经济发达区，这里有先进的管理理念和跨国公司成功实施的先例；二是服务行业成熟的区域，如通过IT行业服务外包驱动城市经济转型的大连市；三是共享服务潜力区，拥有良好的基础建设和丰富资源的地区，如成都和西安。

在各项因素中，"是否与总部或分支机构所在地一致"也是管控服务型财务共享中心选址的一项重要参考依据。如果要建设管控服务型共享中心，则前期共享中心地址多与总部所在地一致，以便更好地沟通及管理。

在实际情况中，各个城市在成本、环境、人力资源及基础设施方面都会有各自的优势和不足。在选址时需要综合考虑各种因素，根据企业实际情况最终确定共享中心的选址。另外，共享中心的地址并不是一成不变的，随着外部环境及公司业务的变化，共享中心的地址可能也会随之变化。

第三节　云计算背景下财务共享中心业务流程的优化

业务流程是一组为客户创造价值的相关活动。管控服务型财务共享中心的所有业务都需要流程来驱动，组织、人员都是靠流程来实现协同运作的。好的流程标准化程度更高，可以让客户更满意，让业务更灵活有效，让质量更有保证且风险更低，还能让流程的成本更加低廉。

一、业务流程梳理与业务流程范围

（一）业务流程梳理

根据业务运行的风险和运行收益进行划分，建议将易于标准化和规范化、较快取得收益的低风险业务纳入管控服务型财务共享中心，如应收应付、总账核算、固定资产核算、费用报销以及成本的分摊核算、资金管理等业务。经过调研，最先纳入财务共享中心核算范围的六项业务流程是：费用报销、应付账款、资产核算、应收账款、工资核算、总账核算。

（1）管控服务型财务共享中心颠覆了传统会计的工作模式，将传统的会计部门转型为服务工厂，建立了流水线的工作模式，对内部组织和个人赋予了新的职能。由于工作模式及职能的变化，一些业务流程也发生了变化，可按照业务类型梳理成标准化的业务流程和操作流程。业务流程梳理的主要依据是集团内部控制制度和相关管理制度，梳理完成的标准流程和管理流程通过信息系统予以固化。流程梳理不用泛化，不是所有的流程都需要梳理，而是要达到简要审慎选择流程梳理、优化和再造的目标。[1]

（2）流程梳理应考虑业务端到财务端的全业务流程，同时，重点关注业务与财务衔接的责任分工问题。流程梳理包含输入方、输入、过程、输出及输出方。其中，输入方主要指为流程活动提供关键物料、信息等资源的个人或单位；输入主要指流程活动或其中某项活动需要的物料或信息；过程主要指有价值贡献或核心的、有增值性的动作或动作集，属于满足客户需要必须完成的活动；输出主要指流程运行过程中产生的物料或信息，其输出的内容应该能满足客户各方面需要；输出方指使用流程产出的个人或单位。流程梳理完成后，在后续运营流转过程中，需结合相应的优化机制持续改进并完善。

---

[1] 陈影.云计算在财务共享服务中心建设中的应用[J].商品与质量，2019(45)：172.

(3)梳理后的业务核算流程包括收入核算流程、成本费用核算流程、存货核算流程、在建工程流程、资产核算流程、税金计缴流程、应付款核算流程、银行贷款核算流程、资金拨付流程、总账核算流程等。总账核算流程作为核心,和应收核算流程、应付核算流程、资产核算流程、成本核算流程及资金核算流程等发生紧密的交互。梳理后的操作管理流程包括出纳管理流程、对账管理流程、资金管理流程、报表管理流程、会计稽核流程、会计核算流程、原始凭证管理流程、档案管理流程等。

(4)费用报销类流程负责处理备用金借款、备用金还款、差旅费用报销、通用业务报销等业务。备用金借款流程是员工因公需要借备用金的流程,用于差旅、业务招待、商务活动、零星采购及其他费用性支出。备用金还款流程是员工完成备用金借款报销事项后,将剩余的备用金进行归还的核算流程。差旅费报销流程主要是指员工因公异地出差、学习培训等发生的交通费、住宿费、补贴费等报销的核算流程,包含乘机费、车船费、住宿费、餐费、市内交通费、培训费、差旅补助等费用报销。

(二)业务流程范围

资金收支结算类流程主要包含资产、物资等结算支付办理、银行转账付款、承兑汇票付款、信用证付款、资金划拨、内部调剂还款等流程。

(1)资产类流程包含固定(无形)资产核算流程、临时设施核算流程、在建工程核算流程,是将资金新增、折旧、减值、处置、调拨、盘点、摊销等相关业务场景进行业务流转与财务核算的流程规范。

(2)物资核算流程包含物资结算核算流程、周转材料核算流程等,是材料、周转侧方的暂估、冲销、出库、处置等相关业务流程。

(3)收入成本核算流程包含对上、对下计划,成本季度确认等成本类业务,如劳务、专业分包、机械结算、与业主的计量计价等相关业务流程。

(4)薪酬核算流程包含人员计提信息、薪酬发放,主要从人力资源到财务共享中心进行支付、核算的业务处理流程。

(5)税金核算流程包含各种税种的计提与缴纳支付流程。

(6)财务核算流程包含安全费用、不同单位之间的费用列支,及其他占比较小的业务,从通用业务入口进入共享中心进行核算。

(7)对业务进行流程化、标准化梳理后,逐步形成管理制度化、制度流程化、流程标准化、标准自动化的管理体系。通过业务流程梳理,对业务流程进行标准化处理,相关规章制度、业务管控点通过系统自动闸口,强化集团管控、规避业务风险。

当然，在这里我们会关心流程和职责权限的分工问题，应该在保证管控权限不变的基础上梳理业务流程；同时，原来业财一体化的流程，在共享模式上仍然要保证，甚至要更加强化。后期在共享中心运作过程中，根据运营发现的问题，设定流程优化项目目标，进行流程优化追踪，通过 PDCA 形成版本化、制度化的流程优化制度。

二、业务流程设计与优化

管控服务型财务共享中心的流程战略需要专注于财务共享中心的战略定位。由于管控服务型财务共享中心的特性，在建立之初就已经对战略进行了明确的定位，财务共享中心的流程战略，需与共享中心战略始终保持一致，以共享中心战略为流程战略，以共享中心目标为流程目标，以流程的最优化效率为核心，来指导流程设计的工作。

流程设计应坚持"考虑同质性，兼顾特殊性"的原则，既能满足相同业务流程的流转，又能使特殊业务纳入共享中心集中处理。例如，某建筑施工企业的核心业务是工程施工，但除核心业务之外还有房地产开发、设备租赁、物业管理等业务，针对各个板块的业务内容及标准差异较大的情况，应按业务板块管理和设置不同的流程。流程设计时需考虑的因素主要有流程成本、流程效率、流程风险、流程客户满意度、流程责任人五个方面。

（一）流程成本

流程成本主要指业务流程在财务共享中心运作时的作业成本和资源成本。每项作业成本又包含作业变动成本、作业长期变动成本及作业固定成本。资源成本是指在经济活动中被利用消耗的价值，主要包含非消耗类资源成本和消耗类资源成本。

（二）流程效率

流程效率主要从业务流程流转的时间或速度、队列长度等方面进行评价。

（三）流程风险

流程风险主要从风险管控程度进行考虑设计。

（四）流程客户满意度

流程客户满意度主要指被服务方的满意度，可从上游环节对下游环节输出内容的满意度及外部客户的满意度两个方面进行考虑设计。

（五）流程责任人

流程责任人主要从明确节点责任人，以及节点责任人的职责与业务两个方面进行考虑设计。

1. 责任人的职责

流程设计因素中的成本、效率及风险在某种情况下是相互矛盾的。例如，外部结算付款时，采用手工付款方式对外付款，该种方式风险高、错单率高且效率较低；而借助信息化手段，通过网银或银企直连的方式对外付款，则可大大降低付款的错单率，提升付款效率，降低资金管控风险。但是，相应的软件投入成本也会随之上升。在考虑成本、风险及效率三者的平衡点时，还需要结合企业的战略目标及信息化水平综合考虑决策。

（1）流程设计时可遵循"由总及细"的方式按层级梳理相关流程，对于不同的企业要进行详细调研，然后进行详细流程切割，把相关流程控制点进行梳理分类之后再进行整体规划。一般来说，可以先建立主要流程的总体运行过程，然后对其中的每项活动、每种业务情况进行细化，落实到各个部门、岗位的业务过程，建立相对独立的子流程以及为其服务的辅助流程。

（2）以管控服务型财务共享中心的资产核算流程为例。资产核算流程属于一级流程，资产核算流程中所包含的固定资产核算流程就属于二级流程，而固定资产核算流程中更为细化的固定资产新增流程、固定资产减少流程、固定资产调拨流程、固定资产折旧流程就属于资产核算流程的三级流程。

（3）为保证财务共享中心未来流程的高效、稳定、规范运转，管控服务型财务共享中心的流程设计工作应尽可能地深入流程的最小单位，从全业务场景出发，为最低层级的子流程进行明细设计。

（4）管控服务型财务共享中心实施最为普遍的流程主要包括应付流程、应收流程、固定资产流程及总账流程等。对这些典型流程的研究和了解，有利于在实践中更好地实施流程管理，提高流程运作的效率和质量。

（5）应付流程是共享服务中心实施最为普遍的业务流程之一，这与其自身高度标准化，且有大量业务量支撑的特点相一致。应付流程主要解决面向公司内外部供应商的费用报销及货款或服务支付。应付业务通过影像管理系统、ERP 系统、银企互联/网银系统、供应商管理系统的支持，能够实现基于信息系统的高效共享服务流程。在应付业务过程中最为重要的环节是公司和供应商的业务交接界面。这种交接体现在两个方面：一方面，供应商发票及业务信息向公司传递的界面；另一方面，财务共享中心支付并接受供应商查询的界面。基于这两个界面和财务共享中心内部处理过程，整个应付业务可以分为四个逻辑过程：发票信息采集、数据及业务处理、银行支付和客户服务。

2. 责任人的业务

应收流程的核心业务包括订单合同管理、开票及收入确认、收款及票据管理、对账反馈和内部控制几个业务环节。

（1）订单及合同管理环节的业务一般是基于企业的电子商务系统和合同管理系统来完成的。市场人员根据系统中的合同报价功能，提供应标合同，并最终获取订单。订单取得后，需在系统中记录合同关键信息。这个环节可以采用人工录入或影像扫描、识别的方式进行处理。合同信息进入系统后，向后期共享服务业务处理系统和 ERP 系统提供数据支撑。

（2）开票及收入确认，根据业务人员开具的发票请求，财务共享中心检查相应的合同条款，并据此开具发票。与此并行的，在合同达到收入确认条件后，财务共享中心需进行收入确认。开票和收入确认的相关信息反映到 ERP 系统中形成账务处理记录。

（3）当接到客户付款通知后，财务共享中心检查银行收款记录，确认收款后完成银行及应收账款科目的会计处理。如果收到票据，则可以根据资金管理需要进行进一步的票据贴现或背书等操作。

（4）在确认收款并入账后，通过客户关系管理系统将收款信息反馈给客户，并和客户定期进行对账，以发现可能存在的差错。

（5）员工借备用金核算流程主要指对员工因公需要借备用金的流程，用于差旅、业务招待、商务活动、零星采购及其他费用性支出，报账人为需借支备用金的人员。报账人在电子报账系统内提交电子报账单，维护备用金借支类型、借支事由、金额、还款期限等相关信息。

（6）员工备用金类型分为非定额备用金和定额备用金，其中，非定额备用金是所有员工可以根据业务需要借支的备用金，目前暂无统一的限额规定，由业务财务进行审批时决定是否同意借款并控制借款额度。定额备用金是针对特定岗位的员工，因工作需要需长期持有的备用金，目前暂无统一的限额规定，由业务财务进行审批时决定是否同意借款并控制借款额度。不允许同一员工同时有定额备用金借款和非定额备用金借款。为使定额备用金持有人保持正常的备用金周转，报销时共享中心费用会计无须核销其备用金数额，可将相应报销款直接支付给员工。非定额备用金报销时，共享中心费用会计必须先核销其非定额备用金，只有非定额备用金核销完毕后才允许给员工支付报销款。借支备用金的员工要按年度完成备用金的报销或归还，否则不可继续进行备用金的借支。

（7）共享中心费用会计审核时要重点关注借款审批意见、借支非定额备用金的员工是否有未核销或未归还的备用金、借支定额备用金的员工其定额备用金余额是否超限额。

（8）管控服务型财务共享中心的流程设计，剔除各项核算业务中的财务要求对业务的影响外，其基本处理流程是类似的，通常都是经办人发起流程，经相关领导审批，同时由票据员扫描影像，审批流与实物流匹配后转入财务共享中心处理环节，财务共享中心人员处理完毕后，流转至资金会计进行相关资金的收付及账务处理，最后实物票据流转至档案管理员处进行档案归集。

流程设计时应将企业经营中的业务流程、财务会计流程、管理流程有机融合，将计算机的"事件驱动"概念引入流程设计，建立基于业务实践驱动的财务一体化信息处理流程，打破信息孤岛，使财务数据和业务数据融为一体，最大限度地实现数据共享，实时控制经济业务，真正发挥会计控制职能。

三、主要业务流程再造设计

（一）采购与债务确认流程

采购与债务确认业务是企业最普遍的业务，也是财务共享中心最先实施的内容，该业务是企业成本管控的重中之重。传统模式下，集团的采购与债务确认业务由项目部根据施工生产需要随时签订合同、办理合同的结算和付款。集团总部一般只在合同签订环节要求项目部向集团业务部门进行合同审批，基本不参与合同的过程结算和付款业务。在这种情况下，项目部在办理过程结算时经常出现办理结算资料不及时或不办理结算先付款，造成资产、成本无法及时在账面进行归集，而是以"预付账款"的方式在账面挂账，严重影响了会计信息质量和管理层的决策，更有甚者会形成付款金额超过最终结算金额，造成直接的经济损失。

在财务共享服务中心模式下，由于所有的债务确认流程集中到共享中心处理，为保障业务的开展需要对采购与债务确认业务进行流程再造。以采购与债务确认业务管控为基础将债务确认业务的核算集中到财务共享中心完成，利用共享中心关联业务模块的互联互通，使采购业务在全面预算管理体系的控制之下，确保分散在全国各地项目部的财务风险处于可控状态，同时利用高效的计算机信息系统为其他业务部门的工作开展提供良好的财务支持。集团的采购业务按照采购对象可分为物资设备采购和劳务采购两大类，按照金额可以分为大宗采购和零星采购。其中，零星采购涉及的金额较小但需求比较频繁，涉及的采购种类和供应商较多，在全面预算体系下也只能对采购总额进行预算，业务处理可以通过费用报销流程完成。大宗采

第六章　云计算背景下的财务共享中心建设

购业务主要是指施工生产过程中项目部根据施工进度采购施工所需的主要材料、施工设备和劳务等，需要根据生产计划预算控制大宗采购的发生，并采用严格的审核程序。集团关于全面预算的相关管理办法规定：设备物资部负责监控集团公司在用施工机械和运输设备情况，分析预测施工机械、运输设备、物资采购的相关政策，编制集团公司年度施工机械、运输设备、物资采购预算，审核所属单位的归口预算，负责对预算的执行、控制、分析、监督、考核；工程部负责分析、指导所属预算单位工程项目施工组织，监控工程进度情况，分析对项目预算的影响。项目工程管理部门根据年度施工预算编制对设备物资的需求计划，物资管理部门根据需求计划编制年度采购预算，按照规定的审批流程批准后作为本年度采购依据。

主要业务流程的分析。

在以业务流程管控为基础的财务共享中心，采购与债务确认业务所涉及的所有流程信息都会在项目业务发生部门、集团业务管理部门、项目财务部门、集团共享中心四个组织机构当中通过全面预算系统、物资管理系统、财务管理系统的合同管理模块和总账管理模块进行传递。采购与债务确认流程是由五个相互联系的业务控制流程组合而成：一是项目业务部门编制预算并通过预算管理系统提交集团业务管理部门审核流程；二是项目部业务部门通过物资管理系统生成物资采购计划并提交与集团业务管理部门采购计划审核流程；三是项目业务部门通过合同管理模块上报合同和集团业务管理部对合同评审流程；四是项目业务部门在合同管理模块办理合同结算并传递结算资料、项目财务部审核结算等，并加强对这一方面的审核力度；五是共享中心的业务审查流程。以上这五个流程其实在关系上是相对独立却又联系密切的，每一个节点都十分重要，需要得到全面且重点的关注。一般情况下，施工企业的材料采购成本占合同总成本的45%左右，劳务成本占合同总成本的35%，采购与债务确认业务流程是否规范对项目成本管控具有极其重要的意义。在共享中心，需要全员的执行标准化这一流程，并且坚持用一种严格的预算控制体系来实施一切操作。每一个方面都严格要求统一性，在任何一种类型的不同方面都需要得到进一步完善，在整个业务开展的不同阶段，都应该尽可能地防止不必要的成本耗费。

1. 预算编制与审核流程

集团战略目标本质上要通过切实可行的手段和措施进行分解，具体可以被划分为二级预算、三级预算这两种，在得到了授权人员的授权审批之后，全部预算分解到各个业务预算后作为业务管理部门执行业务管控的依据，每一项业务的发生都要与业务预算进行对比。该流程是整个采购与债务管理业务流程的开端，对企业的成本管理和风险防控起到至关重要的作用，也是关系企业战略目标能否实现的一个关键流程。

2. 计划提交与审核流程

项目部根据施工现场的需要分期提交需求计划，并由集团授权审批机构和人员完成审核，根据审核结果按照管理权限制定采购途径。计划提交与审核环节在推行集中采购和降低采购成本方面起到关键作用。

3. 采购合同的签订和审核流程

采购计划批复后由项目相关业务部门线下根据招标文件起草合同文本并按照相关规定发起合同评审，合同评审通过后组织签订合同。合同的评审流程要从各个业务部门的角度审核相关的合同风险点，避免因合同存在的漏洞给企业造成损失。签订合同后在合同管理系统中录入登记，为共享中心审核合同结算提供依据。

4. 业务部门和项目财务部对合同结算审核流程

在这一整个流程业务发生部门当中，参与其中的财务工作人员绝大部分缺乏标准的专业技术资格认证，但这并不意味着财务处理工作就无法得到良好的开展，反而是可以经由流程再造这一方法，完成会计账务处理工作，这也能够很好地将业务发生的准确性和真实性审核完毕，并严格在采购控制与管理工作内容这两方面进行切实的监督。建筑业在实行增值税税制后，增值税的管理又成了一大难点，所以，此时就应该加入共享中心流程，以利更好地完成企业、财、税的融合。

5. 共享中心的合同结算和债务确认的再审查流程

共享中心的业务审查主要从结算的单价和数量是否和合同一致，结算总额是否在业务预算的范围内，结算资料和发票是否符合内部控制管理要求是否符合要求三个方面进行风险防控。

(二) 销售与收款业务流程

集团的主要销售收入来源于与建设单位签订的工程施工承办合同的结算。其收款主要依据施工过程中与建设单位办理的工程进度确认。在通常情况下，企业与建设单位签订合同后，会在施工现场成立项目部并以项目部的名称在当地开设银行结算账户。在我国，由于建筑企业营业税改增值税刚刚实施，且对"三流合一"没有进行严格的界定，再加上建设单位对项目建设资金监管的要求，施工企业资金收支基本都是通过项目部结算账户完成的。在财务共享中心模式下，集团可以通过将项目银行账户进行归集或在资金结算中心开设项目银行账户的方式实现资金的集中管理，对于一些因特殊情况无法实现集中的项目银行账户，通过支付权限收归集团总部的方式建立统一的销售结算与资金运营体系。

业务流程主要有四个业务管控节点：一是与建设单位办理工程进度计量；二是按照合同确认债权；三是向建设单位开具发票；四是办理收款业务并核销债权。

1. 办理工程进度计量

项目部相关业务部门根据合同规定定期与业主结算。并将结算资料在合同管理系统中上传。

2. 合同确认债权

项目本地的财务部门要对业务部门提供的验工计价资料审核,并向集团总部提出发票开具申请,根据审核后的验工计价资料和发票向业主提出付款请求。共享中心根据合同管理系统和本地财务部门传递的信息进行账务处理进行债权确认并在总账系统中生成会计凭证。

3. 向建设单位开具发票

集团财务部根据项目部财务部提交的开具发票申请,审核开具发票资料并在税务管理系统中办理开票,税务管理系统将发票信息传递给共享中心,共享中心依据发票和结算资料确认债权。

4. 办理收款业务并核销债权

项目本地财务部门办理完对建设单位的收款后,将银行收款资料进行上传,集团公司共享中心根据资料进行收款处理并办理债权的核销。

(三)付款与债务核销业务流程

付款与债务核销业务是企业资金管理的一项重要业务。在以分散式为主的财务管理模式下,各独立核算项目部的资金支付和债务核销基本上都由业务发生项目部自主管理。由业务申请部门提起支付申请后,经过项目部本级的审批流程,完成资金的支付和债务的核销。目前实行资金支付由业务发生单位定期编制支付计划,经过授权管理机构的审批后执行的管理办法。但在传统管理模式下由业务发生单位依据财务账面债务余额编制支付计划,授权审批单位无法对债务的形成过程进行监控,导致管控流程发挥的监管职能有限。在财务共享中心模式下,通过采购与债务确认业务流程的再造,集团实现了对债务确认的过程管控。在这个基础上,将所有业务单位的付款业务都集中在共享中心完成,特别是在目前没有实现银企直连的情况下,资金支付的业务量非常大。在这种情况下,共享中心依据各项目部经过审批的资金支付计划分批进行集中支付既能减少资金支付的工作量,又能加强资金预算管理,合理调配集团的资金需求。

业务流程说明如下。

财务共享中心模式下的付款与债务核销业务数据主要在业务发生部门、子项目财务部、集团财务部和财务共享服务中心四个组织机构中通过资金管理系统、总账业务系统传递,实现从业务管理到财务管理的一体化进程。流程关键控制节点有三个：一是依据合同结算确认的债务编制资金支付计划；二是按照资金审批原则批复支付计划；三是进行资金支付并核销债务。这三个环节相对独立又互相联系，是付款和债务管理的重要节点，需要重点关注，保证每个环节控制的有效性和关联性。在这个流程中既要严控资金的支付审批，又要保证项目部对资金使用的自主权；既要保证支付的审批权，又要保证支付的及时性。

1. 编制资金支付计划环节

资金支付计划的编制一定要按照集团公司统一制定的资金支付管理办法进行编制。项目部是项目资金管理的第一责任主体，对项目资金的使用承担第一责任。编制资金支付计划主要是依据已确认的债务余额和合同中约定的需要预付的款项编制资金计划。资金计划要按照合同单位进行编制，根据款项的性质可以将支付款项划分为"材料采购、劳务采购、设备租赁、预付账款"，对于一些不需要签订合同的业务按照款项性质划分为"职工工资、税金及附加、费用报销"。为满足施工现场对资金临时性需求，可以设置一定金额"预计支付款项"。资金计划编制完成后由项目部本地财务部在资金管理系统中进行提交。

2. 资金计划的审批

共享中心模式下对资金的管理集团总部不能形成集权，对项目资金支付进行审批的目的主要是监督资金运行的合理性和规范性。在审批过程中一定要按照"项目资金项目负责"的总体原则，经各项目主管领导签字把关的资金计划原则不予调整，但存在以下情况的，集团公司资金管理领导小组有权予以纠正和调整。一是项目部资金余额不足，则根据重要事项先支付的原则予以调整；二是存在不签合同的大宗采购支付、签了合同没有办理结算的支付（除合同中约定的预付款）、结算手续不全的支付；三是经济事项不真实，存在明显套取建设资金的；四是合同签订条款明显不合规、单价较高的合同支付。对于符合审批原则的支付计划，由经过授权的资金管理小组领导在资金管理系统中进行授权批复。

3. 资金支付并核销债务

项目部业务对口部门依据审批过的资金支付计划，在资金系统中引用资金计划发起业务支付申请，由项目部本地财务依据合同约定对支付信息进行初审，并在资金系统中进行业务经办提交。财务共享中心在资金管理系统中收到支付提示后，进行业务经办，核销债务。财务共享中心负责在该项目的银行结算账户中进行银行支付。

通过分散式财务管理模式下资金支付和债务核销流程与财务共享中心模式下该业务流程的对比，可以发现财务共享中心模式下的资金支付能够更好地保证资金运行的合理性和合规性，既能有效避免超付款形成的经济损失、以最终的资金支付倒逼前面业务的规范性从而有效规避各类风险，又能将简单重复的资金支付职能进行集中，起到提高支付效率的作用。

（四）费用报销业务

管理费用报销和按照费用报销流程办理的小额临时采购业务是对企业内部员工因经办业务发生的费用进行审核和支付的业务，通常该类业务具有发生金额小、经办人员多、发生频率高、业务量大的特点。由于该业务的服务对象是企业内部职工且为企业最普遍的业务，因此，对服务行为的时效和服务满意度有较高的要求。在以分散式为主的传统财务核算模式下，各项目部的费用报销按照项目部财务主管审核、项目主管领导审批、出纳人员支付的业务流程在本项目部财务部门进行，上级管理单位对超额费用的发生很难进行过程控制，即使集团公司对项目部的费用报销预算总额进行了控制，但由于监督的滞后性无法控制。另外，项目财务部门可能在多种因素的考虑下通过会计科目避免预算系统的控制。特别是在目前"八项规定"等政策的要求下，对于业务招待费等性质的报销有着更严格的要求，费用把控不严可能会给企业带来很大的负面影响。财务共享中心的费用报销平台是将影像采集传输系统、网络报销系统和网银系统结合在一起，集团公司各个层面的日常费用报销业务均通过该平台进行。共享中心费用报销业务的流程主要包括单据制作、票据扫描、费用审批、账务处理、网银支付、报表生成这几个程序。

主要操作流程的具体情况。

（1）单据制作分为线上制作和线下审批两部分。线上制作是指由业务经办人在费用报销模块将费用信息在系统中填报并生成报销单据。线下审批是指经办人持系统生成的报销单据按照审批权限在线下办理审批流程。业务发生单位的财务人员要重点把控费用的审批流程是否完整，费用和票据的真实性和合规性。

（2）票据扫描是指经办人员将本单位完成审批的报销单据和原始凭证扫描后上传至影像传输系统，本地财务人员线上审核后提交共享服务中心。

（3）在费用审批环节，由于财务共享中心接收到的费用报销信息是由经办人员和所在项目部财务主管审核的信息，财务共享中心只对业务是否按照审批流程进行审批和原始单据的合规性进行审核。

（4）账务处理，财务共享中心在收到影像资料后进行最后审批，审批通过自动接口总账系统生成凭证。

通过将各个独立核算单位的费用报销核算业务集中到共享中心完成，与传统的以分散式为主的财务管理模式相比，能充分发挥共享服务的资源共享、规模效应的优势、提高工作效率、固化费用报销的管控流程。利用影像传输系统将票据归档地和业务处理地相分离，有效地降低了业务处理成本。同时，也满足了工程项目所在地的管理机构对项目审计需要和业主监管的要求。共享服务中心提供的网络报销平台可以实现跨时间、跨地域的业务处理，同时也可以实现资金计划动态控制，从而将全面预算系统和费用报销流程结合起来。利用共享中心的费用报销平台能够实现业务处理标准化、流程化管理。

四、业务流程的标准化处理

财务会计业务需要标准化的内容有很多。例如，会计核算方法统一、会计科目核算口径统一、财务报表口径统一、数据标准化、操作规范标准化和岗位职能标准化等。各单位的业务处理存在差异，通过管控服务型财务共享中心统一业务处理标准，财务会计业务处理标准化将提高财务信息质量和处理效率，并真实反映实际业务的经营情况。

以对物资的业务流程管控为例，物资标准化管理的控制要点是规范物资采购合同管理、细化物资消耗管理、确保物资使用的真实性和合理性、规范自制物资的业务处理、规避自制加工物资的物资安全、规范物资调拨及价值评估。物资出库单需要明确出库类型、用途、成本、归属对象，便于日后进行成本分析和标后预算对比分析。物资出库单需合同成本部、物资设备部、财务部负责人、物资机械分管领导四方签字；未来自制原材料使用生产成本科目进行归集，月末由物资设备部根据当月产值计算入库产品单价，便于日后成本考核分析；项目之间的物资调拨需由公司进行审批，并由公司核定调拨物资的价值；物资销售必须提供销售协议及销售清单。

业务流程通过对组织人员的工作步骤进行描述，以流程视角，规范工作步骤，标准工作接口。流程的标准化和科学化是财务共享中心得以高效运作的基础，也是实现信息化的前提。同时，业务流程也是制度管理、标准化管理等运营管理制度的根基，它一方面影响着运营管理的实施，另一方面又被运营管理手段所支撑，使流程可以在管理监控下，保证流程的时效、质量和成本目标。

第七章　财务共享智能化的理论与实务

第一节　智能化的内涵

一、智能的概念界定

关于智能,《新华词典》这样解释:"智能就是智慧和能力。一个人的智能既有先天遗传因素,也有后天的学习和知识(智力)积累。"百度百科给予智能(Intelligence)的定义是:从感觉到记忆到思维这一过程,称为"智慧",智慧的结果就产生了行为和语言,将行为和语言的表达过程称为"能力",两者合称"智能",将感觉、记忆、回忆、思维、语言、行为的整个过程称为智能过程,它是智力和能力的表现。它们分别用"智商"和"能商"来度量。"情商"可以调整智商和能商的正确发挥,或控制两者恰到好处地发挥它们的作用。

智能的发生与本质是古今中外许多哲学家、生物学家、人类学家、脑科学家一直在努力探索和研究的问题,历来和物质的本质、宇宙的起源、生命的本质一起并列为自然界四大奥秘。近年来,随着脑科学、神经心理学等研究的进展,人们对人脑的结构和功能有了初步认识,但对整个神经系统的内部结构和作用机制,特别是脑的功能原理还没有认识清楚,很难对智能给出确切的定义。

智能一开始专属于高等动物,然而我们现在讨论的智能化,是在人工智能得到较广泛应用以后出现的概念,因而关于智能的概念需要考虑人工智能的因素。

笔者这样定义智能。智能是生命体及其模拟系统在对内外信号感知的基础上进行分析归纳、理解判断、想象推理、疑问思考、学习求解、设计规划等思维活动的功能及其水平。

(1)智能表现在超越信号感知阶段的信息加工过程。智能不是简单的信号感知和反应能力。低等动物、植物乃至微生物均存在对内外环境信号的感知功能和反应能力,例如,植物对阳光、水分、温度、生命周期具有感知功能,并做出相关反应。但是这类功能相对简单、肤浅、被动,学术界不认为是智能。智能是对信息的深加工、再生产的主动性功能。

(2)智能是在复杂的信息加工过程中表现出来的"思维"能力。智能只存在于人及高等动物中枢神经系统或者它们的模拟系统中,它能够完成复杂的信息加工并做出"聪明"的反应,表现为对信号的分析归纳、理解判断、疑问思考、想象推理、学习求解、设计规划等。存在于人体中枢神经系统中的智能称为人类智能,存在于人工模拟系统中的智能称为人工智能。智能化是在人工智能得到较广泛应用以后出现的概念,因而作为模拟系统的人工智能是智能化不可或缺的要素。

(3) 智能是可以度量的。智能是具有多元功能的、存在结构和水平差异的系统,不同生命体及其模拟器在功能方面表现出差异性。有些分析归纳功能强一些,有些想象推理功能强一些。智能既可以从功能的类别(例如,从逻辑分析扩展到综合判断)加以区分,又可以从同一功能水平(例如,逻辑分析从几十个变量到几百个变量)方面显示差别。

二、人工智能的概念界定

人工智能是与自然智能,特别是与人类智能(动物也存在某种智能)相对应的智能。

南京信息工程大学计算机软件学院的文学志认为,人工智能有三个解释[1]。

第一,指智能机器(intelligent machine)。人工智能有时也称作机器智能,是指由人工制造出来的系统所表现出来的智能。通常人工智能是指通过普通计算机实现的智能,即能够在各类环境中自主地或交互地进行各种拟人任务(anthropomorphic tasks)的机器。

第二,指人工智能学科。它是计算机学科中涉及研究、设计和应用智能机器的一个分支,是一门综合性的交叉学科和边缘学科。其具有里程碑意义的理论,包括由德国数学和哲学家莱布尼茨奠定基础,19世纪末获得较快发展的数理逻辑基础;1936年,人工智能之父英国数学家图灵创立图灵机模型;1943年,美国神经生理学家麦卡锡和皮茨一起研制出了世界上第一个人工神经网络模型,开创了以仿生学观点和结构化方法模拟人类智能的途径;1948年,美国著名数学家维纳创立了控制论,为以行为模拟观点研究人工智能奠定了理论和技术基础;1950年,阿兰·图灵在《思想》(Mind)杂志上发表了题为《计算的机器和智能》的论文,提出了一种被后人称为图灵测试(Turing test)的验证机器是否有智能的方法;1956年夏,达特茅斯(Dartmouth)大学数学家、计算机专家麦卡锡和哈佛大学数学家、神经学家明斯基,以及IBM公司信息中心负责人洛切斯特、贝尔实验室信息部数学研究员香农共同发起举行了一个为期两个月的有关用机器模拟人类智能的学术研讨会——人工智能学

---

[1] 文学志.人工智能及其应用,wenku.bmdm.corn/view/383845165toe7cdl...2012-07-17.

科正式诞生。

第三，指一种能力。它是指智能机器执行的通常与人类智能有关的功能，如判断、推理、证明、识别、感知、理解、设计、思考、规划、学习和问题求解等思维活动。这也是本书主要讨论的问题。

三、智能化的内涵阐释

（一）智能化的定义

智能化作为世纪之交出现的新实践，至今尚无统一的概念定义。据笔者搜索，仅谷歌（Coogle）的CNKI知识元数据库，就收录了关于智能化的定义几十个。多数人将智能化理解为一种数据处理技术。智能化既是一个历史过程，又是一个时代概念。在汉语中，"化"有融合、扩展、演变之义。因而，智能化是智能作用范围的扩展及水平不断提高的过程，是人类让产品、工具、工作方式变得越来越"聪明"的历史过程。广义的智能化，是人类从动物界分离出来并不断进化的漫长历史过程，包括直立行走，扩大视野；学会用火，熟食增进大脑的发展；语言体系的形成，加强人类的互动和协作，推动抽象思维；工具的应用，延长四肢和大脑……

现在我们讨论的智能化，是基于人工智能应用越来越广泛的背景。因而，它是一个时代概念，具有人工智能的要素和协同智能的本质。无论是人类智能，还是人工智能，都在不断进化发展，因而智能化是一个永无止境的过程。

根据以上分析，笔者定义：智能化是在产品、工具或工作系统中协同应用人类智能和人工智能，以提升其功效的过程。

（1）智能化的物质体现包括各种智能化产品和智能化工作系统。目前智能化产品种类繁多，如智能手机、智能冰箱、智能电视机、医用CT机、自动驾驶汽车等；智能化工作系统，如智能家居、智能电网、智能电网、云翻译系统、反导系统等。

（2）智能化的目的是提升产品、工具或工作系统的功效。例如，智能冰箱可以节能；智能汽车可以寻找最佳路线和自动驾驶；智能电网可以解决分布式能源的统一调配和最佳利用等。

（3）智能化的本质特征在于智能的协同发展和应用。智能化既不是单纯的人脑功能开发，也不是单纯的信息技术开发和计算机网络应用。智能化是人类智能与工具智能协同发展，个人智能与组织智能、社会智能协同发展，不断提升科技、经济和社会活动功效的过程。

智能化 = 人类智能 U 工具智能 = 个人智能 U、组织智能 U、社会智能 U、工具智能智能化是发挥人类智能和工具智能各自特长的过程。人类智能是智能发展的源泉，工具智能虽然在某些方面还不能取代人类智能，但是在分析计算等方面可以超越人类智能。

个人智能是人类智能的基础，但经过整合和互相激励，组织智能无论在内容，还是在水平方面可以超越个人智能，对于高度复杂的产品和工作系统，还需要在更大范围内开发利用社会智能，才能获得预期的功效。

在这里，需要区分若干相关概念。

智能化不同于计算机化。计算机仅仅是人类发明的工具智能，属于人工智能的范畴，而人工智能均发端于人类智能。到目前为止，要让产品、工具、工作系统变得更加聪明，人类智能始终发挥主导作用，计算机仅仅发挥辅助作用。

智能化不同于知识化。一方面，知识化强调的是开发人类智能的意义，未能反映人工智能在现代社会发展中所起的巨大作用；另一方面，知识化主要是指经济结构的变革，是指社会经济的发展，从以物质与能源为经济结构的重心，向以知识为经济结构的重心转变的过程。智能化则是在生产和管理过程中广泛采用人类智能和人工智能以提升功效的，它是一场生产方式的变革。

智能化不同于机械化、自动化。机械化是用机械工具代替部分手工劳动，主要是人类肢体功能的延伸和替代；智能化是用人工智能代替部分脑力劳动，主要是人类神经系统特别是脑功能的延伸和替代。自动化与智能化存在交集，自动化应该包括智能化和非智能化两类技术。其中，智能化主要是指自动化系统中起综合判断和产生指令的中枢部分，非智能化技术，主要解决根据指令执行操作的任务。

(二) 智能化是改变人类生活方式和生产方式的深刻革命

智能化不仅是高新科技发展带来的硕果，更是人类社会发展的需求，同时也是一场深刻的革命。

1. 智能技术为人类提供了巨大的发展机遇

最近几十年来，脑科学、计算技术、通信技术、网络技术、人工智能等生物、信息科技的发展，为人类提供了巨大的想象空间和重大机遇。由于智能工具可以克服人类在脑容量、专业知识、生理节律、心理波动、自然寿命、计算速度等方面的生理心理局限，高效、高质量完成以往人们难以想象的工作任务，因而引起各国科学家、工程师、企业家以及各方面有识之士的重视。

被誉为人工智能领域爱因斯坦的美国犹他州州立大学计算机系教授雨果·德·加里斯介绍说，人脑的转换能力是 10^{16}/秒，随着人工智能机器人的发展，其运算速度可以高达 10^{40}/秒，甚至更高。与机器人的学习能力进行比较，一个正常人读完研究生课程需要4年,一个人工大脑4秒钟就能完成。在科学研究方面,2003年人类第一次破译人体基因密码的时候,多国科学家辛苦工作了10年才完成了30亿对碱基对的排列,如今世界范围内的基因仪每15分钟就可以完成同样的工作。在工程方面,技术人员可以借助设计计算软件、工艺规程软件、加工中心、模拟试验系统等高效完成新产品的开发,乃至完成3D打印;在管理方面,油田可以通过商务智能系统,根据国际市场的油价变化,以及每口井的地质条件,自动调节油气开采速度,以保证最佳的投入产出效果。

2. 智能化是应对现代社会各种挑战的基本途径

现代社会人类面对各种前所未有的挑战,他们在应对包括环境的挑战、日益增加的需求与资源不足的突出矛盾、人类在改善自身生存生活质量种种难题面前,痛感生理心理的局限,而智能化正是一个大有希望的出路。

微观层面上,智能化可以帮助企业实现节能、节材和节约劳动力的目标。例如,使用智能电表和大数据应用,让分时动态定价成为可能。供电公司能每隔15分钟就读一次用电数据,而不是过去的一月一次。这不仅仅节省了抄表的人工费用,而且通过高频率快速采集分析用电数据,供电公司能根据用电高峰和低谷时段制定不同的电价。美国TKu能源公司(T Energy)就利用这种价格杠杆来平抑用电高峰和低谷的波动幅度。他们打出了这样的宣传口号:亲,晚上再洗衣服洗碗吧,晚上用电不要钱。这对于美国TXU能源公司和用户来说真是一个双赢的结果。

宏观层面上,例如,对于气候、地质灾害的预防,科学家们面对大量动态交互影响的参数,预测工作仍不尽如人意。据劳伦斯伯克利国家实验室(Lawrence Berkeley National Laboratory)2004年的一份报告,从1980年到2003年,由于气候相关灾难造成的全球经济损失总计达1万亿美元。而智能化系统已经可实现在方圆1千~2千米范围内进行局部的高精度天气预报。美国已经将这些技术商业化后应用于包括纽约市、芝加哥、堪萨斯城、亚特兰大、巴尔的摩、华盛顿和迈阿密、劳德代尔堡等若干城市地区。

为了保护环境,实现人类可持续发展,必须减少石化能源的消耗,开发太阳能、风能、潮汐能等新能源。但是据美国能源部的研究结果,由于电网效率低下而造成的电能损失高达总电能的67%。新能源由于其难以控制的波动性,很难接入常规电网实现统配共享。欧洲一些国家采用智能电网整体解决方案,为利用可再生能源提供了成功案例。

目前,城市交通令各国政府和居民头痛不已。有资料介绍,按时间(42亿小时)和燃油(29亿加仑)浪费计算,美国的交通阻塞每年造成的损失高达780亿美元。而斯德哥尔摩的新智能收费系统使交通量减少了22%,排放物减少了12%~40%,而且每天搭乘公交系统的人数增加了4万人。

在医疗卫生领域，谷歌公司运用大数据的分析技术建立了流感流行预测指标，能够及时发现流感的传播源以及传播方向和地区，让流行病控制部门的工作更加主动；人类基因工程在揭示衰老及遗传疾病、糖尿病的机制方面，智能诊疗设备、智能药丸在治疗心血管疾病、癌症方面正在发挥越来越大的作用。

3. 智能化将引起社会重大变革

智能化是用智能工具武装起来的人类认识世界、适应世界、改造世界的创新实践，是一场涉及生产方式、学习方式和生活方式的革命。

智能化将大大提高知识工作者的生产率，形成社会分工的新格局。知识工作者将更多地投入到创新和个性化服务的行业与岗位。美国劳工统计局（Bureau of Labour Statistics）的最新数据表明，自2007年以来，美国管理者岗位增加38.7万个，办公室职员岗位则减少近200万个，新技术取代了办公室员工，让美国中产阶级陷入更深的危机。

智能化将导致工商业、金融业、服务业的重组和调整。电子商务将分食越来越大的零售市场。互联网支付正在模糊电子商务与银行业务的界限。各种各样的平台正在形成传统行业难以归类的新行业。

智能化将缓解资源稀缺导致的不公平。教育、医疗的优质资源对于各个国家，都是稀缺的，结果是造成中心城市与其他地区的很大反差，采用远程教学系统、智能医疗系统，在欠发达地区也能够接受一流师资的教育、一流医生的诊断和治疗指导，实现优质资源的共享，可以大大缓解公民福利的不公平。

（三）智能化的分级和评价方法——一个有待研究的课题

技术进步都是由易到难、从低级到高级的过程；在令人眼花缭乱的智能化产品、智能化系统面前，我们如何评价识别其智能化程度，从多大程度上能够替代人类的脑力劳动？

智能化的分级和评价方法至今尚未展开深入研究，更谈不上有影响力的研究成果。

综上所述，智能化应该是人类及其产品、工具、工作方式变得越来越"聪明"的历史过程。智能化的分类分级评价研究可以从以下三个维度进行。

1. 智能的类别

常识告诉我们，每个人的智能发展都具有很大差别，有的擅长分析归纳，有的擅长直觉判断；有的擅长学习模仿，有的擅长创新；有的擅长决策，有的擅长执行控制……人工智能同样如此，有的擅长翻译，有的擅长检索；有的主要面向医药，有的主要面向探矿……

不同类别的智能，具有不同的原理。智能究竟由哪些基本功能构成？这里涉及脑科学、心理学、人工智能等多学科的知识。

脑科学家们认为智能包括知觉、语言、记忆、计算、学习、逻辑判断、直觉判断、想象、运动控制、生理控制、心理控制等功能。

美国心理学家吉尔福特提出的关于智力结构理论非常著名。吉尔福特认为，智力结构由内容、操作和产品三个维度构成：

(1) 内容，系指引起心智活动的各种刺激，包括图形（人们通过感官得到的形状、大小、颜色、位置或实际物体信息）、符号（字母、单词、数字或任何代码符号）、语义（表达一定意义的词、句子或观点）、行为（本人或他人行为的解释，即社会性智力）4个因素；

(2) 操作，系指由各种刺激引起的心智活动方式，即解决问题的心理过程，包括认知（对刺激物的发现、了解和识别的能力以及发明的能力）、记忆（保持信息的能力）、发散思维（对刺激物做出的多样性的反应，或者说以不同的思维方式求得新的答案，它反映 TAW 创造能力）、聚敛思维（用唯一的或"最好的"答案对刺激物做出反应，即得出一个正确答案的能力）、评价（依据已有标准对信息做出判断，或者说是批评、鉴赏能力）5个因素；

(3) 产品，系指心智活动的产物，即运用各种心智活动对各类问题处理的结果，包括单元（可以按单位计算的产物，如一个单词、数字或概念）、类别（对事物做出的分类，由一系列有关单元组成）、关系（单元与类别之间的关系）、系统（用逻辑方法组成的概念）、转换（某种改变，包括对安排、组织和意义的修改）、蕴涵（从已知信息推测言外之意，包括了解寓意）6个因素。

美国拉塞尔（Stuart J.Russell）以及诺维格（Peter Norvig）编著的，已被全世界100多个国家的1200多所大学采用的，因而被认为是最权威、最经典的人工智能教材《人工智能：一种现代的方法》，深入介绍了当前 AI 各个主要的研究方向，包括"人工智能"的基本理论、问题求解、知识与推理、规划、不确定知识与推理、学习、通信感知与行动6个方向；中国人工智能学会副理事长及智能机器人专业委员会主任蔡自兴编著的《人工智能及其应用》(第4版)论述了人工智能的概况和不同学派的认知观、AT 智能的知识表示方法、搜索推理技术、不确定性推理的主要方法、计算智能、人工智能的主要应用领域，包括专家系统、机器学习、自动规划、分布式人工智能和自然语言理解等；澳大利亚米歇尔·尼格尼维斯基（Michael Negnevitsky）编著的《人工智能：智能系统指南》(原书第3版)主要内容包括基于规则的专家系统、不确定性管理技术、模糊专家系统、基于框架的专家系统、人工神经网络、进化计算、混合智能系统、知识工程、数据挖掘等。

2. 不同类别智能的水平

我国心理学家林崇德提出，智力的品质可以从三个方面进行评价。第一，知觉方面：包括选择性、整体性、理解性、恒常性等指标。第二，记忆方面：包括意识性、理解性、持久性、再现性。第三，思维方面：包括敏捷性、灵活性、创造性、批判性和深刻性。

3. 综合评价

需要研究探讨的问题包括如何综合评价一个组织、一个地区、一个国家的总体智能化水平，包括人类智能与工具智能协同形成的总水平；如何评价某个组织的总体工具智能水平；如何评价某项智能化产品，或某个智能化工作系统的功能水平。例如，计算准确度、反应速度、人机对话的友好程度等。

四、推进智能化的战略任务

面对巨大的时代机遇，我们应该迅速行动起来，以战略的眼光部署各个方面的任务。

（一）制订智能化发展规划

我国社会各界，从政府、企业到大学各个层面都应该制订从信息化到智能化的发展规划，立足长远，结合现实，加大投入，推进智能化。

在智能化方面，政府应发挥主导作用。一是要制订整个国家的智能化规划，落实财政预算，支持重点项目的实施。例如，美国联邦政府专门发布了《联邦云计算策略》白皮书，准备在今后3年建设几个大型云计算中心，向各联邦政府部门提供云服务，以便节省联邦政府开支。在2012年财政预算中，要求将每年800亿美元的IT项目支出的25%（约200亿美元）用于云计算，并要求联邦政府各部门在18个月内做出本部门完成云计算迁移的具体部署。我国住房和城乡建设部2012年12月5日发布了关于开展国家智慧城市试点工作的通知，并印发了《国家智慧城市试点暂行管理办法》和《国家智慧城市（区、镇）试点指标体系（试行）》两个指导性文件，不久全国就有50多个城市提出建设智慧城市的目标，涉及物联网、传感网、路网监控等诸多领域。二是要改善制度环境，鼓励企业及个人创新；鼓励各种智能化的开发应用。智能化作为一种机制、一种技术，关键在应用。只有应用才能体现智能化的价值，才能推动智能化的"进化"。[1]

企业方面，要抓住时代机遇，及早部署智能化战略。要根据行业特点，根据信

---

[1] 赵颖.智能化信息技术对企业财务管理的影响分析[J].现代商贸工业，2020，41(31)：123-124.

息运动规律，完成智能化所需的流程再造，探索人机协同的接口，完善通信标准，让机器能够识别和再现人类声音、语言、字体、瞳孔、指纹、手势乃至情感。早在2010年，清华同方就将物联网和智慧城市建设列入自身的核心业务，规划涉及安全生产监督、环保、水利、交通、民政、农业、国土、城管八个行业，以及智能家居、智能物流、食品溯源、网络舆情四个领域，形成"1+8+4"的行业服务体系，成为智能化的先锋。

（二）开发人类智能，提升创新能力

人类智能是工具智能的源泉，智能化工具包括电脑及其软件不过是人脑的延展，因而开发人类智能自然就成为智能化的首要任务。据称人类大脑功能至今尚未充分利用。为此，要加强人脑科学的研究，进一步掌握智能发展规律，探索提升人类智能，包括知觉、记忆、学习、分析判断，特别是创新思维能力的有效途径。例如，应尽快改革我国传统的以传授知识为主的教育方式，努力提高学生的创新能力；工商企业应努力提高员工素质，普及创新知识和技能等。

开发人类智能，包括通过知识管理开发组织智能。中国有句谚语："三个臭皮匠，顶个诸葛亮。"说明组织智能可以超越个人智能。有研究表明，组织成员掌握的与组织绩效有关的知识和技能，大部分没有实现公开、编码化和与他人分享。

这是组织智能的一个"富矿"。当代出现的知识管理提供了开发组织智能的有效途径。项目小组、公开论坛、专题社区、专家系统、知识共享平台、最佳实践活动等，都有助于将个人知识转化为组织知识。个人知识贡献的激励机制、最佳实践管理的知识库建设、组织管理流程和文化的体系化、知识资产管理等，是当前开发组织智能的重点。

（三）开发各种工具智能，固化和增强人类智能

开发具有复杂知觉、逻辑运算、综合判断、形象演示、决策支持、自动控制、学习适应等人工智能的仪器、设备、工具软件。例如，开发数据挖掘、数据抓取的软件，将专家系统植入各种智能工具中，开发高性能的程控机床、智能仪表、智能机器人、翻译机、无人驾驶机、管理驾驶舱、诊断设备等，可以帮助人类克服生理心理局限，减少决策和行动的随机性失误，减少人体疲劳导致的能力衰减等。

2008年11月，IBM公司宣布将领导一项由政府资助的，和瑞士大学合作的"蓝色基因计划"项目，该项目依靠神经生物学家、计算机和材料科学家以及心理学家的通力合作，旨在研制可以模拟人类大脑的电子线路，通过内存模仿突触、通信模仿轴突、计算模仿神经元的方式，让这种仿生学芯片模仿人类的大脑工作。IBM科

学家预测，通过这种芯片，IBM 的仿生学计算机在未来能够模拟 20 亿个人脑的神经元并实现对认知计算的初步完成。

(四) 组建智能化分工协作网络

分工协作是经济发展和科学技术强大的推动力，智能化也不例外。智能化无疑属于高科技产业，需要攻克基础研究、应用研究、产业化、市场化诸多难题。

为此，需要发展智能化科学研究以及产业的专业化，建立智能化研究开发的社会协作网络，以满足社会各方面对智能化的要求。专业分工方面，包括高性能元器件的研究开发、专业或行业级应用软件开发、系统集成和云技术服务等。社会协作方面，组建智能化推进联盟，建立开放性的研究开发平台。例如，2007 年 12 月，美国 Xcel 能源公司建立了汇集领先技术、工程公司、企业领导人和 IT 专家组成，包括埃森哲 (Accenture) 公司、卡仑特 (Current) 集团、施韦策 (Schweitzer) 工程实验有限公司、文泰克斯 (Ventyx) 公司等成员的智能电网联盟，在美国科罗拉多州的博尔德市建设智能电网城市，他们选择这个城市除了城市集中、规模适中外，还考虑到方便整合科罗拉多大学，以及正致力于联邦政府智能电网建设研究的国家标准与技术研究所的智力资源。2011 年 5 月 6 日，由长虹集团牵头，联合多家国内家电企业组成中国智能技术联盟，致力于推进智能多媒体技术应用程序商店、互联互通、操作系统等核心规范标准，从而推进整个产业规范和快速发展。

第二节 智能化的机制探究

智能化可以大大提高产品、工具和工作系统的功效，大大提高劳动生产率，因而，人们力图加快智能化的进程。这就需要探讨智能化的机制。智能化的机制包括个人智能开发、知识管理、社会智能协同、智能工具化、人机协同、制度激励六个机制。

一、个人智能开发机制

智能化虽然涉及组织智能、社会智能和工具智能，但其基础还是个人智能。人类通过学习、实践、营养等途径，可以提升思维和创新能力。IBM 公司领导"蓝色基因计划"的科学家达门·莫哈说，人类"大脑具有一种惊人的将跨意识的多重含义信息整合的能力，它可以毫不费力地创建时间、空间和物体的种类，以及得出感官数据的相互关系。大脑可以完成各种无与伦比的技艺，令现在的计算机望尘莫及"①。

根据中国科学院心理学研究所尹文刚博士的研究，人类大脑至少还有50%没有得到开发。

个人智能开发最直接的途径就是教育培训。有报道说，日本松下电器公司，由于常年进行全员创造教育培训，企业员工创意力猛增，公司拥有5万多件专利，员工创意提案每年高达150多万件。美国商人彼得·尤伯罗斯通过学习和运用狄泊诺博士"六顶思考帽子"方法，成功举办了1984年洛杉矶奥运会，将原来是一个财政负担的政府项目，变成了可以商业运作的盈利机会。

二、知识管理机制

通过知识管理，将个人的隐性知识转化为显性知识，通过知识交流共享，建立共决体制，形成组织智能。从历史角度考察，通过统一语言文字，发展教育和通信，实现了个人知识的传播、积累和传承，推动了生产力的提高和社会的发展。现代社会由于互联网的出现，人类智能的提升呈现更快的速度。

美国巴克曼实验室开发了一个称为KNetix的知识管理系统，让分散在全球80个国家的全体员工贡献与分享知识，该系统由于能收集让新产品成为快速转移上市的最佳实践，使该公司新产品的收入比例从占总收入的22%提升到35%，提升新产品相关利润的10%，对顾客问题的响应速度从原来的几周缩短为几小时。得州仪器公司1992年在13个半导体圆晶厂实施了最佳实践转移的知识管理项目，年增产值5亿美元，持续推动新增产值15亿美元，等于建造2座免费的新厂。

三、社会智能协同机制

现代社会是一个分工协作高度发达的社会。一款智能化的产品、一种智能化的工具、一个智能化的工作系统，常常需要整合社会各方面的力量进行开发。例如，苹果公司的App将唱片公司、歌手、作家、游戏及应用软件开发商、业余电子程序编写高手等整合在一起，为"粉丝"提供上万种消费选择，据2013年7月统计，可以在苹果应用商店（App Store）中下载的应用软件超过85万个。被整合的开发商包括迪士尼、美国艺电（EA）、智乐软件（Gameloft）、美国纳斯达克上市企业（Glu）、卡巴姆（Kabam）公司、罗维奥（Rovio）、斯托姆8（Storm8）和星佳（Zynga）等游戏开发商，以及美国主流媒体音乐服务商潘多拉（Pandora）。

---

① 刘军. 小议现代商业银行人力资源的智能开发[J]. 金融与经济，2005(8)：47-48.

近年来发展的云计算、云存储、云安全等,更体现了社会智能的专业化和分工协作的大趋势。

四、智能的工具化机制

人类智能一定要物化为产品、工具或工作系统,才能称为智能化。可见智能化是人类智能外化、物化的结果。通过在产品、工具和工作系统中植入和集成人类的智慧,如各类专家系统,可以大大提高效能。由于计算机不存在生理与心理的局限,信息采集、计算和存储能力可以大大超越人类,而且不会受到情绪波动的干扰,因而可以表现出高超的智能。

1996年2月10日,在美国费城举行的国际象棋比赛中,由IBM开发的采用32个微处理器并行计算的深蓝计算机,首次挑战国际象棋世界冠军卡斯巴罗夫,成绩为2∶4。经过不断改良,工程师们在深蓝输入了一百多年来优秀棋手的对局200多万局,每秒钟可以计算2亿步,可搜寻及估随后的12步棋,而一名人类象棋好手大约可估计随后的10步棋,最终在1997年以3.5∶2.5击败了卡斯巴罗夫。

利用新型软件、模仿人脑的神经结构,采用大量并行分布式网络建造的人工智能电脑,能听懂声音、具有高超的联想记忆能力和学习能力。1989年美国贝尔实验室制成了可供神经电脑使用的集成电路,1992年三菱电器公司开发出神经电脑用的集成电路芯片。现在纽约、迈阿密、伦敦飞机场已经用这种神经网络检查爆炸物。计算机专家雨果·德·加里甚至预言,50年后人工智能机器将超越人类并成为人类最大的威胁。

五、人机协同机制

人机协同是智能化最本质的特征。人类发明了计算机这样的智能工具,计算机反过来支持人类发明创造。科学家、工程师、经理们确定工作目标和思路,计算机完成信息搜索、高速计算、参数关联、图像显示、模拟仿真、决策反馈,帮助人们提高效率,实现目标。同时,计算机以及信息平台需要人们维护和不断改进。通过协同工作,智能化水平不断提高。

以专家系统的开发为例,基于规则的专家系统结构包括知识库、数据库、推理引擎、解释设备和用户界面。知识库、数据库、推理引擎、解释设备、用户界面是由某领域的专家(或专家团队)、知识工程师、程序员、项目经理乃至终端用户协力开发的。用户提出对专家系统的要求;专家提供相关领域各种情景和解决方案的理论知识和经验;知识工程师负责设计、构建、测试专家系统,搞清楚专家解决问题的事实和规则,以及专家表达的方法,选择特定的开发软件或专家系统框架,或选择编程语言以解决知识的编码,之后负责专家系统的测试、修改并将系统集成到工作平台;程序员负责编程,用计算机能接受的语言描述专家知识;项目经理负责项目的组织协调。而专家系统的开发及应用,还需要计算机一些组件相配套,如允许专家系统融合外部数据文件和以常用语言编写的程序的外部接口、知识库编码器、测试工具以及输入输出设备。

第三节　从共享中心到数据中心

"数据已经成为一种商业资产,一项重要的经济投入,可以创造出新的经济利益、更高质量的价值。"大数据之父舍恩伯格在《大数据时代》一书中指出,在信息时代,数据就是企业的"金矿"。

事实上,在市场环境不确定性和模糊性日益增加的环境下,以"用数据支持决策、用数据强化管控"为核心的数字化管理,已经成为集团企业经营管理过程中分析过去、把握现在、掌控未来的关键。

"数字化管理"放弃过去依靠经营管理者的经验和能力做出判断的粗放式管理,量化管理的精确化,让数据说话、用数据决策、靠数据管理。

"数字化管理"的关键在于整合企业内部的财务小数据、业务中数据,并融合社会大数据,形成企业的大数据平台。[①] 基于共享中心为构建集团级数据中心提供了一个行之有效的参考方案。

一、亟待建设的集团级数据中心

数据中心被视为大型集团企业管理信息系统的"心脏"。

最近几年来,随着云计算、大数据、移动互联网、智能化等信息技术的不断发展,大型企业、互联网巨头、政府机构都纷纷建设数据中心,以满足自身业务发展与精细化管理的要求。

构建数据中心,能为集团企业带来以下几方面价值。

从技术层面来看,数据中心的建设是企业信息化建设中的必经阶段,它代表了企业信息化的方向。信息化是当今世界经济和社会发展的大趋势,对提高企业竞争力来说至关重要。但是企业的信息涉及面广,各种应用系统常常不能有效地共享

---

① 刘莉.财务共享中心对提升财务管理水平的作用分析[J].中国市场,2020(29):164+169.

数据，不断增加的安全威胁对数据的安全性提出了挑战，急剧增长的数据量使既有的存储容量和应用系统以适应企业的需要。建设可靠性高、大容量的数据中心十分重要。

从业务层面来看，数据中心是企业的业务支撑平台，是支撑业务发展、驱动业务增长的必然要求。数据中心建设越贴近企业的真实业务需求、越适应业务快速发展的需求，发挥的价值也就越大。

企业在建立数据中心时要考虑目前及未来可能的业务规模、客户数量的持续扩大。以D集团为例，该集团业务范围涉及房地产主业及其延伸产业（包括建筑建设、酒店、绿化园林等业务），同时涉足能源、汽车、金融等其他业务。随着集团的快速发展，业务形态的日益丰富，集团组织结构也日益庞大和复杂。各级经营管理层和决策层，要随时随地看到全面、真实的经营数据，掌握企业实际运营情况（如企业开盘项目的销售情况、在建项目的资金情况等），通过预实对比，及时"预警"以发现业务运营过程中的问题，并提出最佳解决问题的方案，最终推动经营目标的顺利完成。上述诉求需要集团借助统一的数据平台，汇总整合所有数据信息再进行多维度、多视角的分析，进而实时掌握企业业务运营过程中的关键数据。

从管理层面来看，数据中心的建设实现了企业信息的高度共享和整合，通过对数据资源的整合、挖掘和转换来更好地为各级管理者进行分析、决策提供依据。一个统一的数据中心，可以有效打通业务与财务的壁垒，解决企业内部的信息孤岛问题，同时能把企业内部不同地域、不同部门的信息整合起来，让管理者可以随时获得及时、准确、真实、可靠、全面的数据，进而为管理者的决策分析提供高质量的基础数据。以地产企业为例，决策者最关心的是销售金额、销售面积、结转收入、回款情况等指标。在数据中心的基础上，企业可以利用商业智能中的数据挖掘、数据分析等技术将这些指标在可视化的管理"驾驶舱"中一一呈现出来，以便决策者以此为基础制订下一步经营计划，推动战略目标的顺利完成。

尽快构建一个汇集不同口径、不同地域、不同来源的集团级数据中心，是企业进行高效管控、科学决策的基础与前提。

然而在实际工作中，企业要想构建数据中心仍然会面对很多困难。有些企业构建了数据中心，但只是做了简单的基础数据收集汇总，由于数据口径不统一，导致同一个指标在不同部门可能有不用的计算口径，有些指标又有不同的数据来源。这些现状导致数据中心发挥的价值非常有限，不能满足业务运营、经营决策的实际需求；有的企业没有构建数据中心，数据没有收集进来，或者收集的数据不全、质量不好，更谈不上出具对管理者有用的管理报告。

一方面，数据对企业而言犹如"金矿"般宝贵；另一方面，在构建一个真正有用高效的数据中心时,众多企业却无从下手。

二、从共享中心到集团级数据中心

财务共享中心具备成为集团级数据中心的天然优势。

首先,在基础数据收集方面,财务共享中心使原来分散的数据得以汇总和统一处理,为管理者的分析与决策工作收集了大量可靠的、低成本的数据。一方面,财务共享中心汇集了所有的核算数据,将原本分散在不同地域、不同部门的全集团的会计核算工作集中到一个平台进行;另一方面,财务共享中心打通了财务和业务间的壁垒,实现了对交易事项的集中式记录和处理,使企业从源头上掌握集团内部各单位的真实交易数据。

其次,在基础数据规范方面,财务共享中心通过流程再造,实现了交易过程的显性化和规范化,夯实了数据基础,促进了流程、管理、数据质量的规范化,使企业从源头上获取了真实、规范的高质量数据,让这些高质量的数据成为今后战略分析、管理决策的重要依据。

最后,在数据中心建设路径方面,财务共享中心是企业信息化平台中最贴合数据中心建设要求的系统平台,它具备成为集团级数据中心的最佳条件。从当前集团级数据中心的建设路径来讲,无论是从管理层切入、从财务切入,还是从业务切入,都难以建成一个真正有用的数据中心。这是因为,管理层尽管有战略和管理高度,但往往缺乏基础数据支撑;财务人员大多不懂业务,也不懂IT,而业务人员又大多不懂财务,也不了解管理需求。财务共享中心可以提炼出管理者最关心的报告级数据,是管理者管控思想最基础的体现。

如今,瞄准管理目标构建高级阶段的财务共享中心,即财务共享8.0阶段,将集成核算数据、预算数据、资金数据、资产数据、成本数据、外部标杆数据等与高层管理和决策相关的信息,使财务共享3.0阶段成为企业未来决策最重要的数据支持平台,为管理会计的应用奠定重要基础。

从技术层面来看,共享中心作为集团化数据中心,无论在平台架构、平台拓展还是数据集成等方面都已实现;从产品层面来看,当前,基于数据中心要求成形的共享中心产品已经问世,如元年E7管理会计套件,就包括管理会计报告、预算管理、成本管理、绩效管理等管理会计主要的模块。同时,共享中心作为数据中心的核心模块之一,涵盖核算共享、报表合并、报销共享、支付共享等四个模块,通过数据仓库和数据集成工具箱的加工,为管理会计报告、预算管理、成本管理、绩效管理提供数据来源,使数据中心成为一个统一的工作平台。

三、从数据中心迈向大数据平台

当前,随着大数据技术的逐渐成熟,大数据正在逐渐向企业运营、财务管理内部延展。企业所面对的数据主要可以分为三类,即财务小数据、业务中数据、社会大数据。

大数据时代将全方位地改进企业的数据分析思路。财务小数据的变化使信息获取更加便捷,财务向业务前端延伸,增加执行管控要素;业务处理更加高效,体现为报表合并过程的快速处理;信息记录更加精准,即从交易与记录的源头标识管理会计信息,强化信息的相关性。

业务中数据的变化有望打破部门之间的壁垒,在工业4.0的状态下,从接单到协同、产出、交付会同步进行;更多关注作业与资源能否成为真正的"业务单元";从结果到过程——关键绩效指标(Key Performance Indicator,KPI)—平衡计分卡(Balanced Score Card,BSC)—目标与关键成果法(Objectives and Key Results,OKR)的演进路径,把"用正确的方法做正确的事"的思想深度融合。也就是说,随着绩效考核方法的演变,KPI—BSC—EVA(Economic Value Added,经济附加值),都是对结果绩效的衡量,而OKR改变了绩效考核的方式,它不仅关注绩效而且关注影响结果的关键过程。

社会大数据的演进是不可逆的浪潮。在整个企业运营过程中,企业壁垒变得越来越小,甚至有可能瞬间被打破;获取资源的过程和内部交易的过程,都会依赖外部大数据来定义客户,完成交易。整个企业不再单单只做产品的制造者,而要整合外部平台。此时,企业本身的生存环境会发生重大变化。

大数据时代,将全方位地改进企业的商业模式和数据分析思路。如何充分利用大数据、智能化等技术,将共享中心从交易环节向业务环节深度延伸,将共享中心从企业内部向外部生态链延伸,成为中国企业构建的高水准的共享中心,继而构建集团级数据中心需要探索的关键问题。

基于对趋势的敏锐判断与精准把握,企业可以利用"互联网+云"搭建企业在线消费商城,并且与财务共享中心集成,构建大型集团企业的智能财务共享中心。基于"消费商城+财务共享"的智能财务共享中心,从后端财务向前端业务延伸,打通企业的业务流和财务流,对内覆盖全员、全流程,对外覆盖价值链全程,既连接供应商、商旅、客户等,也对接银行、税务等外部系统,从而实现业务流程、会计核算流程和管理流程的有机融合,实现交易透明化、流程自动化、数据真实化。

基于"消费商城+财务共享",将从源头打通企业内部的业务数据、财务数据,将企业变成数据平台,以产出真实、可靠、规范的高质量信息为使命,再加上社会大数据——元年明德会计指数，最终构建出一个集"财务小数据、业务中数据、社会大数据"于一体的集团级大数据平台。今后该平台将在企业经营环境的预测、分析、决策、管控中体现出越来越重要的价值。

以 A 集团为例，基于互联网技术，通过智能财务共享中心体系的搭建，A 集团建立了内外融合的新型财务运营体系，通过消费商城的模式，从前端的资源获取，到企业内部的运营加工，再到数据分析和展示"四套账"（资源账、管理账、会计账、监管账），形成了 A 集团新型的财务运营管理体制。A 集团基于智能财务共享中心形成的大数据平台，主要用于数据的存储、展示和分析应用。前端的交易、对账、发票、付款等一系列流程的各环节均作为数据采集点，产生大量的数据资源，实时进入数据平台进行信息的存储，通过管理维度进行信息的归集、展示，并支持灵活的拖曳分析展示。通过大数据平台对"四套账"的实现，打造 B2B、B2C 的运营管理系统。与此同时，A 集团还建立了基于大数据和人工智能的财务交易数据分析模型，为资源配置、决策提供数据支撑。

第四节 作业派工机制以及众包模式

一、作业派工机制

对于企业来说，财务共享服务平台的搭建，只是开启了企业流程化、标准化管理的第一步，其后期的运营管理同样重要。只有共享服务体系的运营能力不断优化，整个企业组织才能获得不断前进的动力。

而在共享服务平台运作能力优化方面，财务共享服务平台的作业派工机制发挥着极其重要的作用。在共享服务模式下，财务共享服务平台通过一定的规则对工作任务进行分配，并将之与员工个人绩效挂钩，可以帮助整个财务共享服务组织更加掌握业务周期与员工作业能力间的均衡，提升员工的积极性，实现工作效率的提升，进而提高整个财务共享组织的服务能力和服务质量。

（一）从作业派工、云抢单到财务众包

1. 作业派工

传统的财务模式和财务共享服务模式之间的根本区别在于财务共享模式是基于流程驱动进行任务推送和跨组织操作的。众所周知，在传统财务模式下，很多财务工作具有一定的自主性，如制作凭证、审单等工作，这些几乎是每个财务人员必须做的工作。但在传统财务模式下，财务人员是今天处理还是明天处理，完全依据财务人员的自主性来确定，且就工作量而言，财务人员做多做少也是全凭个人自觉。而在财务共享服务模式下，这些工作都将会被流程化，流程会提醒财务人员有相应的凭证要做，并可将任务推送给不同的人员来处理。

在进行作业派工时，系统会将前端所有审批完成的单据统一传送至共享中心"任务池"，并根据相应的派工规则，对财务共享服务平台的员工进行公平且有效率的任务分派。

以海大集团为例，在作业派工规则中，海大共享服务平台引入了缓冲量概念。所谓缓冲量，体现为每天相应地共享会计处理单据的基准量，系统根据设置的缓冲量值，实现自动派工，达到缓冲量值时，则停止派工。在法定节假日，系统不自动派工，当需要在节假日加班时，则支持手工设置为工作日。

在派工方式上，可按"任务池"派工，即通过任务池管理，配合多种派工模式，满足多样化的分工需求；或按能力值派工，即依照员工能力值与职能结构，合理派发工作任务，使员工价值最大化。

当下企业的财务共享服务平台还能够对已分派单据的回退、取回、二次分配等特殊情况进行处理。例如，单据拒回通常有两种方式：一种是整单拒回，单据直接回到提单人的操作页面中，修改后需要重新走流程才能进入共享中心的派工池里面；另一种是单据影像，单据状态变更为重扫中，此时，单据节点回到接单人员处，等待重新扫描影像，待影像重扫完毕提交以后，直接进入共享服务中心派工池进行处理，此种方式的优点在于不必再走流程，大大地节省了单据处理的时间。

2. 云抢单

除了在企业内部进行"自动派工"或"自动派工+手动派工"之外，云抢单也是当下财务共享服务平台中所常见的一种功能模式。

A企业的"云抢单"模式是最为典型的案例之一。在A企业共享服务平台建成以后，随着A企业业务的快速扩张以及集团大量的法人共享需求，A企业共享服务平台开始面临运营效率提升的瓶颈。对此，A企业财务共享服务平台打破传统观念，在行业内建立了"云抢单"机制：通过搭建"共享大抢单"平台，A企业将每一个交易处理需求转变为一个个在线可抢的订单，把处理不同交易节点的空余时间充分利用起来，由一人负责全流程变革为分团队、分段抢单，形成自驱动机制，让会计人员"云端办公"，转型成为"滴滴会计"。共享服务平台中的所有员工都可以通过云平台查看订单池信息，然后通过抢单来确保账务信息的及时入账。例如，A企业有42个区域中心，每个中心配备1~2名出纳人员，负责收款、记账。由于资金属性等原因，有可能北京的出纳人员在业务量大的时候，不能保证资金及时准确入账，但此时可能其他地区业务量较低，出纳人员较为空闲，那么其他地区的业务人员就可以进行"云抢单"。A 企业抢单机制的推出，有效解决了传统的固定人员负责制及订单需求和接单资源在时间、空间上难以协同的问题，使得组织运营效率大大提升，有效满足了 A 企业高速发展的需求。

3. 财务众包

相较于 A 企业，B 企业财务共享中心的财务众包模式在财务共享上又向前迈了一步。它把会计作业与互联网结合，即把会计作业进行极致拆分，通过众包平台发布到互联网，由互联网大众进行处理，最后平台整合任务处理结果形成企业记账及支付依据。这种财务众包模式在劳力、空间和时间上都实现了创新和突破。在空间上，相关人员无论是在路上、家里、公司还是在饭桌上，都可以进行操作；在时间上，专业工作将不在一条连续的操作流程中完成，而是将流程打散成若干个细小流程，由若干人员同时完成。

除了突破限制，B 企业众包平台还自带极致拆分、自动学习、降专业度等标签。所谓极致拆分，是指平台将单个业务处理拆分成最小待处理任务，将串行任务变为并行任务进行处理。将一个企业内部的报销单，拆分成 10 个小的任务，由互联网上 10 个不同的人处理，这样既能大幅提高处理时效，又能使企业一个业务不会被一个人全部了解，保证企业信息安全。而自动学习是指平台自动记录每一个任务的处理结果，当一个处理结果相同的任务达到一定数量时，平台能够实现以后的任务处理自动化，取代人为操作。

从在企业内部进行自动派工，到位于不同区域中心会计人员的"云抢单"，再到突破劳力、时间和空间的财务众包模式，财务共享运营平台正展现出越来越多的可能性。财务共享中心的组织边界呈现出日益模糊化、动态化的特点。共享中心的岗位任务定义越来越清晰，而岗位却逐渐虚拟化。

(二) 作业派工与绩效管理

在共享服务平台的组织架构中，财务共享中心企业人员是最为主要的部分之一。他们不仅是服务产品的直接生产者，同时也是企业内最为活跃的成员。从此种意义上来看，运营人员的绩效关乎企业绩效，只有在与企业绩效保持一致的情况下，对运营人员的激励才能促进财务共享中心实现企业目标。

就共享中心的绩效管理而言，最重要的是通过公平的量化绩效进行考核，并形成多劳多得的考核导向。而多劳多得的考核方式，在实务中，主要是通过作业派工模式下的计件来实现的。将员工绩效与作业派工机制相关联，能在最大限度上提高员工抢单、审单的积极性，从而更好地提高财务共享中心的服务质量。

还是以 A 企业为例，在具体的实践中，A 企业将抢单机制和个人绩效、薪酬挂钩，形成了具有 A 企业特色的"人单酬"机制。在共享中心，每个员工都有一张损益表，记录员工的个人收入项、费用项和损失项，作为薪酬兑现的数据来源。通过事前预酬、事中抢单、事后绩效挂钩并优化，每位员工都成为自驱动、自运转、自创新的自主经营体，不仅实现了运营效率的持续增长，也实现了员工与企业的双赢。以资金收款为例，"人单酬"损益表的收入项以工作的实际完成情况为基数，而不是定岗定价的固定薪酬模式，员工可以通过在作业派工机制下，对运营人员进行绩效评价可从每个员工的业务数量、一次性成功比例、差错率等几个维度进行考核指标设计。

如在海大集团，会以 40 件/天为基准量，通过共享会计的"基准处理量 + 抢单"进行等级绩效考核：40 ~ 60 件/天处理量为一级绩效；60 件/天以上处理量为二级绩效。如当日未处理完毕，第二日派单维持以上标准，确保共享会计每天的单据处理量。

此外，在作业派工机制下，进行绩效指标设计时，简单的计件并不一定会带来公正的绩效评分。例如，财务共享中心主要以处理诸如应收、应付业务为主，通常情况下，数量是以实物票据的份数来计算的，但需要指出的是，同样一份实物票据，其业务处理的难度却是不同的，如果在此种情况下，仍简单地将其都归集为一个工作量单位，显然有失公平。这种情况下，一个可行的方法是分析单据类型，把工作量最低的一类单据作为标准单，其他单据的工作量相对该类型单据的倍数视为标准单系数，从而将各类单据转换为相同的计算口径。

例如，在海大集团，由于每张单据的处理量不一，在设计时缓冲量值与单据系数有直接关系。例如，单据 A 的单据系数为 2，单据 B 的单据系数为 4，则当缓冲量一样时，单据 B 的处理量要比单据 A 的处理量大一倍，此时绩效考核的结果是公平的，有利于提高员工的工作积极性。

二、众包模式

（一）财务众包模式的概念

"财务众包"是企业将整体或部分的财务工作发布到网络平台，采用"众包"的模式，将任务发包给符合条件的非特定大众来完成。目前主要用于处理费用、总账、税务等工作量大，操作简单，价值含量低的财务业务。众包不同于外包，它的任务接收方一般是单独的个体而非公司，因此它的成本通常要低于外包。

众包作为商业模式中的一种新型模式，目前仍在不停地发展、创新和完善。企业不仅可以把它当作一种营销手段或者解决问题的途径，还可以对企业内外资源进行整合，建立产品以及服务的运营体系，形成能够持续盈利的整体解决方案。它是指公司等组织机构采取自由自愿的形式，将曾经由职工负责的工作任务，外包给不确定的、大型的大众或社区，扩充资源，协调内外部要素的运作，形成一个高效而独特的具有核心竞争力的运作体系。它可以利用网络集合大众，并将网络大众物质层面和精神层面的资源运用于公司本身的产品或服务，从而实现持续赢利和价值创造的目的。

随着"众包"的提出以及广泛推广，为财务共享服务中心的创新发展，提供了新的思路。由于"众包"属于一种新兴的商业模式，发展时间还比较有限，因此对于"众包"的探索，主要是集中在其自身的问题之上，更多的是对其理论方面的研究。关于"众包"跨学科的融合研究较少，与财务相结合的研究更是凤毛麟角，并且是近两年才出现"财务众包"相关的概念。"财务众包"的运行模式还有待探究。

(二) 众包模式的特点

1. 众包是一种有限的自由与开放生产模式

作为伴随互联网发展而兴起的生产模式，众包融合开源的透明要素。首先，众包中的企业与个体具有选择的自由。企业与个体不受传统雇佣关系的约束，可以自由选择和参与不同的企业。其次，众包能够为企业从大众中挖掘创意，使其生产变得更加便捷和便宜。

然而，这种自由和开放的程度是有限的。即便互联网的普及较为迅速，但仍有很多人没有使用互联网的条件，而且即便是互联网用户，也不能保证他们愿意参与其中。更为重要的是，以盈利为导向的企业参与到众包中，势必会产生一定的独占权，减弱众包的开放性。实践表明，由于技术限制和企业利润导向使得众包成为有限度的自由与开放。

2. 众包是一种协同交互的关系网络

与传统生产模式相比，众包的参与者分布于更为广泛的地域空间范围，并频繁地进行着各种交互运行。这些交互发生在公司和个人之间、个人和个人之间、众包平台和企业与个体之间，而由众包带来的收益则成为其交互运行的必要条件。众包的协同交互特征主要受到早期协作生产运动与互联网的发展两方面的影响。消费者协作生产使消费者由过去被动接受服务的"上帝"转变为众包生产中的协作工人，个人和企业不再只是交易关系，而是更多的信息和反馈。基于 web 的发展，社交软件等技术的应用为用户在 Internet 上的交流与合作提供了便利，个人知识共享信息，大大增强了人与人之间的合作与互动，众包的交互协作关系展示了公众协作的力量。

3. 众包是一种新的资源利用模式

众包作为一种新的资源利用模式，打破了市场和企业之间的界限，并已成为超越地域与组织界限的一种社会化活动。借助互联网的快速发展和普及，众包实现了全球联系的便捷化，能够将全球的参与者聚集起来形成集聚的虚拟"第三空间"，在地理上又呈现明显的分散化和国际化。这些分散式分布的独立个体加入企业的众包任务后，成为部分意义的员工，模糊了严格意义上的员工与消费者之间的界限，延伸了企业资源利用的边界。众包所利用的资源不仅有企业内部的员工，也包括全球范围的业余个体网，并由此构成更为广泛的人力资源网络。需要特别注意的是，以兴趣为导向的自组织社区作为众包所利用的资源具有重要意义，由于参与者更加注重自管理，依靠共同信念和协作完成任务等因素，网络中资源的整合较少或者不需要企业的干预。

4. 众包是一种价值网络

众包既是一种价值创造网络，也是一种价值分配网络。作为一种价值创造网络，个人的构成对进入企业价值创造过程的附加资源和经济资产价值创造能力有很大提高。众包中的企业通过利用网络的开放性和渗透性，突破了原有的资本专用性边界，实现了资源的共享和优化配置。无论是企业，还是个人，都构成了庞大众包网络中的节点，共同参与价值创造网络的重构。作为一个价值分配网络，众包将个人行为与实现公司利润最大化的目标相联系。但在多数情况下，企业在全部价值分配中获得了可观的利润，而个体经常没有回报，或者仅获得微支付及社会认同或娱乐等隐性补偿，作为价值分配网络的众包，实际是一种经济上不平衡的分配体系。正是由于众包对个体的支付过低，学者将其称为互联网上的剥削经济、奴隶经济。

通过以上分析，不难看出，众包是一种在全新的社会网络环境下企业合理地依靠外部智力资源的生产方式，这是一个相对较新的研究课题。

（三）财务共享服务下的众包模式可行性分析

1. 标准化的业务流程

在众包模式下，具有单一技能的社会角色本来不具备操作复杂任务的能力，复杂的任务必须被拆分为一个个简单任务才可以被他们完成，能够将这些任务拆分的前提就是他们是标准的。在财务共享服务中心成立初期，财务共享服务中心系统地对共享服务业务进行分类，形成规范化的操作流程，不断更新迭代，不断完善业务流程。在将现有会计核算过程发展为能够分包给网络大众的产品这一过程中，众包产品的开发人员可以凭借其工作经验，总结会计核算过程中的重点和难点，将其应用到开发合适的众包产品中来，这样，既能够提高产品开发效率，也能够节约财务共享服务中心的运营成本。

2. 专业化的运营团队

在一个成熟的跨国公司或跨国集团,财务共享服务中心已经运行多年,其员工具备非常高的专业能力并且已经积累了非常丰富的工作经验,在多年的会计工作中难免会遇到各种各样的问题,他们对会计工作有着深刻而独到的见解。这样一批具有丰富经验和专业优势的人士,在开发过程中有着非常丰富的众包产品开发经验,他们可以针对不同的产品在设计过程中遇到的困难提出合理的解决方案并给出参考性意见,这样可以在很大程度上提高产品被成功开发的可能性。

(四)财务众包模式带来的财务变化分析

1. 财务流程转变

按运作方式的类型划分,可以把众包模式分为分成型众包和成本型众包。成本型众包又可以分为开放式创新和微任务。开放式创新的任务类型多数是单一任务,支付有限的最终成本。例如,宜家家居通过举办以"天才设计"为主题的比赛,吸引大家参与其中,为多媒体家居方案的设计提供创新的思路和想法,经评审,获胜者可以得到2500欧元的奖金,他的作品也会被生产出来并销售。这样的众包方式不会对财务流程产生重大影响,对财务流程真正产生影响的是"微任务"这种众包模式。微任务是把一项复杂的工作拆分成多个简单任务分包给不确定的大众群体来完成,比如,原本一本书里有100篇文章需要翻译,采用"微任务"模式后,这100篇文章就可以拆分成100个任务分发给网络大众来完成,这样,就可以在几小时内完成翻译任务。由于其广泛的适用性,"微任务"将成为未来最重要的众包模式。微任务的特点体现在以下几个方面:任务的发包是持续并且稳定的,任务发包面向的是不确定的网络大众群体,提供劳务的人员也是众多而且不确定的,需要支付一定费用作为劳动力成本。转变为财务流程就是每个月需要审查并复核大量的劳动力成本,这些劳动力成本每个月都是大量变化的,需要向不同的劳务者支付劳务费用,同时还有很大可能需要计算代扣代缴个人所得税的数额。任务被拆分的越多则财务流程的报账次数就会越多,可以大致推断出,在未来"微任务"模式成为众包的主要模式时,会对财务流程主要产生以下几点影响。

(1)需要对原始凭证进行重新审核。原始凭证是判断企业是否真实、合理、合法经营的重要会计依据,无论是政府审计、注册会计师审计还是内部审计,都是他们的审计重点。企业的劳务支付对象由原来的固定员工变成大量不确定对象,这对支付真实性的确定是一个很大考验。在税收系统无法实现互联核对的今天,难免会存在部分企业选择通过虚假发包的方式增加成本来达到减轻税负的目的。众包平台对注册用户信息真实性的审核便显得尤为重要，这就要求用户在注册的同时需要留下联系方式以便众包平台进行审核。原始凭证将变成一个个任务发布在平台，平台会按照任务的类型进行统计分类，根据会计凭证保存的要求，平台与系统数据之间也存在着逻辑关系。

（2）需要保证向不确定大众支付报酬的准确性和及时性。"微任务"模式的发展也给企业财务流程带来了新的挑战，即面对的付款对象是不确定的且付款金额也几乎完全不同。任务细分越小，可能会有越多非常低的薪酬，甚至低于银行支付的成本，还会存在一些人仅仅出于兴趣完成任务而不上传个人账户信息导致众包平台无法及时支付报酬的情况。同时，随着微任务的发展，企业中大量的简单任务也可以采用众包模式。由于账目分类和入账不能再被细分而导致的会计信息失真等问题，如果采用传统账务处理手段，其复杂程度是不可想象的。众包平台必须采用当前大多数企业使用的财务流程报账系统，那就是，任务完成者依据自身情况填写报告并上传到财务系统，经复核后的部分信息是在审核后自动生成。比如，财务分录，另外的信息产生银行信息，通过第三方资金支付平台把资金支付给任务完成者。信息技术发展带来的挑战必须采用同样的方式解决。

（3）需要企业完成个人所得税的计算并代扣代缴。在中国，企业有义务完成个人所得税的代扣代缴，如果企业采用众包模式，那么个人所得税就应该按劳务方式计算，并且企业应该向纳税人提供完税凭证，这样就会使操作变得复杂化。上面所说的财务报账流程也应把个人所得税的计算纳入其中，并且自动将完税信息返还给劳务提供者。

2. 财务组织模式转变

当外包服务走进商业领域后，财务会计这一典型外包业务的主要特点是操作重复性强，规则性、规范性高，这与较早进入外包模式的人力资源服务、客户咨询服务、信息技术与支持服务站在了同一起跑线，成为最适合的众包业务。享受财务会计外包服务必然产生服务费，随着发展，企业已聚力于降低外包服务成本，外包成本的降低也成为各企业核心竞争力的表现之一。包括财务会计外包在内的众包模式发展，致使企业财务组织模式发生了改变。

众包的不同之处在于它的全面，覆盖面极广，众包的优势主要在于以下两点：一是汇聚智慧，站在企业外的角度，审视企业存在的难题，并提出解决方案，提高企业创新力，实现突破；二是外包公司与企业同时工作，提高效率，节省时间。外包的优势导致两类业务更容易实现外包：第一类是智慧型，解决问题，高端业务；第二类是机械型，操作简便，经常发生的业务。由此可见，财务会计是非常适合外包的，因为财务会计工作的整个链条兼具决策层面的智慧创新业务和操作简单，重复性高的日常业务。这两极分明的特点与外包优势默契吻合,财务会计外包模式的理想状态是,将日常发生的业务,包括报账系统维护,数据录入稽核,实时监控财务数据等操作性较强的业务进行外包,而企业的财务团队主要负责资金计划执行分析、制定财务手册、预算执行分析等核心业务。同时,将一些待解决的难题,需要个性化及创新解决方案的问题,采取开放性的众包模式,择优选取企业外部专家的方案,以实现低成本高回报的效果。

众包业务固然实用,不过仍有企业对数据是否外泄心存顾虑。要说明的是,众包业务并不是所有数据全部对外开放,企业仍然把握至关重要的机密数据,参照"二八法则",众包数据是指那些经常发生的,诸如费用支出,也就是80%的部分,而核心重要的20%数据仍在企业中。由此可见,财务会计的外包模式很好地提高了企业的运行效率,降低了原有的管理成本。[①]

(五)应对财务众包问题的对策

1. 加强财务众包平台的管理

发包方要掌握接包方详尽的信息,提高对接包方身份的管理,防止不法分子对平台进行恶意攻击。同时,还要严格管控业务资源,尽量地将一项任务细化为多项,对任务的次序进行重新排列,防止一些非法人员或者竞争对手通过众包任务窃取财务信息。同时,还要向注册平台的众包参与者介绍业务内容和范围,培训操作流程,并强调平台的规范性,以减轻任务上传之后后台的负担,避免资源的浪费。在众包参与者注册平台时签署相关合同,明确责任范围,这在一定程度上可以避免业务发生事故后产生纠纷,规范参与者的行为。对众包参与者进行分级管控,对于具有一定专业水平的参与人员(如具有初级会计师职称)可以适当提高任务的报酬以及工作的难度。而对于一些普通的参与人员,则给予一些对专业技能水平没有要求的简单任务。对于提交的不合要求的业务,公司视情况采取不支付薪金或者扣除部分薪金的做法。从技术层面提升财务众包平台的安全等级,如引入区块链技术来保障平台的安全性,避免注册用户信息的泄露。

2. 有针对性地转换众包角色

简单的任务由发包方作为主导,接包方通过抢单来选择任务。而复杂的任务则由接包方来主导,告诉发包方自己的能力水平与专业领域,然后发包方据此选择性地发布任务,交由接包方完成;任务的价格既可以由接包方拟定,也可以双方协商拟定。接包方需要通过在平台上进行任务的积累,才能获得平台给予技能、能力、

[①] 张红英,谭博文,宋夏云. 互联网+时代财务众包的发展桎梏及应对[J]. 审计与理财,2019(9):29-32.

信誉相关的评定。

3. 实行"两级"式众包

将财务工作链分割开来,利用众包帮助企业完成解决疑难问题、制度改革等智慧型业务和稽核、录入等操作型业务。解决难题、制度创新等问题,采取开放式创新众包模式,吸引专家参与众包,从中选择最佳方案,实现低成本、高回报。

事实上,财务众包平台也是具有服务性质的平台,提高对服务质量以及服务环境的重视才能使平台维持长期良好的发展,帮助企业赚取更多利润。

第五节 基于新技术的档案管理

随着企业财务共享中心建设及信息化工具的应用,从事财务核算工作的财务会计人员的工作方式也将发生重大变化,其中一项重要变化就是不见单审核,即通过原始会计单证的影像件进行财务核算。在新技术的应用下,影像及档案管理在财务共享中心建设中的定位在发生变化,如何合理利用档案管理信息化工具助力企业财务共享服务落地也成为企业的探索方向之一。

一、会计档案

(一) 三种企业会计档案

会计档案主要涉及四大类,即会计凭证、会计账簿、会计报表及其他会计核算资料。随着信息系统的广泛应用,绝大多数企业都已经拥有完善的财务系统或 ERP 系统,会计凭证、会计账簿及会计报表均可以通过企业财务系统或 ERP 系统记录或通过打印的方式输出纸质资料。财务共享模式下的企业会计档案不仅包括能在财务系统或 ERP 系统中记录的结果性档案,也包括记录前端业务过程的各类单据、形成财务核算结果的会计档案、为财务核算提供支撑的原始单证。

(1) 业务单据。业务单据主要是在企业各项经济业务活动过程中形成的由业务经办人员发起并经领导签批的各类单据,这些单据可以是纸质的签字单据,也可以是在信息系统里面由业务人员发起并经过流程审批的按照公司内部控制体系内置于系统的单子、单据。

(2) 记录核算结果的会计档案。记录核算结果的会计档案主要是指在财务系统或 ERP 系统中形成核算结果的会计凭证、会计账簿等会计档案,可以以电子形式存储于财务系统或 ERP 系统中,也可输出为纸质资料。

(3) 原始单证。原始单证既包括可用于确认业务合规性的报告、合同等纸质单证，也包括用于确认财务合规性的发票或其他财务单证。

上述三类会计档案并不是孤立存在的，它们之间相互支撑、相互对应。

(二) 会计档案管理

企业会计档案管理既要符合财政部、国家档案局颁布的相关条例和管理办法，又要符合企业的内部控制管理要求，同时还要能够支撑高效率、高质量的财务核算。在财务共享模式下，企业业务执行过程已由传统的线下模式转为线上模式，由业务系统进行管控；财务核算如记账、复核、支付等环节均通过财务共享系统来实现，且已与前端的业务系统进行了无缝集成。这就意味着，记录经济业务过程及反映经济业务结果均已经实现电子化，与之相匹配的附件，除了企业内部一些由领导签批的公文类文件、与供应商或客户签订的合同、原始发票等业务附件之外，对最终会形成会计档案的业务及财务附件，在财务共享服务模式下均以电子档案的形式进行保管和存储。纸质档案通过影像件（或电子档案）的形式进行保管和存储，并与原始纸质档案进行关联。

二、影像系统技术在会计档案管理中的应用

(一) 影像系统的三种建设模式

企业财务共享中心建设以信息化技术为基础，根据众多企业财务共享实践发现，影像系统已经是财务共享中心不可缺失的系统之一。但不同企业对影像系统的认知和建设模式存在一定差异。

影像系统在财务共享建设过程中的定位可以从三个方面来描述：第一，影像系统是财务共享中心的重要组成部分，但不能将影像系统与共享中心混为一谈；第二，影像系统的最大价值在于解决企业下属异地分支机构单据传递及核算效率的问题，借助原始单据的影像件进行财务核算，在核算效率层面为企业带来更大的价值；第三，随着一些前沿技术（如OCR）的应用，企业通过影像系统来提取原始单据影像件上的关键信息并形成结构化数据，同时将得到的数据与共享中心里已有的业务数据自动进行比对，以减少财务人员的审核工作量。影像系统建设通常有以下几种模式。

(1) 初级模式。不购买或建设专业影像系统，仅在财务共享中心各业务受理点通过扫描仪将原始单据扫描为影像件，并以附件形式存储在共享中心。

(2) 中级模式。通过专业影像系统进行原始单据的影像化并且对影像件进行压缩、纠偏等操作，同时将影像系统与共享中心对接，实现影像的调用、传递、归档，

并将影像件存储在影像系统中。

(3) 高级模式。通过专业影像系统进行原始单据的影像化并且对影像件进行压缩、纠偏等操作,将影像系统与共享中心对接,利用 OCR 等技术来提取影像件上的要素并与共享中心中业务单据的要素自动进行比对。此种模式下,因当前 OCR 技术不能 100% 地识别影像件上的相关要素,所以会存在少量的手工操作 (如手工填写、手工纠偏、手工比对等)。

企业在进行财务共享中心建设的过程中,可以选择适合企业管理需求的影像系统建设模式,但需要考虑以下几个要素。

第一,财务共享中心的职能定位。财务共享中心作为一个专业的第三方机构,为成员单位提供财务核算服务,但不同企业对财务共享中心的定位却不尽相同,呈现出几种不同的类型:按照处理的业务范围来区分,可以分为专业业务共享中心或全业务共享中心;按照共享中心服务对象的地域来区分,可以分为区域财务共享中心、全国或全球财务共享中心。一般而言,处理的业务越多,服务的单位地域越广,对影像系统的要求就会越高。

第二,企业单据量。企业的单据量大,需要更专业的影像系统来对影像及档案进行管理;企业的单据量小,则可以通过简单的模式进行影像及档案管理。

第三,企业对影像件质量的要求。企业对影像件精度要求 (如清晰度、单个文件大小等) 越高,越需要专业的影像系统;企业对影像件的精度要求低或者没要求,则可以通过简单的模式进行管理。

此外,影像系统的建设还涉及前端进行影像采集的工具。目前,进行影像采集有多种工具可选,包括手机、高拍仪、平板扫描仪、高速扫描仪。根据不同的业务类型或不同的财务共享业务受理模式,可以选择不同的影像采集方式。

(二) 影像及会计档案管理的四个关键点

在财务共享模式下,影像及档案管理有别于传统模式下的档案管理。传统模式下的会计档案与业务单据是相互孤立的,这给档案查阅、审计等工作带来了诸多不便。而在财务共享模式下,影像管理及条码技术的应用,不仅提高了财务共享中心作业的质量和效率,也为档案的成册、入库、查阅、借阅、审计等工作带来了极大的便利。

1. 会计档案影像件与业务单据的关联性

在财务共享模式下,为了提高业务审核及财务核算效率,通常会通过电子业务单据及原始会计单据影像件来进行业务审核及财务核算,需要通过技术手段将会计档案影像件与业务单据进行关联。通常,以业务单据编号 (如报销单号等) 作为唯一

ID（Identity document）来关联业务单据与影像件。业务单据编号在业务发起的同时会自动产生，可以通过打印报销单并进行票据粘贴或粘贴单据后手工填写业务单据编号的方式，在进行影像扫描时通过业务单据号将系统业务单据与影像件进行关联。

2. 会计档案影像件与纸质会计档案的关联性

在财务共享模式下，业务单据与纸质会计档案可以实现双向追溯。即通过系统业务单据可以追溯到后端的纸质会计档案，也可通过纸质会计档案追溯到系统业务单据。这就需要会计档案影像件与纸质会计档案能实现一一对应关联。

3. 业务单据与记账凭证的关联性

在财务共享模式下，业务单据存储于共享中心，记账凭证存储于核心财务核算系统中。可以以"业务驱动的财务核算"为指导思路，实现业务单据驱动核算系统自动记账，将记账凭证信息与业务单据实现关联。通过业务单据与记账凭证的关联，也就实现了业务单据、影像件、纸质会计档案、记账凭证四个要素的关联，即可实现通过任意要素都可以查看完整的业务链条。

4. 查阅的便捷性

影像及档案管理除了在业务过程中的应用，其后期的成册、入库、查阅、借阅、审计、销毁等与档案相关的管理工作也尤为重要。这个过程中任何一个环节都涉及影像件及纸质会计档案的查阅。为了查阅的便捷性，可以通过条码、OCR等技术手段来实现快速查阅。例如，给每一张业务单据对应的原始纸质会计档案赋予唯一的一维条码，再给达到成册条件的一本档案册赋予唯一的一维条码，这样就可以通过扫描条码来实现快速的档案查找。

企业财务共享中心建设是一项系统性工程，以提升财务管理水平、促进企业管理升级为目标。影像及档案管理作为财务共享中心重要的系统构成，可以帮助财务共享中心提升服务水平和信息化水平。企业在进行财务共享中心建设的过程中，要充分考虑现有管理水平及未来的发展，对影像及档案管理信息化工具的建设也要充分考虑企业当前需求，并结合纳入财务共享中心的业务模式，据此选择适合于企业管理要求和未来发展的信息化工具，真正为企业创造价值。

（三）会计档案影像化的优势

1. 会计档案影像化促进线上财务办公的实现

由于会计档案影像化，财务人员不用翻阅凭证，在财务系统就可以点击查阅以往凭证的所有附件信息，进行分析、统计、计算等后续深度加工。老师不用到财务处凭证室现场、档案馆等场所复印或拍照打印，进行烦琐的凭证查阅申请、入馆审查登记等，在办公室或者家里随时随地登陆预约报账系统查阅以往报账凭证信息，尤其是项目结题验收、审计高峰期等，会计档案查阅需求量很大，会计档案影像化，极大地解决了师生往返财务处、档案馆等查账需求，足不出户就可以轻松、高质量地查阅凭证会计档案查阅，作为财务业务和财务工作的重要一环，影像化的实现为线上财务办公的全面开展，奠定了重要基础、探索了良好的实现路径。员工可以在家、在线远程随时查询、打印、下载会计档案，完全无接触地办理财务业务，快速便捷，助力有财务需求的人员顺利开展工作。会计凭证影像化，将会加速促进企事业单位推广应用财务线上办公、网上服务。不久的将来，财务部门信息化水平和服务质量必将不断提升，全面实现线上财务办公。

2. 会计档案影像化推进了财务"云平台"及电子数据库的形成

长期以来，纸质会计档案存档被认为是必不可少的一环，阻碍了全面实施财务办公。伴随着云计算大数器区块链等技术的不断成熟，最为关注的电子财务安全也将迎刃而解，电子财务档案的安全也有了可靠的解决方式。会计档案影像化，使原本纸质的原始凭证、附件记账凭证等变成随时可以查阅的电子文档，这无疑极大地方便了财务人员和用户调取资料、查阅信息。后期的OCR图像识别技术的应用，将原始资料中的发票金额、单位名称、票据编号等信息，通过文字识别转换成财务可以读得懂的数字信息。可以编辑、存储，形成电子财务数据库。安全的会计档案影像化存储，推进了财务"云平台"办公和财务电子数据库的科学存档。通过基于会计档案影像化的财务"云平台"将实现对财务凭据和数据的收集、整理、统计，在云平台上完成报销、出纳等日常财务行为。

三、机器学习技术在会计档案管理中的应用

（一）精细确认会计档案保管期限，设立保密等级

机器学习目标是构建数学模型，选择相应学习方式和训练方法，利用数学工具学习不断输入的数据结构和内在模式，求解模型最优化的预测反馈。[①] 机器学习本质上就是进行知识记忆的过程。

随着数字经济的迅猛发展，产生的电子税务发票、原始单据、银行对账单等会计资料以及辅助性材料比过去更多、更复杂，如何高效鉴定会计档案的保管期限以及设立保密等级就成为一个迫切需要解决的问题。2016年颁布的《会计档案管理办法》中，规定了会计档案的定期保管期限为10年、30年，同时要求各单位定期对已到保管期限的会计档案进行鉴定并生成鉴定意见书。其中，保管期限为10年的会计

---

① 张润，王永滨. 机器学习机器算法和发展研究 [J]. 中国传媒大学（自然科学版），2016，23（2）：10-18+24.

档案主要包括银行存款余额调节表、银行对账单、中期财务会计报告、纳税申报表；30年的会计档案主要包括记账凭证、明细账、日记账、总账、原始凭证、会计档案移交清册、其他辅助性账簿等。这意味着在10年或者30年之后需要对大量的电子及纸质会计档案进行再次鉴定，将有价值的会计档案重新划定保管期限持续保存，无价值的进行销毁。在实际工作中，一次性准确确定会计档案保管期限的难度大、工作量也大，许多单位会选择慎重处置，如为了避免麻烦，部分单位甚至将所有的会计材料均予以归档保存。除此之外，对保管期限已满的会计档案进行销毁时，必须经过形成人工鉴定意见书、编制销毁清册、专家小组审批、共同派员监销等程序，当人力有限的档案馆（室）无法及时完成鉴定及销毁工作时，就会产生一系列问题。面对此种情况，部分单位一等再等，在持续累积会计档案的过程中，增加了单位运营成本、挤压了库房保管空间。为解决上述问题，可利用机器学习技术研发会计档案知识库系统，选择神经网络算法或聚类算法训练，智能鉴定会计档案保管期限与保密等级，使会计档案的保管与销毁工作智能化进行。这样不仅可节省人力、物力，也可高效地完成销毁鉴定工作。

  基于上述考虑，笔者构建了基于机器学习技术的会计档案知识库系统模型。该模型主要由生成器与鉴定器组成。生成器的主要任务是生成会计档案知识库，即首先由内外部环境向系统的学习部分提供会计档案相关信息，学习部分利用内外部环境抓取来的信息调整会计档案知识库，不断强化系统执行阶段的效能，在执行阶段根据会计档案知识库完成任务，同时把获得的会计档案信息反馈给系统学习部分，以进一步完善会计档案知识库。其中，会计档案知识库中不仅应具备会计与档案的基本知识，还需要输入必要的逻辑语句或函数判别公式。鉴定器的主要任务是鉴定会计档案保管期限与等级，当输入的会计档案满足系统中的某一保管条件时，系统立即停止检测并反馈精准保管期限和保密等级信息。反之，经上次执行程序完成后进入会计档案知识库进行再次确认。信息反馈的最终目的是分析会计档案的数据风险和总结执行效果。如果执行效果好，则将有价值的内容经过系统学习模块保存到会计档案知识库，反之则删除。经过会计档案知识库的"过滤"，可不断地进行经验记忆和及时分类，充实知识库。

  （二）挖掘会计档案潜在价值

  对于企业而言，会计档案具有不可替代的作用。在发生经济纠纷时，会计档案发挥着法律凭证作用；在注册会计师审计公司业务流程或者在纪检监察工作中，会计档案也发挥着风险控制作用与监督管理作用。

  由于人工智能技术可突破传统的档案信息关联性不足的瓶颈，使档案信息关联性集成化更高，有利于档案信息的进一步挖掘。一般而言，馆藏会计档案的载体形态主要有两类：一类是纸质的会计档案，另一类是从专门的会计管理系统中以 RAR、TXT、ZIP、PDF 等不同格式导出的电子会计档案。由于受档案载体、系统兼容性、数据统计路径不一致等因素的影响，会使会计档案不能与馆藏的不同单位的档案或者同一单位的其他类型档案建立联系，进而影响了其作用与价值的发挥，阻碍了其潜在价值的挖掘。依赖于机器学习技术研发的会计档案知识库系统，结合蚁群算法或卷积神经网络进行数据归纳分析，对归纳后的会计档案信息再进行深度挖掘，将会发现会计档案与其他档案之间的关联度与潜在价值，能更加准确地反映出企业经济发展状况及业务能力。

四、自然语言处理技术在会计档案管理中的应用

（一）提高会计档案查准率与查全率

自然语言是人与人之间交流的语言，或者是经过整理后的逻辑语言。"基于人工智能的自然语言处理是利用计算机对人类的口头和书面形式的自然语言进行分层次加工处理和应用的一种技术。"哈尔滨工业大学社会计算与信息检索研究中心历时11年研发了LTR语言技术平台，并且联合讯飞技术公司推出了"哈工大—讯飞语言云"服务系统。该系统利用讯飞大规模云计算服务的稳定性与语言吞吐量优势，为各领域提供了精准的自然语言利用云服务，同时支持中小型企业的低成本商业应用需求。2018年4月，国家档案局档案科学技术研究所与科大讯飞技术公司联合成立了实验室，现已研发出首款产品——讯飞档案机，其在智能语音同步转写、语音合成等方面可达到国际领先水平。

当利用者的会计档案利用需求不明确或表述不准确时，会给档案管理者的提供利用工作带来一定麻烦。例如，某单位用户向档案馆（室）要求查找中期财务报表与押金收款票据时，一般是先找所有者权益类和负债类的会计档案，再找季度与月度财务报表以及应付账款，最后再找到用户所需的财务报表与押金收据，若档案管理人员对会计知识不熟悉，就会影响查准率或查全率。如用户表示需要"公司关联方财务报表披露信息"，可以理解为"公司—关联方—财务报表—披露信息"，也可以是"公司关联方—财务报表—披露信息"，其中"公司"包括总公司与分公司，"关联方"包括合营企业、联营企业。当档案管理人员进行检索时，首先需要明确用户表述的需求信息，是仅需关联方已经披露的会计信息，还是需同时获取总、分公司与关联方披露的会计信息。汉语中，句法组织不同，其所表述的语义也不同，需进行层次性结构划分，以充分描述利用需求。拥有一个语言数据精确度高的识别系统，

对精准识别用户所需的会计档案信息、提高查全率与查准率具有重要意义。

(二) 提供会计档案自动编研

美国福特、中国平安、中兴通兴等国际公司已建立起了 FSSC (财务共享服务中心)，该平台的主要功能在于统一管理跨国公司、总分公司形成的财务信息数据和会计档案，及时为外界提供战略性和商业性服务。FSSC 的特点之一，在于会计档案管理由属地主体暂时延伸并集中至 FSSC 平台，且其作为会计档案管控主体之一会参与到会计档案管理过程中。但是其缺点也较为明显，即在共享会计信息的过程中忽略了会计档案的编研。

会计档案是企业的重要资产，对其进行科学合理的编研之后可为企业带来较大的经济效益。由于大型企业每年产生的会计档案数量较多，仅依靠人工编研难度较大。FSSC 可利用会计档案语料专用分层系统展开会计档案编研工作，以此升级完善 FSSC 的功能。首先，运用会计语言词法和句法层捕捉当前经济业务来往中的会计档案高词频。其次，转向会计语言语义层去自动抽取和智能识别关键会计信息，运用会计语言语用扩展层建造不同词频之间的联系并划分范围。最后，经上述一系列语料处理，生成并输出具有企业特色的会计档案编研成果。如编研企业历年经济效益的内容时，可将"经济效益"作为高词频，构造企业历年会计档案中有关经济效益的资金占用、成本支出、生产成果之间的联系，经层次化处理后，将其生成结构化数据语句、语段、篇章和图形等形式的编研成果，进而提供直观的企业现状信息。其他共享服务平台也可以此为例不断改进功能，提升其编研能力。

五、生物特征识别技术在会计档案管理中的应用

(一) 高效确认员工身份，防止会计档案被越权篡改

美国触控技术开发商 Synaptics 研发出了多重生物特征识别融合引擎技术，能为系统设备提供更安全的验证方式，该技术主要以生物特征中的入贮和指纹共同融合作为认证门槛。在会计档案管理中，可借鉴和利用这项技术的优势以保障其安全。例如，当会计档案因工作需要推迟移交从而保留在会计部门时，出纳、会计人员以及会计主管大多数是以"姓名+数字密码"的传统方式访问财务管理系统，由于许多企业安装的安全防护系统级别较低，所以密码容易被恶意盗取。现有的金蝶、易飞 ERP 等财务管理系统，具有取消原始凭证审核、集中授权管理数据、反结账等功能，密码一旦被窃取或遗忘，访问权限不能实时控制，会计信息有可能被内部或外部人员不留痕迹地恶意下载或整改破坏。会计档案形成机构与管理机构可在管理系

统中共同参与设置基于生物特征技术的身份认证密码。由于在生物特征中，虹膜与人耳有不可复制性、活体检测等优点，因此可以"虹膜+人耳"作为双重身份认证密码，工作人员在访问系统时，由于系统提前录入保存了相关人员的虹膜信息与人耳信息，通过"刷眼""刷耳"便可实现即刻身份判定与登录系统。如属于不相关人员访问，则会被跟踪和记录在风险拦截系统中，自动阻断并报警。这样不但可以从源头上防止会计档案被篡改，保证会计档案的安全，还可以高效确认工作人员身份。

（二）准确核查会计档案形成主体，保证会计档案内容真实

声纹识别是根据说话人的发音生理和行为特征自动识别说话人身份的一种生物识别方法。声纹识别技术与语音识别技术的主要区别在于，前者注重说话人的声纹基本特征，而后者注重说话人的表达内容。2018年10月9日，中国人民银行颁布实施《移动金融基于声纹识别的安全应用技术规范》（JRT 0164—2018），承认以"声纹"为代表的生物特征技术作为客户身份认证的方式之一。目前，京东金融已经应用了"生物探针技术"，依据行走姿态、声纹等指标去判别客户。

会计档案涉及商业机密，一定期限内不可对外开放。将声纹技术应用于会计档案管理领域，要严格执行多重加密身份认证，一方面，有助于保证会计档案内容的安全性与真实性；另一方面，档案管理部门可为会计档案形成主体建立声纹模型，形成用户个性化服务平台。如当用户通过来馆或在线或电话的方式查询会计档案信息时，可依据声纹模型自动提取说话人的基本声纹特征并迅速匹配声纹模型中的所属会计档案形成主体，进而自动确认用户身份，在保证会计档案安全的同时提高工作效率。

六、人机交互技术在会计档案管理中的应用

（一）提倡智能可穿戴设备，满足不同对象利用需求

智能可穿戴设备是利用人工智能技术研发的具备一种或几种应用功能的可以穿戴的服装、手环、眼镜等智能化硬件设备的统称。智能可穿戴设备通过数据交互、人体传感、云端交互方式实现实时监测、环境感知、通信连接、信息行为可视化等功能，其特点已经被市场接受。[1] 互联网数据中心公布了全球智能可穿戴设备市场调研报告，与2018年第一季度相比，2019年同期出货量增长了55.2%，这表明"智

---

[1] 周文泓，李新功. 人工智能背景下档案网站优化策略研究[J]. 档案管理，2019（3）：52-54.

能可穿戴设备的市场正迎来发展的良好契机,其市场预期非常乐观"①。

为了实现会计档案利用智能化,档案领域可充分应用提升交工体验的智能可穿戴设备。一方面,对于档案管理者而言,利用智能可穿戴设备可实时监控档案馆内部环境,利用其感知能力检测馆藏会计档案的状况,有效实现"八防",防患于未然;另一方面,对于用户而言,利用智能可穿戴设备查询所需会计档案,对其进行精确定位,便于档案管理人员迅速调卷。对于开放的电子会计档案而言,用户可到档案馆(室)与服务器联通之后,再直接利用智能可穿戴设备定位、打印所需会计档案信息。面对多元化的档案利用者,智能可穿戴设备还可以为用户推送个性化会计档案知识服务,残障人士还可利用其强大的感知及可视化能力去识别解读会计档案信息,进而加强人机交互的深度,创新传统会计档案利用方式。我国已有图书馆采用VR眼镜、智能Go-Po运动相机为来馆读者服务。② 由此可知,研发用于会计档案管理的智能可穿戴设备,不仅可以吸引更多公众关注会计档案,而且能向公众展示档案馆(室)与时俱进的形象。

(二)融合情感深度分析,提升会计档案用户体验

"人机交互技术的未来发展趋势应该是以人类情感为导向,主要体现在交互理念和交互设备的升级上。"③ 纽约大学神经科学中心学者Ledoux JE通过实验发现了"情绪短路"的现象,其认为部分情绪能够在没有认知和意识的参与下直接触发自身行为和反应。这种现象的发现证实了情感是智能的重要组成部分,结合积极性情感因素的辅助更易解决复杂问题和提高效率。由于人类既是感性动物也是理性动物,所以很容易受情感状态的影响。如当用户查询会计档案信息时,可能受到馆(室)环境、工作人员的服务态度、个人心情等因素的影响,产生一定的情绪波动;而档案管理人员在工作时如情感状态不佳,也会影响其工作效率和服务质量。未来可将人机交互技术更广泛地应用于档案管理工作中。在研发专属会计档案智能交互设备时,应融入积极性情感因素,一方面,可识别与用户相关的情感状态,当用户情绪状态不佳时,可在会计档案智能交互设备的信息查阅界面自动播放欢快生动的画面,让用户体验更人性化、智能化的会计档案利用方式;另一方面,能实时检测档案管理人员的情绪现状,通过智能交互设备及时提醒其调整工作状态,以便让档案管理者在积极性情感因素的引导下高效完成会计档案的利用服务工作。

---

① 江洪,张晓丹.国内外智能可穿戴设备行业状况浅析[J].新材料产业,2016(12):2-7.
② 王倩.可穿戴技术和设备在图书馆中的应用研究[J].内蒙古科技与经济,2017(20):111-112.
③ 徐云峰.用新一代人机交互技术改变生活体验方式[N].中华读书报,2018-12-12(17).

第六节　财务共享与全面预算管理的升级

企业构建财务共享中心时需要对业务模式进行优化，对流程进行重组，这会涉及多个业务管理环节的管理系统，这些管理系统要与包括预算管理和绩效评价等系统在内的企业管理会计系统进行有机融合。

财务共享可以全方位地为企业管理会计体系的落地"保驾护航"。在预算管理领域，基于财务共享服务模式的企业全面预算管理系统可以借助大数据、云会计等技术实现流程再造，并通过对大数据的分析运用，使其管理更加精细、评价更加准确、调整更加可靠。

一、传统财务模式下全面预算管理的弱点

作为企业规划和控制的首要工具，全面预算管理在企业合理配置资源、确保战略落地等方面发挥着重要作用。全面预算管理能够根据企业的经营状况和企业战略对预算做出调整，提高预算管理能力，在企业管理中处于核心位置。对于企业管理来讲，全面预算管理就好像仪表盘一样，可以让管理者把握住企业发展的方向和目标，更好地了解企业运营状况。

预算管理是中国企业应用最广泛的管理会计工具，并有越来越多的企业已经或正在构建全面预算管理系统。然而，伴随着预算管理的应用，很多管理层对于预算管理的有效性提出了质疑。[1]

预算管理会受到如此众多的质疑主要是受传统财务模式的局限性所影响。在传统财务模式下，财务与交易分离，自动化程度低，流程为了管控而管控；ERP系统中的财务信息失真，数据口径无法满足管理需求；管理会计信息依赖ERP系统生成，时效性差。这些都使预算管理，包括全面预算管理在应用中的价值大打折扣。

具体而言，传统财务模式下的全面预算管理主要存在以下两大弱点。

（一）预算编制的依据不足，编制质量不高

企业预算的编制基本上是基于历史数据分析得出的。在传统财务管理模式下，集团下属机构众多、财务数据核算标准不一，使集团预算的编制工作繁重，且较难在集团层面制订统一的资源配置方案。

同时，由于年度预算是基于企业对战略目标的分解确定的，而预算编制时下一

---

[1] 孙绍振.在财务共享模式下的全面预算管理[J].财经界（学术版），2019(35)：111–112.

年度各项经营还未实际开展,这容易造成预算结果失真,大大降低预算的价值。尽管随着预算体系的发展,我们可以采用滚动预算来指导实际的业务经营,但是,滚动预算无法有效衔接企业战略目标并担当考核标准,年度预算的编制依然十分重要。

(二)预算难以有效执行

全面预算管理是包括预算目标制定与分解、预算编制、预算控制、预算考核与评价等流程在内的闭环系统。然而,在建设财务共享中心前,企业的预算系统往往只能实现预算编制功能,难以进行预算控制。

一方面,预算数据只能孤立地存在于预算系统和核算系统中,预算执行情况只有财务人员知道,且多数时候财务人员只有在核算系统中做账时才知道预算执行情况。即使一些企业使用了费控系统并将其与预算系统和核算系统进行了对接,但也只能对费用类科目的预算执行情况进行控制,无法涵盖企业的全面预算。

另一方面,由于各分/子公司独立核算、独立经营,预算的具体执行与监控责任也由各分/、子公司自行承担,集团很难对分/子公司的预算执行情况进行管控,容易造成预算执行不力。尽管随着预算管理的发展,预算的准确性、细致性都不断提高,在一定程度上缓解了上述问题,但由于其数据获得方式和流程缺乏变化,这些弊端无法根除,会日益影响预算效果的发挥。

依托信息系统建设形成的强大数据库,财务共享中心可以为企业全面预算管理提供支持。财务共享中心不仅可以加强预算编制的准确性,推动预算执行使之更加有效,更加公平合理。

二、财务共享使预算管理更有效

(一)共享中心使预算编制更加准确

财务共享中心为预算编制提供了基础数据支撑,这有助于预算的编制更加准确可靠。

财务共享中心可以将企业各分/子公司的交易端数据汇集在一起,使预算编制所需要用到的历史数据更真实、更完整、更有效、更具可比性。预算管理部门可以提取经财务共享中心标准化处理后的各机构的财务数据,通过对历史数据的分析与比较,在集团层面制订更加准确的总体预算方案。

和传统财务管理模式下的预算编制相比,财务共享服务模式下统一的预算编制能够更好地利用集团大数据,并通过数据分析技术预测各科目预算的发生额。同时,通过共享中心,企业可实现数据集成共享,从而有利于保证预算分析的及时性、准确性和全面性,为预算编制提供更科学可靠的依据。以滚动预算的编制为例,企业在编制滚动预算时,可随时从财务共享服务平台查询企业下属所有分/子公司上年度同期的预算执行数据、上月的预算执行数据以及预算评价结果,能够通过大数据技术采集市场情况等外部数据,并结合企业当月的生产目标、销售计划等按月进行预算编制,使编制的滚动预算在满足集团战略目标的同时,更加符合集团下属分/子公司的生产经营情况和同行业竞争现状。

(二)共享中心使预算的执行更有效

财务共享流程可以与预算流程进行多方位协同融合,使预算的执行更有效。

在财务共享模式下,通过搭建财务共享中心,集团及各分/子公司的交易过程集中到共享中心完成,集团通过对共享中心设置预算管控,可以轻松有效地对分/子公司的资金往来进行过程管控,共享中心能实时监控和反馈集团和各分/子公司的预算执行情况,确保预算编制内容的有力实现。

具体而言,财务共享中心可以将预算的部分流程嵌入系统,在应收、应付、费用报销等流程中融合预算的审批、执行和控制过程,控制刚性预算,自动审批成本费用的发生是否在预算内,比较预算数与执行数的差异,与预算总额对标,整体把控预算的执行过程。

在传统财务共享中心下,以费用的执行流程为例,企业相关业务部门在发生报销业务前,对按规定需先申请后报销的业务应先在系统中提出申请,系统自动连接预算系统中相应的预算标准进行预算检查,并设置红、黄、绿灯机制,对业务费用是否超标进行事前控制。对于审批通过的业务,相关费用实时反馈回预算系统计入预算执行数。报销执行时,对于经过事前申请程序的业务,在不超过申请金额的额度内的予以自动通过;对于未经过事前申请程序的业务,自动进行如前述申请中启动的预算控制程序。同时,系统还可以设置实时的预算执行情况表和固定时期预算执行情况表,以便于权限人员随时掌握预算执行情况。

以C企业的预算控制为例。C企业在共享系统中将预算金额的90%设置为预算控制标准,当实际发生额不超过预算金额的90%时绿灯通过,该笔报销经审批、领导审批后通过银企互联系统直接进行资金结算;当实际发生额超过90%不到100%时触发黄灯报警,系统自动实时向费用报销的审批领导和财务共享中心稽核组分别示警,审批领导根据该业务的实际情况选择是否批准该项费用报销申请,财务共享中心稽核组则通过双屏稽核的方式对原始凭证扫描件和费用报销申请单进行再次稽核,只有当审批与稽核均通过后才能通过银企互联系统进行资金结算;当实际发生额超过预算金额时,系统亮红灯不予通过,同时启动特殊流程申请程序,必须经更高一级领导特批后,再经财务共享中心稽核组稽核后,才能通过银企互联系统进行资金结算。

在财务智能化的浪潮下,搭建在线消费商城和商旅平台的智能财务共享中心通过将预算执行的控制流程全面移至事前,可以进一步简化预算控制的流程和提高控制效率。以采购结算的执行为例,当采购业务发生时,相关人员直接在共享商城平台上进行订购下单时选择部门和费用科目,系统自动根据相关预算标准确定是否通过下单,对于预算内项目自动进入审批程序,超预算项目则无法进入审批。进入审批程序的订单,由相关领导根据事项的合理性结合相关规定完成审批,对于通过审批的业务,系统自动下单完成购买,并按与供应商之间的约定自动按期统一结算。

(三)共享中心使预算分析及考核更有效

作为企业管理体系的核心工具之一,预算管理本身具有可考核性。企业可通过预算执行情况考核工作成效、分析差异和改进工作。然而,在传统的财务模式下,企业集团各分/子公司的预算编制和预算执行是独立进行的,由于考核结果事关企业、员工的切身利益,往往会引发极其严重的部门博弈,使预算考核流于形式。

预算管理考核与评价的核心是建立一套科学的评价体系,如平衡计分卡或绩效棱柱模型等。而评价体系的核心内容是一系列的评价指标,评价指标的获取与衡量需要更加系统化、精细化的数据做支撑,而财务共享中心恰恰提供了这种精细化、系统化的数据。

实施财务共享模式后,一方面,企业可通过财务共享中心获得各分/子公司真实、完整的交易端数据,从而对各分/子公司的预算执行进行统一管控,使其预算执行结果可以运用统一的标准进行衡量,从而加大考核的公平性,实现有效的预算考核与激励;另一方面,企业还可以在共享中心中应用大数据技术获取销售费用率、库存周转率等外部数据,对比同行业其他企业进行预算分析,并与本集团企业的预算管理进行横向对比,据此构建全面、科学、合理的评价体系,将预算考核和评价结果与员工绩效挂钩,对员工实施公平合理的激励制度。

第七节 财务共享支持管理会计报告落地

管理会计报告是为管理服务的内部报告,它是由企业运用管理会计方法,根据财务和业务的基础信息加工整理形成的,它能够提供满足企业价值管理和决策支持需要的"有用信息"。

管理会计报告是管理会计方法应用的最终结果,是管理会计信息展现出的终端产品。它打通了所有的管理会计信息数据,通过对这些信息的挖掘和分析,制作出系统性的分析报告,以财务的结果来帮助企业发现业务上存在的问题。

一、亟待发展的管理会计报告

当前,在经济增速放缓、竞争加剧的市场环境下,越来越多的中国企业意识到,只有依靠精细化管理、数字化管理,才能以科学应对竞争,以计量掌控未来。在这样的背景下,企业各层级进行规划、决策、控制和评价等管理活动都需要相关、可靠的"有用信息"进行支撑。

身处"信息爆炸"的时代,企业管理者每天都会面对大量的结构化、非结构化数据及信息,包括产品价格波动、原材料价格涨跌、生产设备技术变革、汇率变化等。如何广泛收集有价值的信息并以简洁直观的报告展示出来,成为管理层亟需解决的问题。

管理会计报告,正是为解决上述问题而产生的管理工具之一。区别于财务会计报告,管理会计报告主要为满足决策层的管理需要,它不必像财务报告一样采用统一固定的格式,而是根据企业的业务特点和管理特点,进行个性化的设置,其内容既包含财务信息也包括大量业务信息,逻辑上它能够帮助管理者发现问题、分析原因,其形式上不仅是标准格式的报表,还需要更直观更丰富的图形化展现。

首先,管理会计报告为内部管理服务,是提升管理的必备工具,编制管理会计报告的重点在于支撑各层级管理者的经营决策。从服务的对象角度分析,人们常见的财务报告以服务"外部投资者"为主,对企业内部管理决策的作用有限。

其次,财务报告面向过去,侧重于反映企业过去的财务情况和经营成果;而管理会计报告则侧重面向未来,它通过对过去的信息进行归集、挖掘、分析,不但能够对企业的现状进行分析,而且能够预见未来。管理会计报告能强化内部管理,通过强调事前和事中控制,强调业绩,注重评价,形式开放,注重未来经营。[1]

再次,管理会计报告所展现的信息维度更丰富,是企业战略落地的重要手段。从关注和反映的内容来看,财务报告仅包含局部信息,即财务信息,而管理报告不仅包括内部的财务信息、业务信息,还包括外部信息,能为企业各层级进行规划、决策、控制和评价等管理活动提供有用信息,以满足各级管理者控制战略实施、实现战略目标的管理诉求。

---

[1] 李航,樊西为,姚如秀,等. 大数据与财务报告及其未来模式研究[J]. 中国总会计师,2019(10):44-47.

最后，管理会计报告可按需求灵活编制，通过对数据的整合与分析实现业财深度一体化。通常来说，企业的决策靠的是核算系统和管理系统来支持。在核算系统中，企业根据会计准则的规定归集和核算会计信息，以科目来展现，在确保了信息规范性的同时，却丢掉了很多业务信息，对支持决策而言有先天的缺陷。而在管理系统中，由于企业不受有关会计法规和固定会计程式的制约，且在进行信息处理时可以采用多种技术方法，管理者可以看到各项业务信息和经过进一步加工后的财务信息。通过对这些信息的分析和整合，企业可以实现业务与财务的一体化。

得益于管理会计报告在企业内部管理方面所拥有的上述特点与优势，很多中国企业已认识到了管理会计报告的重要性。一些"先行"的公司开始编制管理会计报告，在管理会计报告中不仅关注内部的财务、业务数据，而且开始关注外部市场环境、竞争对手情况、宏观经济形势、企业战略、全产业链情况等，进而编制出一整套涵盖业务层管理会计报告、经营层管理会计报告、战略层管理会计报告的管理会计报告体系。

二、管理会计报告的两个应用难题

在管理会计方法体系中，目前中国企业对管理会计报告的应用较少，这其中主要有两大原因。

一是理论界对管理会计报告的关注和研究极少，实际上，多数企业尚未开始编制管理会计报告。而在编制管理会计报告的企业中，管理会计报告在该企业的应用效果也并不尽如人意。多数报告并未真正起到指导决策的作用，对于管理层而言，他们所看到的信息或许并不是他们所需要的。从战略的角度探索出企业决策支持信息的完美方案，是中国企业打破管理会计应用瓶颈的关键一环。

二是数据与信息的缺失。对数据与信息的处理能力的缺失，是目前多数中国企业难以开展或难以有效开展管理会计报告编制工作的最大瓶颈。例如，有的企业内部数据来源不一、口径不一、数据质量不高；有的企业缺乏外部信息，没有关注市场环境、竞争对手情况、宏观经济形势等信息。此外，有了基础数据之后，基于数据的模型构建能力较为薄弱。以量化管理见长的管理会计离不开模型化，但囿于中国企业对量化管理的重视程度不够，软件系统的模型构建性能有限、难度较大等因素，基于模型的管理会计报告应用较少。

以往管理会计报告应用较少也与数据的收集、整合分析、展现等方面的支撑力度不足有关，企业现代管理工具的应用缓慢阻碍了企业管理会计体系的建设。

所有企业都可以编制管理会计报告，而掌握收集数据、分析数据、展现结果的方法是编制管理会计报告的关键。所谓"财务共享开道，管理会计奔跑"，财务共享中心是企业信息化平台中最符合数据中心建设要求的系统平台，它具备成为集团级数据中心的最佳条件，基于财务共享中心，管理会计报告可以提炼出管理者最关心的数据，是企业管控思想最基础的体现。

一方面，财务共享中心全面打通了财务、业务和管理信息系统，实现了交易过程的显性化和规范化，使企业可以低成本地获得大量的业务和财务数据，这些数据为管理会计报告的编制打好了基础；另一方面，财务共享中心夯实了数据基础、规范了数据质量、统一了数据口径，这为基于大量真实、可靠、标准化的数据信息进行企业管理会计报告的编制提供了条件。

三、立足财务共享的管理会计报告

管理会计报告离不开"信息"，而"有用信息"来自对数据的收集整合、分析处理以及灵活多样化的展现。换言之，管理会计报告的编制首先要获得基础数据，再进行模型分析、展现，最终帮助管理者发现经营中的问题，进行"预警"并提出合理化的解决方案。

基于共享中心搭建管理会计报告体系的路径分为以下三个关键步骤。

（一）基于智能财务共享中心进行数据共享

基础数据并非决策数据，但基础数据的完整性、规范性、质量等都会影响决策的准确性。

管理会计作为企业量化的管理工具，数据几乎就是一切。管理会计报告的编制，需要在更多、更广的基础数据之上，对数据建模分析才能为经营决策提供及时、有用、完整的信息。管理会计报告所需的数据不仅仅是财务上的收入、成本、费用、利润等价值量数据，还包括了产量、作业量、动因量、人工及工时量等实物量数据。

智能财务共享中心为管理会计报告的编制提供了一个立体化的数据支撑体系。"互联网+"时代要求数据体系化，而传统数据支撑体系存在很多问题：ERP系统为流程操作服务，而不是为管理服务；财务数据以事后记录为主；记账以发票内容为主体，财务数据与业务实质脱离。

基于管理需求构建的智能财务共享中心，是共享中心未来发展的导向，它是对传统财务共享内涵的扩展与延伸。智能财务共享中心，首先，包括传统财务共享中心的费用管理，资金管理，应收、应付、总账管理，预算执行等核心模块，它对内连接了ERP系统、OA系统、影像系统、合同系统等，对外连接了银行、税务等平台，此外还包含一系列运营支持体系以及底层基础平台；其次，智能财务共享服务在传统财务共享中心的基础上增加了很多创新模块，如商城、商旅、对账、结算等。

智能财务共享中心将财务管理向业务前端延伸，通过集中采购、分包全流程管理、合同全流程管理、固定资产全流程管理、人力资源管理等，实现了业务流、财务流、数据流的"三流合一"，同时通过共享中心汇集出集团及企业财务数据中心，满足了法定报表合并、管理会计报表合并、标准财务分析等多重管理要求。

未来，一个以数据共享为核心的智能财务共享中心，将成为集团级数据中心，集成核算数据、预算数据、资金数据、资产数据、成本数据、外部标杆数据等与高层管理和决策相关的信息，成为企业未来决策的最重要的数据支持平台。

(二)基于商业智能(BI)进行模型分析

管理会计报告的最大价值就是为各层级管理者的科学决策提供量化信息的支持，其本质在于将企业业务模型化，即通过建立量化模型来模拟企业的商业模式和业务模式。

而商业智能技术的特点之一就是强大的建模能力——按不同主题建立不同的业务模型和财务分析模型，发现数据之间的关系，做出基于数据的推断。

基于商业智能进行数据分析，就是从企业最核心的财务数据延伸到业务数据，从企业内部数据延伸到外部数据(包括行业数据、竞争对手数据、互联网数据);利用大数据和智能化技术，把供行业参考的标杆数据、客户反馈数据以及市场变化趋势的数据，全部与企业内部数据结合起来，一并提供给企业管理者，为企业决策提供更多的参考信息。

商业智能作为一种可以将数据迅速转化为知识的工具，能够较好地满足管理会计报告的分层次、多维度、灵活性等要求。

许多管理会计报告做得比较好的企业，大多利用BI搭建管理会计报告系统。具体步骤如下：第一步，借助BI搭建统一的管理会计报告平台，把各种不同来源的数据整合到统一平台；第二步，统一数据口径，统一语言，包括统一指标的名称、含义、指标对应的数据源，以及统一指标的计算逻辑，最终达到主数据的统一(例如，对资产的分类、成本的分类等都需要统一)以及在这个框架下一些业务处理上的统一(例如，对某一项业务的处理方法需要统一)；第三步，根据公司和行业特点，构建管理报告指标库，建立指标的标准值，不同行业的公司和处于不同发展阶段的公司，其标准值可能都是不一样的，通过指标的实际值和标准值对比，可以做一个定性或者定量的判断。这样，有了指标，有了看问题的角度，又有了看问题的方法和路径，管理会计报告系统就能落地了。

值得注意的是，BI作为实现战略与执行之间的完整闭环的核心工具，必须上达决策层，下至业务层。一套成功的BI系统必不是专供决策层使用的高高在上的工具,而是上可辅助高层管理者决策、中可强化中层管理层管控、下可提高基层员工工作效率的全面的商业智能工具。

(三)按需进行多维度、定制化、可视化展现

多维度、分层级、灵活性、相关性、预见性是管理会计报告的五大典型特征。

企业编制管理会计报告体系,可按照多种标准进行定制化开发。例如,按照报告使用者所处的管理层级可分为战略层管理会计报告、经营层管理会计报告和业务层管理会计报告;按责任中心可分为投资中心报告、利润中心报告和成本中心报告;按功能可分为管理规划报告、管理决策报告、管理控制报告和管理评价报告。也可以把时间作为一个维度,按年、季度、月度甚至天编制管理会计报告。在管理活动各环节还可形成基于因果关系链的结果报告和原因报告。企业管理会计报告呈现的内容应根据管理需要和报告目的而定,要易于理解并具有一定灵活性。

在数据建模和数据分析的基础上,基于商业智能的管理会计报告平台能为管理者提供直观的数据可视化展现平台。

按照不同层级管理者对业务分析的不同需求,商业智能技术可定制交互式界面,快速、准确、全面、灵活地展现企业业务运营实际的数据信息,并且可以采用文本、表格、曲线图、柱状图、面积图、饼图、雷达图、仪表盘、散点图、气泡图、地图等多种数据展现方式,最终为业务管理、决策提供有效的数据信息支撑。同时,基于商业智能的管理会计报告系统不仅应支持使用者在个人计算机界面的运行,还应支持在移动端的运行,以有效满足使用者对于报告获取便利、及时、规范、准确的需要。

总之,基于智能财务共享、商业智能技术进行管理会计报告体系的搭建,要从实现企业战略目标的角度出发,结合企业的管理架构、数据基础、发展阶段以及不同层级管理人员对信息的需求,形成面向基层、中层和高层的管理会计报告体系。

未来,随着信息技术的不断进步,管理会计报告分析性平台和交易性平台将会进行融合,这必将使管理会计报告系统的应用更加广泛。

参考文献

[1] 刘姗姗. 管理会计与财务会计在企业财务管理中的应用研究 [J]. 财会学习, 2020(4): 56, 58.

[2] 张丹玲. 国有企业加强内部控制管理与财务风险防范的措施研究 [J]. 中国市场, 2020(12): 139, 166.

[3] 刘素林. 大数据视角下财务会计向管理会计转型的策略探讨 [J]. 财会学习, 2020(5): 166-167.

[4] 包西祥, 王玉兰. 我国现阶段农村财务管理的思考分析 [J]. 中国乡镇企业会计, 2020(1): 62-63.

[5] 许金叶, 鲁梅静, 夏凡, 等. 证析管理会计与财务会计的边界——基于 A 股上市公司的实证研究 [J]. 会计之友, 2020(1): 14-20.

[6] 贾雨. 刍议大数据背景下财务会计向管理会计转型的策略 [J]. 财会学习, 2020(8): 163, 165.

[7] 叶梦. 大数据视域下财务管理现状及优化策略 [J]. 科学与财富, 2020 (12): 281, 293.

[8] 邹军. 新会计准则对企业财务管理会计实务的影响分析 [J]. 财会学习, 2020 (10): 127-128.

[9] 胡丹妮. 新经济形势下的企业财务会计与管理会计融合发展研究 [J]. 现代营销, 2020(2): 200-201.

[10] 徐砚妮. 探讨管理会计在国有企业财务管理中的应用 [J]. 财会学习, 2020 (9): 73-74.

[11] 段家安. 关于企业会计的财务管理及内部控制的探讨 [J]. 中国乡镇企业会计, 2020(3): 215-216.

[12] 刘宋阳. 浅谈大数据时代财务会计与管理会计融合 [J]. 中国市场, 2020 (6): 139-140.

[13] 李能平. 企业财务融合在管理会计转型中的应用价值分析 [J]. 中国商论, 2020(7): 178-179.

[14] 冯岩. 大数据背景下企业财务管理面临的挑战与变革 [J]. 财经界, 2020 (2): 96-97.

[15] 郭馨欣.企业会计的财务管理与内部控制研究[J].财会学习,2020(10):82-83.

[16] 孙丽丽.财务会计向管理会计转型现状研究[J].中国集体经济,2020(2):124-125.

[17] 蒋一凡.新形势下企业财务会计与管理会计的融合[J].中国乡镇企业会计,2020(3):161-162.

[18] 王宏翠.浅谈人工智能时代财务会计向管理会计的转型[J].中国商论,2020(4):200-201.

[19] 周利霞.企业内部控制在财务风险管理中的应用[J].财会学习,2020(4):10-12.

[20] 赵磊.大数据时代企业财务管理的创新策略[J].中国市场,2020(12):185-186.

[21] 张道会.论新形势下财务会计向管理会计的转型[J].中国乡镇企业会计,2020(4):172-173.

[22] 陈国金.企业财务风险管理与优化对策探讨[J].财会学习,2020(8):63,65.

[23] 郑翠萍.企业财务风险管理与控制策略[J].财会学习,2020(8):79-80.

[24] 赵凯.ERP对我国企业会计财务管理的影响分析[J].财经界,2020(2):164-165.

[25] 张吉.管理会计和财务会计在企业管理中的实践融合[J].中国乡镇企业会计,2020(4):174-175.

[26] 夏青.浅析大数据时代基于云会计的小微企业财务管理[J].教育教学论坛,2020(2):95-96.

[27] 俞韵超.略论如何促进企业财务会计与管理会计的融合[J].中国乡镇企业会计,2020(4):182-183.

[28] 谭碧云.论新形势下企业管理会计与财务会计的融合发展[J].中国市场,2020(2):152-153.

[29] 李剑飞.企业财务会计向管理会计转型思考[J].合作经济与科技,2020(12):169-171.

[30] 温立辉.新时期企业财务管理中的业财融合问题研究[J].财会学习,2020(9):4-6.

[31] 段金君.浅析企业财务管理内部控制建设与风险防范[J].财经界,2020(24):209-210.

[32] 胡莹莹. 内部控制管理中的财务风险防范策略 [J]. 全国流通经济，2020(24)：70–72.

[33] 杨锐萍. 基于内部控制的财务风险管理分析 [J]. 中国市场，2020（14）：110–111.

[34] 扬利民. 谈谈财务风险 [J]. 四川会计，1994：18–19.

[35] 潘经民. 企业管理要以财务管理为中心 [J]. 福建财会，1996，（10）：33–35.

[36] 肖孝德，于军. 财务风险的控制 [J]. 铁道物资科学管理，1996：55–57.

[37] 李瑞勤，王静明，王大华. 浅谈如何加强企业内部控制制度 [J]. 工业技术经济，2001(4)：84，81.

[38] 范莉. 如何构建以财务管理为主线的管理体系 [J]. 山东企业管理，2002，(10)：39–40.

[39] 樊丽，张晓霞. 浅谈企业财务风险的防范与规避 [J]. 北方经贸，2002（7）：114–115.

[40] 刘明玄. 企业的财务风险及其管理 [J]. 机械管理开发，2002(S1)：112–113.

[41] 周宏. 论财务风险管理 [J]. 中国审计，2003(4)：38–39.

[42] 杨真. 企业财务风险的产生及其控制 [J]. 天津财会，2004，(6)：14–16.

[43] 冯静. 财务杠杆与财务风险防范 [J]. 商业研究，2004(18)：121–122.

[44] 虞应平，郭玉梅. 企业内部财务风险技术防范 [J]. 企业经济，2004（12）：210–211.

[45] 李斌. 企业应收账款管理和风险控制的思路 [J]. 财会研究，2005(3)：63–64.

[46] 夏国栋. 企业财务风险控制与防范对策 [J]. 商场现代化，2006(34)：382.

[47] 鲁进. 企业财务风险及其控制和防范 [J]. 企业技术开发，2006，25（12）：106–108.

[48] 徐慧芬. 现代企业财务风险的控制 [J]. 内蒙古科技与经济，2007(9)：52–53.

[49] 赵柏宏，李淑芹. 企业财务风险控制浅议 [J]. 中国农垦，2007(8)：56–57.

[50] 侯瑞岗. 企业集团财务风险的管理与控制之我见 [J]. 山西财税，2008：40–41.